KB213376

당신의 교회는 행복합니까?

당신의 교회는 행복합니까?

지은이 | 백동조
초판 발행 | 2012. 8. 27.
10쇄 발행 | 2019. 8. 29.

등록번호 | 제3-203호
등록된 곳 | 서울특별시 용산구 서빙고동 95번지
발행처 | 사단법인 두란노서원
영업부 | 2078-3333 FAX | 080-749-3705
출판부 | 2078-3477

책 값은 뒤 표지에 있습니다.
ISBN 978-89-531-1805-8 03230

독자의 의견을 기다립니다.
tpress@duranno.com http://www.duranno.com

두란노서원은 바울 사도가 3차 전도여행 때 에베소에서 성령 받은 제자들을 따로 세워 하나님의 말씀으로 양육하던 장소입니다. 사도행전 19장 8-20절의 정신에 따라 첫째 목회자를 돕는 사역과 평신도를 훈련시키는 사역, 둘째 세계선교(TIM)와 문서선교(단행본 · 잡지) 사역, 셋째 예수문화 및 경배와 찬양 사역, 그리고 가정 · 상담 사역 등을 감당하고 있습니다. 1980년 12월 22일에 창립된 두란노서원은 주님 오실 때까지 이 사역들을 계속할 것입니다.

당신의 교회는 행복합니까?

백동조 지음

두란노

추천의 글 • 6
머리말 • 16

1부 행복한 사람이 행복한 사람을 만들어 낸다

1. 천지와 인간을 지으신 이유가 뭘까? • 24
2. 온 인류에게 주고 싶어 하시는 것이 뭘까? • 32
3. 우리를 구원하신 이유가 뭘까? • 42
4. 하나님을 가장 영화롭게 하는 방법이 뭘까? • 58
5. 예수님도 행복목회자이신가? • 66
6. 성령님도 행복목회자이신가? • 72
7. 바울도 행복목회자였는가? • 78
8. 목회자에게 가장 중요한 의식이 뭘까? • 84
9. 현대인들에게 어떤 모습으로 다가가야 할까? • 96

2부 행복목회에 대한 오해

1. 예수님은 십자가, 나는 행복, 죄송한 것 아닌가? • 108
2. 인본주의 쾌락사상은 아닌가? • 120
3. 번영신학 기복주의는 아닌가? • 126
4. 세속화로 가는 것은 아닌가? • 132

5. 기독교 신앙의 무게감을 떨어뜨리는 것은 아닌가? • 138
6. 행복을 강조함으로 전도와 헌신에 허약하지 않을까? 144
7. 시련 중에서도 행복목회가 가능한가? • 150
8. 교인들이 시련 중에 있는데 행복목회가 가능한가? • 172

3부 행복목회 로드맵

1. 목회 철학 • 196
2. 비전 • 206
3. 사명 • 216
4. 제자상 • 230
5. 전략 • 248
1) 예배
2) 설교
3) 훈련
4) 소그룹
5) 전도
6) 교회 행정

추천의 글 I

이동원(지구촌교회 원로목사, 지구촌 미니스트리 네트워크 대표)

과연 행복목회는 가능한 것일까? 저자는 그렇다고 대답한다.

십자가를 지신 주님 앞에 행복목회는 죄송한 일이 아닐까? 이 책은 이런 의문에 명쾌한 대답을 제공한다.

저자는 십자가의 복음을 타협 없이 전하지만 그가 선포하는 복음은 번영 복음은 아니라고 말한다. 그래서 이 책이 전하는 행복목회는 우리를 궁금하게 한다.

목포사랑의교회를 건강하고 행복하게 목회하는 저자이어서 이 책이 선포하는 메시지는 우리 시대와 한국 교회에 꼭 필요한 메시지이다. 나는 이 책을 많은 지도자들이 읽고 한국 교회가 더욱 행복한 교회가 됨을 보고 싶다. 건강하고 행복한 교회만이 세상의 희망이고 세상의 빛일 수 있기 때문이다.

행복목회로 가는 로드맵을 찾아가는 더 많은 교회들이 일어날 때 한국 교회의 내일은 새로운 미래를 여는 희망의 새날일 수가 있다고 믿는다. 십자가의 고난의 복음과 번영의 복음 사이에서 고뇌하는 목회자들, 무엇보다 행복한 교회를 찾아 방황하는 순례자들에게도 이 책을 추천하고 싶다.

오정현(사랑의교회 담임목사)

누군가를 떠올리는 순간 마치 혈관이 이어진 것처럼 영혼의 교감이 되는 분이 있습니다. 뭐라고 말하지 않아도 그의 생각과 마음이 내게로 흘러들어 오는 것입니다. 백동조 목사님이 제게 그런 분입니다. 생각하는 것만으로도 가슴을 뛰게 하고 심령의 유쾌함을 주는 분입니다. 목사님과 대화를 하면 목사님의 말 속에서 영혼을 향한 사무칠 듯한 간절함을 보게 됩니다. 그래서 누구나 목사님과 함께한 후에는 자기도 모르게 심령이 더 뜨거워지고 사람에 대한 애절함이 급증하는 것을 느낄 수가 있습니다.

이번에 사랑하는 목사님을 너무도 닮은 책이 나왔습니다. 하나님을 사랑하는 것만큼 사람을 사랑하고, 그 영혼이 잘 됨을 간절히 바라는 마음이 없이는 나올 수 없는 책입니다. 사람들이 정말 행복하기를 바라는 그 마음에는 좋은 의미에서의 광기마저 서려 있습니다.

책의 페이지마다 목사님께서 지난 20년간 1,200여 개 이상의 목회 현장을 찾아다니면서 발견하였던 목양의 진수(眞髓)가 배어 있습니다. 그렇게 목회의 땀과 정성이 오랜 세월 속에서 묵혀져 숙성되어 목회 현장을 예수의 향기로 가득하게 하는 귀한 책으로 세상에 나오게 된 것입니다.

목회자라면 반드시 일독을 해야 할 책이라고 생각합니다. 수많은 목회자들의 목회 누수를 결정적으로 줄여 줄 것입니다.

이 책은 철저하게 미래를 향해 있습니다. "내가 지금까지 이렇게 잘했다"는 목회 경험담으로 끝났다면 그저 일상의 목회적 도움으로 끝났을 것입니다. 그러나 이 책은 한국 교회의 미래를 담고 있습니다. 소망보다는 낙심과 실의에 빠져 있는 한국 교회가 움켜쥐고 도약의 디딤돌로 삼아야 할 목회의 원리가 저마다 다른 목회 현장에 적용될 수 있도록 사려 깊게 탄력적으로 그려지고 있습니다.

목사님이 이 책에서 인도하는 대로 잘 따라가면 어느덧 행복목회의 정상에 올라가 있음을 발견하게 될 것입니다.

제게 좋은 책은 읽고 나서 하나님을 더 사랑하고, 교회를 더 사랑하고, 복음을 더 사랑하고, 사람을 더 사랑하는 마음을 갖게 하는 책입니다. 목사님의 이 책이 그러합니다. 이 책을 읽는 모든 목회자들이 저와 동일한 생각과 느낌을 가지게 될 것으로 믿습니다.

목사님의 『당신의 교회는 행복합니까?』를 읽게 된 것을 축복으로 생각하면서 모든 목회자의 일독을 강력히 추천합니다.

고훈(시인, 안산제일교회 담임목사)

예수님은

나쁜 것은 모두 짊어지고 십자가를 지셨다.

죄도,

저주도,

목마름도,

버림받음도,

침 뱉음도,

멸시와 천대도,

그 이유는 우리에게 좋은 것을 주시기 위해서다.

의,

생명,

아들의 권세,

기업의 영광의 풍성함,

천국,

행복이다.

"하나님은 너희가 행복하시기만 바라시니 인생을 너무 심각하게 생각하지 마라."(전 5:19, 공동번역)

하나님은 행복이시다. 그분의 자녀인 우리 또한 행복이다. 그럼에도 불구하고 한국 교회는 어둡고 우울하다. 어떤 교회는 불협화음이 끊이질 않는다. 하나님 나라의 복음을 전하는 교회가 행복을 누리는 천국이 아니다. 기쁜 소식을 전하는 자의 마음에 기쁨이 없다. 복음으로 행복을 누리면서 천국을 보여 주어야 할 등대가 행복의 빛을 잃어버렸다.

저자는 세계 교회를 품고 갈 한국 교회를 끌어안고 그의 기도실에서 가슴 아파하고 통회하다 행복목회 로드맵을 내놓았다. 이 책은 저자의 이론만은 아니다. 그의 심장이고 목숨이다. 수많은 교회를 방문하여 보고 배운 원리들을 목회 현장에 적용하여 얻은 주옥같은 행복목회 원리들이다.

내가 본 백동조 목사는 행복한 목회자다. 그의 가정도 그의 목회 현장도 행복하다. 그의 강의와 설교는 듣는 자들로 하여금 행복하게 만든다. 교회를 하나님의 나라를 누리는 행복한 공동체로 세워 민족과 열방을 구원함으로써 하나님의 비전을 이루기 위해 몸부림치는 행복덩어리다.

행복목회에 대한 신학적인 베이스와 성경적인 목회 철학을 제시하고, 선명하고 분명한 비전과 제자상, 그리고 실제적인 행복목회 원리는 포스트모던 시대에 새로운 활력을 불어넣게 되리라 확신한다.

링컨은 자신을 가장 행복하게 한 친구는 자신에게 좋은 책을 소개해 준 친구라 했다. 행복한 성도와 건강한 교회를 세우기를 원하는 분들에게 이 책을 꼭 권해 드리고 싶다. 성령 안에서 의와 평강과 희락을 누리는 길잡이가 되기를 기도하면서….

권성수(대구동신교회 담임목사)

수년 전 청년부 집회 강사로 부산수영로교회에 갔을 때 정필도 목사님이 이런 말씀을 하셨습니다.

"권 목사님, 천만 불짜리 선물 하나 드릴까요?"

'천만 불짜리 선물'이라는 말에 그 액수보다는 평생 기억할 목회 명언일 것이라는 점에서 눈이 번쩍 뜨고 귀가 쫑긋해졌습니다.

"예, 말씀해 주시지요. 평생 명심하겠습니다."

정필도 목사님은 바로 이런 명언을 선물로 주셨습니다.

"목사가 행복해야 교인들이 행복합니다."

총신 신대원 교수로 14년을 가르치다가 대구동신교회에서 12여년 동안 목회를 하면서 정필도 목사님의 명언에 100% 공감하게 되었습니다. 목회자가 행복해야 교인들이 행복하다는 것은 목회 현실과 목회자의 심정을 정확하게 갈파한 목회적 명언입니다.

간혹 제자들이 이런 질문을 합니다.

"목사님, 아니 교수님이라고 해야 되나요? 교수하실 때가 좋습니까, 목회하실 때가 좋습니까?"

저는 서슴지 않고 이렇게 말합니다.

"목회할 때가 훨씬 더 좋습니다."

제가 이런 대답을 하는 가장 큰 이유는 목회하면서 우리의 구원자이시면서 주인이신 예수 그리스도께서 약속대로 허락해 주신 넘치는 기쁨, 환희 수준의 기쁨을 맛보기 때문입니다. 제가 맛보는 목회의 기쁨은 고통 없이 만사형통하기 때문이 아닙니다. 12년 동안 목회하는 동안 3번 정도 막다른 골목으로 몰려 '이젠 그만 두어야지'라는 생각을 했습니다. 대부분 그렇듯이 저 역시 목회에 고난이 있었습니다. 그러나 목회하면서 겪는 고통에 비해 주님이 주시는 환희가 비교할 수 없이 크기 때문에 저는 목회를 정말 좋아하고 즐기고 있습니다. 고난 중에도 말할 수 없는 기쁨이 제 목회의 가장 큰 특징입니다.

백동조 목사님도 바로 이런 기쁨을 발견하고 체험하고 계신 것을 이 책을 통해 확인할 수 있었습니다. 20여 년간 1,200여 교회 부흥회를 인도하시면서 교인들에게 행복이 없다는 것을 발견하고, 그 대안을 행복목회 로드맵으로 제시하는 분이 바로 백동조 목사님입니다.

주님은 "내가 이것을 너희에게 이름은 내 기쁨이 너희 안에 있어 너희 기쁨을 충만하게 하려 함이라"고 약속하셨습니다(요 15:11). 주님이 약속하신 행복은 "너희가 내 안에 거하고 내 말이 너희 안에 거하면"

(요 15:7)이라는 은혜로운 조건에 근거한 것입니다. 주님이 주인공이신 성경 말씀에 근거하여 주님과 매일 매 순간 동행하면 주님이 약속하신 충만한 기쁨을 맛보게 됩니다.

주님의 행복은 인본주의적인 적극적 사고(positive thinking)의 산물이 아닙니다. 주님과 교제함으로 주님의 생명이 속에서 약동하고 밖으로 흘러가는 생명의 통로로 체험하는 행복입니다.

웨스트민스터 소요리문답 제1답처럼 우리는 하나님을 즐겁게 하면서 하나님을 즐기는 삶을 살아야 하고 살게 되어 있습니다. 예수님도 성부 하나님의 구원의 뜻을 성령 하나님의 능력으로 이루실 때 충만한 기쁨을 체험하셨습니다. 사도 바울도 예수 그리스도의 생명의 복음을 전파하는 과정에서 주님이 주시는 환희를 체험하고 "주 안에서 기뻐하라"는 권면을 가슴에서 터뜨렸습니다(빌 3:1).

사도 베드로도 그리스도인으로 당하는 고난을 영광의 영이 내주하시는 증거로 제시하면서(벧전 4:13) 여러 가지 시련 중에도 말할 수 없는 영광스러운 즐거움을 누리는 것이 성도의 특징임을 지적했습니다(벧전 1:6-8).

18세기 미국 뉴잉글랜드의 목회자이자 철학자요 신학자인 조나단 에드워즈(Jonathan Edwards)도 이런 행복을 체험했습니다. 조나단 에드워즈의 사상을 중심축으로 해서 목회에 대성한 존 파이퍼(John

Piper)도 환희의 목회, 환희의 강해 설교를 외쳤습니다.

목회자가 천국 복음으로 사람을 살리고 키우고 고치는 생명 사역을 하면서 주님이 주시는 행복을 맛볼 때에 교인들을 행복하게 만들 수 있습니다.

좌절과 불안과 고민과 자살 충동 등 살았으나 창백한 시체처럼 살아가는 현대인들에게 행복목회는 복된 소식입니다. 행복한 목회자가 목회하는 교회에는 행복을 갈구하는 사람들이 모여들게 되어 있습니다. 주님의 행복으로 갑갑하고 어두운 가슴을 환하게 만들 수 있습니다.

내가 주인공이 되어 나를 즐겁게 하는 자기중심의 이기적 행복은 사실 행복으로 가장된 불행입니다. 이런 가장된 행복 말고, 주님을 목회와 삶의 최우선으로 모시고 주님과 동행하고 주님의 뜻을 이루는 과정에서 주님이 주시는 참된 행복이 속에서 약동하고 밖으로 흘러가는 행복 대하가 형성되기를 기대합니다.

백동조 목사님의 행복목회 로드맵을 통해서 목회자들이 주님의 행복을 체험하고 교인들을 행복하게 하는 행복 전염병이 전국에 번지기를 바랍니다.

머리말 I

현대 교회를 보면 칭찬보다는 책망을 많이 들었던 요한계시록의 일곱 교회를 보는 듯하다. 주님이 원하시는 교회상과는 너무나 멀어진 느낌이 드는 것이다.

많은 목회자들이 뚜렷한 철학과 선명한 비전과 사명 없이 목회를 할 때가 많다. 주님이 맡겨 주신 영혼들을 어떤 모습으로 세워 갈 것인가에 대한 제자상을 구체적으로 세우지 못하고 그저 흘러가듯 목회 사역을 하고 있는 것이다. 이는 마치 조준점 없이 총을 쏘는 포수와도 같다.

이런 목회자에게는 전략도 없다. 전략이 없으니 성장과 성숙을 기대할 수 없다. 일부 목회자들은 불가능과 낙심의 늪에 빠져 그 책임을 대형교회에 돌리며 비판의 목소리를 높인다. 하지만 그것은 패배자의 자기 합리화일 뿐이다.

또 교회의 모습은 어떠한가? 교회마다 형식적인 예배를 드리는 경우가 너무 많다. 상투적인 찬송, 상투적인 기도, 상투적인 설교로 인해 예배가 점점 형식화되어 가고 있다. 어떤 교회는 이런 예배가 싫다고 현대인의 눈높이에 맞추어 형식을 파괴하고 세상적인 콘서트장처럼 만들어 버리기도 한다. 그러나 그것은 오히려 주님과의 깊은 교제를 방해하는 요인이 되고 있다.

설교집이나 방송 설교는 넘쳐 나는데 생명수는 말라 가고 있다. 설교자들의 신학적 지식도 문제이지만 더 큰 문제는 설교자들의 내면 질서가 온갖 상처로 깨져 있다는 것이다. 소망과 사랑이 넘쳐 나야 할 내면이 절망과 미움으로 가득하다. 감사와 찬송으로 가득해야 할 마음이 원망과 불만족으로 가득하다. 이러한 내면에서 나오는 설교가 따뜻한 복음일 수 있겠는가? 소망의 진리일 수 있겠는가? 예수님을 전하는 설교자의 마음이 예수님의 마음과 같지 않으니, 어떻게 청중이 그 설교에 감격하고 감동을 받을 수 있겠는가?

제자 훈련은 하는데 진정한 제자가 보이지 않고, 제자 훈련을 받을 때는 변한 것처럼 보였다가도 훈련이 끝나고 나면 과연 제자 훈련 받은 사람이 맞나 싶을 정도로 예전의 모습으로 돌아가 있는 것을 보게 된다. 그렇다면 제자 훈련은 꼭 해야만 하는 것인가라는 의구심을 떨쳐 버릴 수 없어 크게 낙심하고 실의에 빠지게 된다. 이것이 현 교회의 실상이다.

교회 행정은 또 어떠한가? 온통 주먹구구식이다. 불순한 세력이 파고들어 교회를 흔들면 그냥 무너질 교회가 무수히 많다.

지금 목회 상황은 급변해 가고 있다. 교회를 향한 이교와 이단의 공격은 갈수록 거세지고 있고, 세상이 교회를 걱정하는 현실이 되었다. 이러한 현실 속에서 다시 한번 교회가 전열을 가다듬고 급물살을 거슬러 올라가는 힘이 필요하기에 나의 졸필을 들었다.

나는 신촌로터리 부근에서 시작된 두란노서원에서 고 하용조 목사님과 고 옥한흠 목사님 그리고 홍정길 목사님과 이동원 목사님을 만났다. 두란노서원 1층에는 서점이 있었고, 5층에는 채플실이 있었다. 매주 월요일마다 있는 주제별 성경공부와 두란노서원에서 진행되는 세미나에 참석하면서 기라성 같은 목사님들의 메시지를 들을 수 있었다. 나는 메시지를 들으면서 '이분들이 한국 교회를 이끌 차세대 복음 리더들이구나! 나도 이분들을 본받으면 좋은 목회자가 되겠구나!'라고 생각하며 나의 롤모델로 삼았다. 오늘날 시골 촌놈이 이만큼 목회를 할 수 있게 된 것은 그분들이 존재했기 때문이다.

나는 고 옥한흠 목사님을 제자 훈련 목회의 사표로 삼았다. 『평신도를 깨운다』라는 목사님의 저서는 내 목회의 방향을 잡아 주었다. 내가 집필한 『당신의 교회는 행복합니까?』는 고 옥한흠 목사님의 제자로 스승의 제자 훈련 목회 신학을 계승 발전시키려는 의도에서 탄생된 책이다.

이 책을 쓰게 된 또 하나의 이유가 있다면, 23년 동안 대형교회부터 시작해서 개척교회에 이르기까지 약 1,200개 교회를 방문하여 집회를 인도하면서 다양한 목회를 보고 배운 것들을 그냥 사장시킬 수 없었기 때문이다. 목회를 잘하는 존경하는 목사님들과의 만남과 목회를 힘겹게 하고 있는 목사님들과의 만남은 목회를 연구하는 데 큰 도움이 되었다.

어떻게 목회하느냐에 따라 결과가 제각각 달랐다. 전통적으로 목회하는 교회, 제자 훈련 하는 교회, 성령 운동 하는 교회, 셀교회 등을 통해 다양한 목회 스타일과 방식을 조사하면서 장점과 단점 그리고 문제점들을 발견할 수 있었다. 23년쯤 조사, 연구하다 보니 이 시대의 목회 로드맵이 보이기 시작했다. 제자 훈련 하는 교회들은 무엇을 보완해야 하고, 성령 운동 하는 교회는 무엇을 보완해야 하며, 셀 목회를 하는 교회는 무엇이 부족하고, 전통적으로 목회하는 교회는 무엇이 부족한지, 또한 다양한 문제에 휩싸인 교회는 교회 행정을 어떻게 다루어야 하는지를 조목조목 배우게 된 것이다. 어느 교회나 배울 점은 있었다.

나는 이 책을 통해 어떻게 하면 가장 효과적으로 진정한 예배를 드리고 설교를 할 수 있는지, 제자 훈련은 어떤 방법으로 해야 하고, 행복한 하나님의 가족 공동체를 느낄 수 있는 교회 행정은 어떻게 해야 하는지를 이 땅의 목회자들과 나누고 싶다.

디지털 시대를 일컬어 융복합 시대라고 한다. 소리, 빛, 정보가 융합하여 스마트폰을 만들어 내듯이 교회의 제자 훈련, 성령 운동, 셀을 통합하여 이 책에 담아 이 시대에 맞는 목회 방법을 제시하고 싶다.

목회를 실제로 하고 있는 분들에게는 새로운 목회 방법을 제공하고, 교회학교 부서를 맡아 사역하는 부교역자들과 목회를 준비하는 신학생들에게는 목회의 구체적이고 실제적인 방법을 손에 쥐여 주고 싶은 마음이다.

이 책에 담긴 모든 내용들은 학자들의 학설을 근거로 하지 않았다. 성경과 예수님의 목회 방법, 30년 목회 현장에서 많은 시행착오를 거치면서 뼈저리게 경험했던 원리와 수십 년 집회를 인도하면서 보고 배운 원리를 교회에 적용하여 도출한 결과를 근거로 시스템화한 로드맵이다.

1부에서는 행복목회의 당위성을 논하며, 신학적인 작업을 시도했다. '어떻게 하면 가장 성경적인 목회를 할 수 있을까?', '어떻게 하면 예수님을 닮은 목회를 할 수 있을까?', '어떻게 하면 성령님을 닮은 목회를 할 수 있을까?', '어떻게 하면 바울을 닮은 목회를 할 수 있을까?'에 대한 명쾌한 해답을 얻게 될 것이다. 또한 행복목회에 대한 언어학적인 고찰과 성경 신학적인 작업을 시도했다. 하나님이 주신 대계명과 대사명은 행복목회의 핵심 가치이며 종교개혁자들의 개혁 신학에 근거한 웨스트민스터 대소요리 문답의 제1문 '인생의 제일 되는 목적'을 구체화시켰다고 할 수 있다.

2부에서는 행복목회에 대한 다양한 오해들을 변증하는 방법으로 행복목회의 당위성을 한층 더 깊이 다루었다.

3부에서는 행복목회의 로드맵을 상세하게 풀었다. 누구나 이 로드맵을 따라간다면 행복한 목회를 할 수 있을 것이다. 행복목회 로드맵은 다른 많은 교회뿐 아니라 내가 섬기는 교회에서도 적용하여 풍성한 열매를 거둔 값진 원리들이다. 내가 목회하는 곳은 소도시로, 인구 변화가 거의 없는 도시다. 인구는 24만 5천 명쯤 되고, 교회는 400개 정도 있다. 우리 교회의 출석 교인이 도시 전체 시민의 2% 정도 된다.

우리 교회를 통해 검증된 원리이니 다른 어느 곳에서도 적용할 수 있는 유용한 원리라 확신한다. 열방의 모든 교회가 우리 교회처럼 행복했으면 좋겠다는 마음으로 용기를 내어 책을 펴 본다.

백동조(목포사랑의교회 담임목사)

Part 1

행복한 사람이
행복한 사람을 만들어 낸다

하나님이 우리를 부르신 이유는 한 가지다.
바로 죄로 무너져 내린 행복을 회복시켜 주시기 위함이다. 그래서 목회자들은
사역의 목적을 잃어버린 행복을 회복시키는 것에 두어야 한다.

Chapter 1

하나님은 자신의 형상대로 인간을 지으셨다.
하나님이 지으신 창조물 중에 인간은 최고의 걸작이다.
하나님은 그런 인간에게 꼭 주고 싶으신 것이 있으셨다.

천지와 인간을 지으신 이유가 뭘까?

행복을 누려야 할 인간이 없는 천지 만물은 의미가 없었다.
하나님이 땅의 모든 족속에게 주고 싶으셨던 것은 바로 행복이었다. 여기서 우리는
성경을 주신 이유와 만물을 지으신 이유가 동일함을 발견하게 된다.

"보시기에 טוב(행복)하였더라"

하나님이 창조하신 만물은 참으로 아름답고 찬란하다. 자연 만물을 볼 때마다 찬송이 절로 나올 정도로 신비롭다. 그렇다면 하나님이 이와 같은 천지를 지으신 이유가 무엇일까?

하나님은 자신의 형상대로 인간을 지으셨다. 하나님이 지으신 창조물 중에 인간은 최고의 걸작이다. 하나님은 그런 인간에게 꼭 주고 싶으신 것이 있으셨을 것이다. 그것이 무엇인지 사뭇 궁금해지지 않는가?

하나님은 죄를 범한 아담과 그 후손들을 구원하기 위해 자신의 외아들을 여인의 후손으로 보내겠다고 약속하셨다(창 3:15). 그리고 아담과

하와에게 약속하셨던 외아들을 여인의 후손으로 보내시기 위해 구속 역사를 시작하셨다. 아벨 대신에 셋을 주시고, 세상에 죄악이 관영함으로 말미암아 홍수로 심판하실 때 노아에게 은혜를 베푸시어 방주를 예비하게 하시며, 노아의 아들 셈의 후손 가운데 아브라함을 선택하신 이유도 모두가 여인의 후손으로 오실 구원자를 보내시기 위함이었다. 뿐만 아니라 아브라함의 후손들을 이스라엘 민족 공동체로 세우시고, 그들로 거주하게 하신 땅은 바로 여인의 후손을 보내기 위해 약속하신 땅이었다.

이처럼 구약의 이스라엘 역사는 바로 여인의 후손으로 오실 메시아를 보내시기 위한 구속사였다. 하나님은 메시아가 오시는 순간까지 이스라엘을 붙들고 수천 년의 역사를 이끌어 오셨다. 드디어 때가 되어 하나님은 하나밖에 없는 외아들을 세상에 보내셨다. 마른 땅에서 나온 연한 순 같은 예수님이 얼굴을 가리고 보지 않음을 받는 자같이 오셔서 온갖 고초를 당하시고 조롱과 침 뱉음 당하실 것을 하나님은 아셨다. 예수님은 빛으로 오시지만 세상의 어둠이 거절할 것을 아셨다. 그가 사악한 자들에게 잡혀 골고다 언덕에서 십자가에 못 박혀 죽임당할 것도 아셨다. 그럼에도 불구하고 하나밖에 없는 자신의 외아들을 땅의 모든 족속에게 제물로 내어 주신 이유는 무엇인가를 주고 싶으셨던 것이다.

외아들을 제물로 보내 주신 하나님은 또 다른 보혜사로 성령님을 보내 주셨다. 성령님의 사역을 통해서 땅의 모든 족속에게 꼭 주고 싶으신 것이 있었다. 하나님은 이 땅에 예수 그리스도를 모퉁이 돌로 삼으셔서 성령님을 통해 그리스도의 몸인 교회를 세워 주셨다. 하나님이 이 땅에 직접 세워 주신 기관 중 하나는 가정이고, 다른 하나는 교회이다. 하나님은 이 교회를 통해 땅의 모든 족속에게 무언가를 주시려 하셨다.

또한 하나님은 자신의 생각과 계획을 글로 담아 우리에게 주셨다. 우리는 그것을 성경이라고 말한다. 성경을 주신 이유는 분명히 있다. 우리는 하나님이 우리 손에 성경을 들려 주신 이유를 깨달아야만 한다.

"내가 오늘 네 행복을 위하여 네게 명하는 여호와의 명령과 규례를 지킬 것이 아니냐"(신 10:13).

신명기 10장 13절에서 하나님은 우리에게 성경을 주신 이유가 행복(טוֹב)이라고 말씀하신다. 우리가 여기서 주목해야 할 단어가 바로 "행복"이다. 이 단어가 가장 많이 사용된 부분은 창세기 1장의 천지창조이다.

"빛이 하나님이 보시기에 좋았더라"(창 1:4).

"하나님이 뭍을 땅이라 부르시고 모인 물을 바다라 부르시니 하나님이 보시기에 좋았더라"(창 1:10).

"땅이 풀과 각기 종류대로 씨 맺는 채소와 각기 종류대로 씨 가진 열매 맺는 나무를 내니 하나님이 보시기에 좋았더라"(창 1:12).

"낮과 밤을 주관하게 하시고 빛과 어둠을 나뉘게 하시니 하나님이 보시기에 좋았더라"(창 1:18).

"하나님이 큰 바다 짐승들과 물에서 번성하여 움직이는 모든 생물을 그 종류대로, 날개 있는 모든 새를 그 종류대로 창조하시니 하나님이 보시기에 좋았더라"(창 1:21).

"하나님이 땅의 짐승을 그 종류대로, 가축을 그 종류대로, 땅에 기는 모든 것을 그 종류대로 만드시니 하나님이 보시기에 좋았더라"(창 1:25).

"하나님이 지으신 그 모든 것을 보시니 보시기에 심히 좋았더라"(창 1:31).

여기서 "좋았더라(טוב)"는 신명기 10장 13절의 행복(טוב)이라는 말과 동일한 단어이다. 이 단어를 더 잘 이해하기 위해 창세기 1장의 내용을 다음의 이야기로 재구성해 보겠다.

어떤 아버지가 아들에게 집을 지어 주기 위해 터를 구입하고 닦아 놓은 후에 "참 좋구나!(행복하구나!)", 기둥 몇 개를 세워 놓고 "참 좋구나!(행복하구나!)", 콘크리트 슬레이트를 쳐 놓고 "참 좋구나!(행복하구나!)", 아들이 살 집이 완성되었을 때 "야! 너무 너무 좋구나!(행복하구나!)"라고 외쳤다.

그런데 불행하게도 그 집에서 살아야 할 아들이 집이 완성되기 전에 불의의 사고로 죽어 버렸다면 아들을 위해 집을 짓던 아버지는 지어져 가는 집을 보면서 "참 좋구나!(행복하구나!)"라고 감탄할 수 있을까? 아마 불가능할 것이다. 오히려 아버지는 완성되어 가는 그 집을 볼 때마다 가슴이 더욱 미어졌을 것이다. 더 괴롭고 고통스러웠을 것이다.

하나님이 빛을 지으시고 "보시기에 좋았더라", 땅과 바다를 지으시고 "보시기에 좋았더라"고 하신 것은 창조된 그 자체가 보시기에 좋았다는 것뿐만 아니라 이렇게 완성된 세상에서 하나님의 자녀들이 행복하게 살 것을 미리 보시고 행복해하신 것이다. 이처럼 하나님은 땅의 모든 족속을 위해 천지를 지으셨다. 그리고 행복해하셨다. 행복감을 가지신 이유가 바로 여기에 있다. 행복을 누려야 할 인간이 없는 천지 만물은 의미가 없다. 하나님이 땅의 모든 족속에게 꼭 주고 싶으셨던 것은 바로 행복이었던 것이다.

여기서 우리는 성경을 주신 이유와 만물을 지어 주신 이유가 동일하다는 것을 발견할 수 있다. 그것은 바로 행복이다. 한 걸음 더 나아가 하나님이 지으신 동산에서 행복하게 사는 우리의 모습을 보는 것이 하나님의 기쁨이요, 행복인 것을 깨닫게 된다.

그렇기 때문에 우리가 하나님을 행복하게 할 수 있는 방법은 우리가 그분 안에서 행복을 누리는 것이다. 하나님의 행복과 우리의 행복은 결코 나눌 수 없다. 하나님이 행복해하실 때 우리도 행복하고, 우리가 행복할 때 하나님도 "심히 좋구나"라고 말씀하시며 행복해하신다.

행복 끝, 불행 시작

인류의 조상인 아담과 하와는 사탄의 유혹을 받았다. 사탄의 유혹 앞에 아담과 하와는 실수한 것이 아니다. 그들은 선악을 알게 하는 나무의 실과를 금하신 하나님의 말씀을 분명히 기억하고 있었다. 하지만 안타깝게도 그들은 선악을 알게 하는 실과를 따먹으면 하나님과 같이 된다는 말에 자신들의 인생을 던져 버리고 말았다.

그러나 사탄의 말은 새빨간 거짓말이었다. 사탄의 말을 따라 하나님께 등을 돌린 결과, 행복이 무너지고 인류의 불행이 시작되었다. 하나님과 인간의 관계가 완전히 깨어지고 단절되었으며, 인간과 인간 사이도 파괴되었다. 아담과 하와의 관계가 사랑의 관계가 아니라 책임을 떠넘기는 비방의 관계로 변질되었다. 그리고 모든 피조물에게 하나님의 심판이 임하게 되었다.

하와에게는 해산의 고통이 따랐고, 아담에게는 먹고 살려면 수고해야 하는 짐을 안겨 주셨으며, 땅도 저주를 받아 엉겅퀴와 가시를 내게 되었다. 무엇보다 아담의 범죄로 인하여 세상에 죄와 사망이 들어오게 되었고, 아담 이후의 모든 후손들은 이 흉악한 죄와 사망에 매여 종노릇할 수밖에 없는 불행의 늪에 빠지게 되었다.

잃어버린 행복에 대한 회복의 약속

행복의 자리에서 행복을 누려야 할 아담과 하와가 죄의 자리, 불행의 자리, 저주의 자리에서 가장 초라한 모습으로 숨어 있을 때 그들을 지으신 하나님의 사랑은 그들을 외면할 수 없게 했다. 그리하여 하나님은 모든 자존심을 접고 그들을 직접 찾아 나서셨다. "아담아, 네가 어디 있느냐? 아담아, 네가 어디 있느냐? 천국을 누려야 될 네가 왜 흑암의 권세 아래 노예가 되었단 말이냐?" 그리고 하나님은 "내가 너를 위해 나의 하나밖에 없는 외아들을 여인의 후손으로 보내어 네가 잃어버린 행복를 회복해 주겠다"고 약속하신다.

여기서 우리는 분명한 진리 하나를 발견할 수 있다. 하나님을 등짐으로 말미암아 무너져 내린 인간의 행복은 여인의 후손으로 오신 예수 그리스도를 통해 비로소 회복된다는 사실이다. 그러므로 행복의 답은 여인의 후손으로 오실 예수 그리스도다.

이로써 하나님이 예수님을 이 땅에 보내신 이유가 분명해진다. 바로 무너져 버린 행복을 회복해 주시기 위함이다. 요한복음 10장 10절에서 이 땅에 오신 예수님의 사명 선언문을 보라.

"내가 온 것은 양으로 생명을 얻게 하고 더 풍성히 얻게 하려는 것이라."

생명을 얻게 하고 더 풍성히 얻게 하려는 것, 이것이 바로 이 땅에 오신 예수님의 절대적 사명이었다. 하나님의 형상으로 지음받은 인간들에게 잃어버린 하나님의 나라, 즉 행복을 회복시켜 주시기 위해 이 땅에 오시어 십자가를 지신 것이다.

우리에게 행복을 주시기 위해 십자가를 지신 예수님은 또 다른 보혜

사이신 성령님을 보내 주셨다. 성령님의 사명은 예수님이 십자가를 통해 죄와 저주의 값을 치르심으로 회복해 놓으신 행복을 예루살렘과 온 유대와 사마리아와 땅 끝까지 이르러 나누어 주시는 것이다. 더 나아가 성령님은 자신의 사명을 효과적으로 수행하기 위해 성경을 기록하고, 교회를 세우고, 복음의 일꾼을 동역자로 세워 일하게 하신다.

그렇다면 하나님의 동역자로 부름을 받은 자들은 사역의 목적을 어디에 두어야 할까?

하나님이 천지를 창조하신 이유, 인간을 지으신 이유, 그 인간이 죄의 바다에 빠져 저주와 불행 속에 살고 있을 때 여인의 후손을 약속하신 이유, 예수님을 보내 주신 이유, 예수님이 십자가를 지신 이유, 성령님을 보내시고, 교회를 세우시고, 성경을 주신 이유, 영적 지도자들을 세워 주신 이유, 그리고 우리를 부르신 이유는 한 가지다. 그것은 바로 죄로 무너져 내린 행복을 회복시켜 주시기 위함이다.

그렇다면 복음의 일꾼이요 하나님의 동역자인 목회자는 사역의 목적을 어디에 두어야 하겠는가? 바로 잃어버린 행복을 회복시키는 것이다. 이것이 바로 행복목회를 해야 하는 이유이다. 행복목회의 키워드는 행복이다.

Chapter 2

하나님은 구약의 성도들이 예배를 드리고 난 후
제사장들로부터 축복 기도를 들으면서 하나님의 간절한 소원을 느끼길 원하셨고,
무너진 샬롬의 관계를 회복하시기 위해 오실
예수 그리스도를 바라보기를 원하셨다.

온 인류에게 주고 싶어 하시는 것이 뭘까?

하나님은 무너져 내린 샬롬을 회복하기 위해 여인의 후손을 약속하셨고, 예수 그리스도를 이 땅에 보내셨다. 하나님의 소원은 우리가 하나님의 나라를 누리고 나누며 사는 것이다.

축도에는 하나님이 모세에게 명령하신 구약 교회의 축도와 대제사장으로서 예수님이 하신 축도, 그리고 신약 교회의 축도가 있다. 축도 속에는 하나님이 우리에게 주시고자 하는 소원이 담겨 있다. 그리고 그 소원은 예수님의 구속을 통해 회복되고 성령의 교통하심을 따라 적용된다. 그렇다면 하나님이 우리에게 주고 싶으신 소원은 무엇인가? 그것을 알면 행복목회를 해야 하는 이유를 알게 될 것이다.

구약 교회의 축도

인간을 구원할 여인의 후손을 보내시기 위해 하나님은 아브라함을 선택하셨다. 아브라함은 이삭을, 이삭은 야곱을, 야곱은 열두 아들을 낳았다. 하나님은 야곱의 이름을 이스라엘로 바꾸시고, 아브라함의 가문을 부족 형태에서 민족 공동체로 세워 가셨다.

또한 민족 공동체로 세우신 이스라엘을 아브라함에게 약속하신 대로 여인의 후손을 보내실 땅으로 이주시키기 위해 모세를 통해 그들을 출애굽 시키셨다. 출애굽 시킨 공동체에게 하나님은 시내산에서 십계명과 민법을 주셨다. 성막을 짓게 하시고, 제사(예배)하는 법전을 주셨다. 그리고 아론의 후손들을 제사장으로 삼으셨다.

그런데 제사를 드리기 위해 성막을 찾는 자들에게 제사장으로서 복을 빌어 줄 때 하나님은 제사장의 생각대로 복을 빌지 말고 백성을 향한 하나님의 뜨거운 소원으로 복을 빌어 주라고 명령하신다.

"여호와는 네게 복을 주시고 너를 지키시기를 원하며 여호와는 그의 얼굴을 네게 비추사 은혜 베푸시기를 원하며 여호와는 그 얼굴을 네게로 향하여 드사 평강 주시기를 원하노라 할지니라 하라"(민 6:24-26).

하나님이 말씀하시는 논법을 보라. "원하며…원하며…원하노라"고 말씀하신다. 하나님은 우리에게 주시고 싶은 마음이 정말로 간절하시다. 무엇을 그렇게 주고 싶어 하셨는가?

복, 지켜 줌, 은혜, 평강, 이렇게 네 가지로 보이지만 사실은 한 가지다. 무엇이 복인가? 지켜 줌이 복이다. 그리고 지켜 줌이 은혜이고 평강이다. 성경은 네 가지를 일컬어 복이라고 표현하고, 은혜라고 표현한다. 여기서 가장 우리가 주목할 단어는 '평강'이다.

평강은 히브리어로 '샬롬(שלום)'이라고 하는데, '평안, 평화, 화목, 화평, 온전, 완전, 형통, 태평' 등으로 다양하게 번역된다. 샬롬의 원뜻은 에덴동산에서 범죄하기 전 아담과 하와가 누린 복의 상태를 가리킨다.

범죄하기 전에 아담과 하와가 누린 복은 부족함이 없는 완전한 상태의 복이었다. 죄가 아담과 하와에게 들어가기 전에 아담과 하와와 하나님과의 관계가 샬롬이었던 것이다. 그들 자신과의 관계도, 그들과 자연과의 관계도 샬롬이었다. 영혼의 상태도 샬롬이었다. 마음과 육신의 상태도 샬롬이었다. 환경도 샬롬이었다.

그런데 하나님께 등을 돌리고 마귀의 말을 따름으로 죄가 그들에게 들어가는 순간 하나님과의 관계적인 샬롬이 무너져 내렸다. 아담과 하와의 관계도, 자신과의 관계도, 자연과의 관계도 무너져 내렸다. 영혼과 마음, 육신과 환경의 샬롬도 무너져 내렸다. 의가 사라지고, 죄가 들어오고, 복이 사라지고, 저주가 들어왔다.

이때 누가 가장 마음이 아플까? 이 모든 것을 지켜보고 계신 하나님의 마음이 가장 아프셨을 것이다. 인간이 하나님을 배반했음에도 불구하고 하나님은 그들을 변함없이 사랑하셨다. 하나님의 사랑은 등을 돌린 인간을 외면하실 수 없었다. 그렇기 때문에 하나님은 무너져 내린 샬롬을 회복하시기 위해 여인의 후손을 약속하셨고, 그 후손을 보내시려고 아브라함을 선택하신 것이다.

하나님은 여인의 후손을 보낼 통로로 아브라함의 후손(이스라엘)들을 세우셨다. 애굽에서 노예로 살던 그들을 약속의 땅으로 이주시키는 과정에서 제사장들에게 축도를 가르쳐 주셨다. 하나님의 소원으로 복을 빌라고 하신 것이다. 이것이 바로 구약의 축도다.

하나님은 구약의 성도들이 예배를 드리고 난 후 제사장들로부터 축복 기도를 들으면서 하나님의 간절한 소원을 느끼길 원하셨고, 무너진 샬롬의 관계를 회복하시기 위해 오실 예수 그리스도를 바라보기를 원하셨다.

하나님의 소원을 풀어 줄 예수 그리스도

이사야 9장 6절에서는 여인의 후손으로 오실 구원자를 다음과 같이 표현하고 있다.

"이는 한 아기가 우리에게 났고 한 아들을 우리에게 주신 바 되었는데 그의 어깨에는 정사를 메었고 그의 이름은 기묘자라, 모사라, 전능하신 하나님이라, 영존하시는 아버지라, 평강의 왕이라 할 것임이라."

예수 그리스도를 "평강의 왕"이라고 표현한 이유가 무엇일까? 백성이 잃어버린 영토를 찾아오는 것은 그 백성을 다스리는 왕의 사명이다. 마찬가지로 예수 그리스도도 아담과 하와가 빼앗긴 샬롬을 다시 찾기 위해 여인의 후손으로 이 땅에 오셨다. 그렇다면 평강의 왕으로 오신 예수 그리스도는 어떤 방법으로 샬롬을 회복해 주시겠다고 말씀하셨는가?

"그가 찔림은 우리의 허물 때문이요 그가 상함은 우리의 죄악 때문이라 그가 징계를 받으므로 우리는 평화를 누리고 그가 채찍에 맞으므로 우리는 나음을 받았도다"(사 53:5).

그것은 예수님 자신이 친히 징계를 받는 것으로 이룬다고 하셨다. 십자가 위에서 징계를 받아 죄와 저주를 속량하심으로 샬롬을 회복시켜 주신다는 약속인 것이다.

샬롬을 회복시키기 위해 예수님은 혈과 육을 입으시고, 여인의 후손으로 이 땅에 오셨다. 아담이 잃어버린 샬롬을 회복하기 위해 평강의 왕으로 오신 예수님은 마리아의 태를 빌려 베들레헴에 태어나 말구유에 누우셨다. 그때 천군과 천사들의 찬양을 들어 보라.

"지극히 높은 곳에서는 하나님께 영광이요 땅에서는 하나님이 기뻐하신 사람들 중에 평화로다 하니라"(눅 2:14).

이 찬양을 좀 더 쉽게 풀어 보면 이렇다.

"하늘에 계신 하나님, 얼마나 속 시원하십니까? 하나님의 외아들 예수 그리스도가 하나님의 소원을 풀어 드리려고 이 땅에 오셨으니 얼마나 속이 시원하십니까? 그리고 땅에서는 기뻐하심을 입은 자들에게 샬롬이 임합니다. 그렇게도 기다리던 샬롬이 왔습니다. 기뻐하고 즐거워하며 춤을 춥니다."

예수님은 공생애의 막바지에 이르러 십자가를 지시기 위해 예루살렘 성에 입성하셨다. 그때 그는 예루살렘 성을 보시고 우셨다.

"가까이 오사 성을 보시고 우시며 이르시되 너도 오늘 평화에 관한 일을 알았더라면 좋을 뻔하였거니와 지금 네 눈에 숨겨졌도다"(눅 19:41-42).

예수님은 샬롬을 회복하시기 위해 징계를 받는 십자가로 한 걸음 한 걸음 걸어가고 계셨다. 하나님이 우리에게 사무치도록 주고 싶었던 샬롬을 주시려고 말이다. 그런데 이스라엘 백성은 이 놀라운 사실을 보는 눈이 없었다. 아담과 하와가 잃어버린 샬롬을 예수님이 친히 회복시켜 주시려고 십자가를 향해 걸어가신다는 사실을 몰랐던 것이다. 그런 백성을 보신 예수님은 안타까움의 눈물을 흘리셨다. 만약 그들이 샬롬에 관한 일을 알았더라면 이들도 종려가지를 꺾어 들고 "호산나, 호산나" 하며 노래하는 기쁨과 감격을 누렸을 것이다.

오늘을 사는 그리스도인들 중에도 이런 사람들이 많다. 복음의 영광을 모른다. 부르심의 소망을 모른다. 십자가의 복음으로 이미 주어진 기업의 영광의 풍성함을 모른다. 복음 안에 샬롬(행복)의 의미를 몰라도 너무 모른다.

대제사장으로 오신 예수님의 축도

히브리서를 보면 십자가 위에서 예수님이 행하시는 두 가지 직분에 대해 알 수 있다.

"그러므로 그가 범사에 형제들과 같이 되심이 마땅하도다 이는 하나님의 일에 자비하고 신실한 대제사장이 되어 백성의 죄를 속량하려 하심이라"(히 2:17).

예수님은 십자가에서 대제사장의 직분을 감당하셨다. 또한 예수님은 대제사장으로서만이 아니라 친히 제물이 되셨다.

"이 뜻을 따라 예수 그리스도의 몸을 단번에 드리심으로 말미암아 우리가 거룩함을 얻었노라"(히 10:10).

예수님은 죄와 저주를 속량하시는 제물이 되셨다. 이처럼 예수 그리스도는 십자가 위에서 친히 대제사장이 되어 짐승의 피가 아닌 자신의 몸을 드려 속죄 제사를 드리고 샬롬을 회복하셨다. 십자가에서 자신의 몸을 드려 죄와 저주의 값을 지불하고 샬롬을 회복하신 후 대제사장으로서의 예수님의 축복 기도를 들어 보라.

"이날 곧 안식 후 첫날 저녁 때에 제자들이 유대인들을 두려워하여 모인 곳의 문들을 닫았더니 예수께서 오사 가운데 서서 이르시되 너희에게 평강이 있을지어다 이 말씀을 하시고 손과 옆구리를 보이시니 제자들이 주를 보고 기뻐하더라 예수께서 또 이르시되 너희에게 평강이 있을지어다 아버지께서 나를 보내신 것같이 나도 너희를 보내노라 이 말씀을 하시고 그들을 향하사 숨을 내쉬며 이르시되 성령을 받으라"(요 20:19-22).

안식 후 첫날은 주일이다. 제자들을 찾아오신 부활하신 예수님은 제자들 가운데 서신 후에 가장 먼저 구약의 축도를 요약하여 "너희에게 평강이 있을지어다"라고 말씀하셨다. 아담과 하와가 잃어버린 샬롬이 십자가 속죄 사건으로 완전히 회복되었음을 선포한 것이다. 선포할 뿐 아니라 회복된 샬롬이 "있을지어다"라고 축복하셨다.

십자가에서 죄와 저주를 속량하시고 부활하심으로 샬롬을 회복하신 예수님은 주일 모임을 마무리하실 때 다시 한 번 "너희에게 평강이 있을지어다"라고 선포하신다. 그리고 "아버지께서 나를 보내신 것 같이 나도 너희를 보내노라"고 파송의 말을 선포하신 후 "성령을 받으라"고 부탁하신다. 여기서 축도, 파송의 말, 성령을 받으라는 부탁은 어떤 관계를 가지고 있을까?

"너희에게 평강이 있을지어다"라는 축도는 샬롬의 선포요, 축복의 의미를 지닌다. "아버지께서 나를 보내신 것같이 나도 너희를 보내노라"는 파송의 말은 제자들이 바로 예수님의 십자가와 부활 사건으로 회복된 샬롬의 전달자라는 사실을 인식시켜 주고 있다. "성령을 받으라"고 부탁하신 이유는 예수님이 회복해 놓으신 샬롬을 적용시켜 주시는 분이 성령님이고, 예수님이 속량하신 사역이 성령의 사역으로 완성되어지기 때문이다.

예수님의 십자가와 부활 사건으로 회복된 샬롬을 성령의 역사로 얻은 자들은 "아버지께서 나를 보내신 것같이 나도 너희를 보내노라"는 예수님의 파송 명령을 따라 성령님과 함께 모든 족속을 향해 나아가야 한다.

신약 교회의 축도

구약 교회의 축도는 약속과 예언적 성격을 지니고, 예수님의 축도는 성취적 성격을 지니며, 신약 교회의 축도는 적용적 성격을 지닌다. 적용적 성격이라는 말의 뜻은 예수님이 십자가를 지심으로 아담과 하와가 잃어버린 샬롬을 회복해 주셨고, 성령의 교통하심으로 우리에게 적용해 주신다는 것이다. 그러므로 신약 교회의 축도는 우리가 샬롬을 누리게 된 것이 성부와 성자와 성령님의 사역의 열매임을 인식시키고 확신을 심어 준다. 대제사장이신 예수님을 대신하여 축도하는 자나 축도를 받는 회중이나 모두 이 사실을 놓치면 안 된다.

하나님은 축도를 통해 구속 역사를 한 문장에 담아 인식시켜 주실 뿐만 아니라 성부, 성자, 성령의 사역의 열매로 하나님의 가족 공동체에 이미 들어와 있으며, 복음 안에 있는 자들이 얼마나 존귀하고 영광스러운 하나님의 자녀들인가를 인식시켜 주신다.

"주 예수 그리스도의 은혜와 하나님의 사랑과 성령의 교통하심이 너희 무리와 함께 있을지어다"(고후 13:13).

참으로 놀라운 사실은 대제사장이신 예수님을 대신해서 했던 구약 교회의 축도와 대제사장이신 예수님의 축도 그리고 신약 교회의 축도는 그 내용면에서 동일하다는 것이다. 즉 이 모든 축도들이 기원하고 있는 것은 바로 샬롬의 회복이다.

하나님은 구약 시대의 제사장들의 축도를 통해서 하나님의 소원이 샬롬임을 가르쳐 주셨고, 그것을 회복해 주실 예수 그리스도를 바라보게 하셨다. 또한 예수님은 이 땅에 평강의 왕으로 오셔서 십자가에서 징계를 받아 죽으시고 사흘 만에 부활하심으로 회복된 샬롬을 선포하셨다.

뿐만 아니라 하나님은 신약 교회의 축도를 통해 성령의 교통하심으로 예수님이 회복하신 샬롬을 우리에게 적용하게 하셨다. 그러므로 삼위일체 하나님의 마음에 사무치도록 원하시는 것이 있다면 그것은 바로 우리의 샬롬 회복이다.

이와 같이 샬롬은 에덴동산에서 죄를 범하기 전 아담과 하와가 누렸던 은혜요 복의 상태다. 사실 하나님은 하나님의 나라를 샬롬이라는 단어로 표현해 오셨다. 그리고 구약의 샬롬을 신약에서는 헬라어 '에이레네(εἰρήνη)'로 표현한다.

그렇다면 히브리어 샬롬과 헬라어 에이레네를 한국말로 대체할 수 있는 가장 적합한 단어가 무엇일까? 샬롬이 이루어지면 이런 고백이 나온다. "내가 부족함이 없으리로다." "내 잔이 넘치리로다." 이런 상태를 느낄 때 한국 사람들은 무엇이라고 말하는가? "나는 행복해"라고 한다. 그러므로 샬롬의 개념을 한국어로 담을 수 있는 단어는 '행복'이라고 할 수 있다.

하나님은 온 인류가 복음 안에서 행복하기를 원하신다. 그리고 대제사장 되신 예수님은 오늘도 주님의 제자들이 성령을 받아 샬롬을 누리고 샬롬을 나누는 자로 세워지기 원하신다. 샬롬을 적용시키시는 성령님의 도구가 되어 땅 끝까지 이르러 샬롬, 즉 하나님 나라를 누리고 하나님 나라를 나누는 자의 삶을 살기 원하신다. 이것이 바로 우리가 행복목회를 해야 될 이유이다.

Chapter 3

그리스도 안에 있는 자들은
환경을 초월해서 행복을 누릴 수 있는
은혜 속에 있는 자들이다.

우리를 구원하신 이유가 뭘까?

우리는 하나님 앞에서 영광의 찬송을 불러야 할 존재들이다. 하나님은 우리를 죄 가운데서 속량해 주시고 은총을 부어 주셨기 때문이다. 그분의 은혜와 사랑을 깨달아 즐거우면 하나님을 경배하는 마음이 우러나온다.

도대체 나를 지으시고 구원하신 이유가 뭘까?

하나님이 우리를 지으신 목적이 있다. 성경은 그 목적을 이렇게 말씀한다.

"이 백성은 내가 나를 위하여 지었나니 나를 찬송하게 하려 함이니라"(사 43:21).

하나님이 우리를 그리스도 안에서 택하시고 예정하사 아들들을 삼으시는 이유가 있다. 성경은 그것을 이렇게 말씀한다.

"곧 창세 전에 그리스도 안에서 우리를 택하사 우리로 사랑 안에서 그 앞에 거룩하고 흠이 없게 하시려고 그 기쁘신 뜻대로 우리를 예정하사 예수 그리스도로 말미암아 자기의 아들들이 되게 하셨으니 이는 그가 사랑하시는 자 안에서 우리에게 거저 주시는 바 그의 은혜의 영광을 찬송하게 하려는 것이라"(엡 1:4-6).

그리고 하나님은 구원받은 자들을 하나님의 기업으로 삼으셨다. 그렇게 하신 이유에 대해서도 성경은 이렇게 말씀한다.

"모든 일을 그의 뜻의 결정대로 일하시는 이의 계획을 따라 우리가 예정을 입어 그 안에서 기업이 되었으니 이는 우리가 그리스도 안에서 전부터 바라던 그의 영광의 찬송이 되게 하려 하심이라"(엡 1:11-12).

뿐만 아니라 성령으로 인치신 이유에 대해서도 성경의 답은 역시 동일하다.

"그 안에서 너희도 진리의 말씀 곧 너희의 구원의 복음을 듣고 그 안에서 또한 믿어 약속의 성령으로 인치심을 받았으니 이는 우리 기업의 보증이 되사 그 얻으신 것을 속량하시고 그의 영광을 찬송하게 하려 하심이라"(엡 1:13-14).

하나님이 인간을 지으시고 구원하신 이유에 대해 성경은 찬송하게 하려 하심이라고 말한다. 즉 하나님 앞에 영광의 찬송이 되기 위함이라는 것이다. 이 말씀들을 문자적으로만 이해한다면 북한의 기쁨조와 다를 바가 없다. 하나님이 자기밖에 모르는 이기적인 분처럼 느껴지는 것이다. 그러나 누가 자식을 낳은 후 "내가 나를 위해 너를 낳았으니 오직 너는 나만을 위해 살아야 한다"라고 말하는 부모가 어디 있겠는가?

성경 전체에 나타난 하나님의 성품은 이기적인 분이 아니다. 오히려 우리를 구원하시기 위해 가장 귀한 것을 희생하신 분이다. 우리를 위해 성부, 성자, 성령님은 지금도 사역하고 계신다. 천지를 지으신 일부터 시작해서 죄와 저주의 늪 속에 깊이 빠져 있는 영혼들을 구원하고 돌보시는 사역에 헌신하고 계신 것이다.

일반적으로 성경을 해석할 때는 문장과 문맥의 흐름에 따라 해석하는 것이 맞다. 그러나 성경 전체적인 흐름과 맞지 않을 때는 문자적인 해석이 아니라 내러티브 표현으로 이해하고 해석해야 한다. 일상생활에서 사람들이 사용하는 표현법 중에 종종 사용되는 것이 바로 내러티브 표현법이다.

예를 들어 자동차 뒤쪽 유리에 이런 글이 붙어 있다고 하자. '답답하시죠? 저도 답답합니다.' 만약 이 글을 문자적으로만 해석한다면, 그야말로 '우리 모두가 답답하니 죽자'는 식이 되어 버린다. 이처럼 문자적으로만 해석한다면 엉뚱한 해석과 적용이 나올 수밖에 없다. 그렇기 때문에 내러티브 표현법의 이해가 필요하다. 내러티브 표현에 의한 이 문장의 의미는 '저는 초보운전자입니다. 저도 마음은 답답한데 지금 땀을 뻘뻘 흘리며 운전하고 있습니다. 불편하시더라도 알아서 피해 가 주시면 감사하겠습니다'가 된다. 단순히 '초보운전'이라고 써 붙인 것보다 훨씬 공감이 가는 표현이다.

이와 같이 이사야 43장 21절과 에베소서 1장의 찬송의 표현들은 내러티브로 해석하면 더 깊고 오묘한 의미를 깨달을 수 있다.

"이 백성은 내가 나를 위하여 지었나니 나를 찬송하게 하려 함이니라"(사 43:21).

이 말씀을 제대로 해석하는 열쇠는 찬송의 개념을 바로 이해하는 것이다.

엄격한 의미에서의 찬송

먼저 찬송이 아닌 것부터 살펴보자. 찬송가 안에 있는 모든 노래가 다 찬송은 아니다. 찬송가 안에는 나 자신에게 불러 주는 노래도 있고, 신앙의 동역자에게 불러 주는 노래도 있고, 불신자에게 불러 주는 노래도 있다. 그리고 하나님께 드리는 노래도 있다. 불러 주는 대상에 따라 분류하면 무엇이 찬송이고 무엇이 찬송이 아닌지 구분할 수 있다.

먼저, 찬송가 중에는 내 영혼과 마음을 다독거려 주는 노래가 있다. 예를 들면, "주 안에 있는 나에게"(새찬송가 370장)나 "나의 갈 길 다 가도록"(새찬송가 384장), "내 주를 가까이 하게 함은"(새찬송가 338장)과 같은 찬송이다. 이런 노래들은 우리 마음을 위로하고 어루만져 주는 위로송이다.

또한 찬송가 안에는 믿음의 형제에게 불러 주는 노래가 있다. 함께 신앙생활을 하는 동역자에게 힘을 불어넣어 주기 위해 부르는 노래이다. 예를 들면, "믿는 사람들은 주의 군사니"(새찬송가 351장), "우리들이 싸울 것은"(새찬송가 350장), "허락하신 새 땅에"(새찬송가 347장)와 같은 노래이다. 이런 노래들은 군가와 같은 격려송이라고 할 수 있다.

찬송가 안에는 불신자들을 구원하기 위해 부르는 노래도 있다. 그런 노래를 소개하면 "예수가 우리를 부르는 소리"(새찬송가 528장), "목마른 자들아"(새찬송가 526장), "돌아와 돌아와"(새찬송가 525장) 등이다. 이런 노래들은 예수님의 심정을 가지고 불신자들을 주님 앞으로 초청하는 노래이므로 복음성가라 할 수 있다.

또한 찬송가 안에는 하나님께 불러 드리는 노래가 있는데, 그중 기도를 곡조에 실어 드리는 기도송이 있다. 예를 들면, "나 행한 것 죄뿐이니"(새찬송가 274장), "고통의 멍에 벗으려고"(새찬송가 272장), "나의 영원하신 기업"(새찬송가 435장)과 같은 노래이다.

그렇다면 과연 어떤 노래가 오직 감사하는 마음으로 하나님을 찬미하며 경배하는 찬송이 될 수 있을까? 이제 하나님께 드리는 노래를 살펴보자.

"만복의 근원 하나님 온 백성 찬송 드리고 저 천사여 찬송하세 찬송 성부 성자 성령 아멘"(새찬송가 1장).

"만 입이 내게 있으면 그 입 다 가지고 내 구주 주신 은총을 늘 찬송하겠네"(새찬송가 23장).

"기뻐하며 경배하세 영광의 주 하나님 주 앞에서 우리 마음 피어나는 꽃 같아 죄와 슬픔 사라지고 의심 구름 걷히니 변함없는 기쁨의 주 밝은 빛을 주시네"(새찬송가 64장).

이와 같은 찬송이야말로 우리가 하나님께 드릴 수 있는 진짜 찬송이다. 그렇다면 하나님을 찬송하는 노래는 어떤 심정에서 나오는 것일까? 보통 우리의 마음이 슬프고 괴로울 때는 자신의 심령을 다독거려 주는 위로와 격려송이 힘이 된다. 그리고 때로는 자신의 무거운 짐과 고통을 곡조에 실어 기도송을 드리기도 한다.

그러나 찬송은 하나님의 은혜에 겨워 감사와 감격 그리고 기쁨과 즐거움이 넘칠 때 부르게 된다. 결국 찬송의 올바른 정의는 '하나님의 자녀들이 하나님의 위대하심과 측량할 수 없는 은혜와 사랑을 깨달아 만족감과 즐거움에 겨워 하나님을 향해 경배하는 마음과 찬미하고 싶은 마음에서 우러나오는 노래'라 할 수 있다.

그렇다면 이에 비추어 "이 백성은 내가 나를 위하여 지었나니 나를 찬송하게 하려 함이니라"는 말씀 속에 담긴 의미는 다음과 같다.

'사랑하는 나의 아들아, 내가 나를 위하여 너를 지었단다. 내가 너의 아버지라는 사실 한 가지 때문에라도 기쁘고 즐거운 마음으로 찬송하며 살아 줄 수 없겠니? 아니면 나를 위해서라도 만족감과 기쁨에 젖어 찬송을 부르며 살아 줄 수 없겠니? 네 마음이 불편하면 내 마음이 불편하고, 네 마음이 편하면 내 마음도 편하단다. 네가 행복하면 내가 행복하고, 네가 힘들어 하면 내 마음이 힘들단다. 사랑하는 내 아들아, 너는 나를 위해서라도 행복에 겨워 찬송하면서 살아 주면 좋겠구나.'

하나님은 우리가 주님의 자녀로 살면서도 행복감을 느끼지 못하는 것이 너무 안타까워 행복자로 살기를 바라는 마음으로 "이 백성은 내가 나를 위하여 지었나니 나를 찬송하게 하려 함이니라"고 말씀하신 것이다.

누군가를 깊이 사랑할 때 보면, 사랑하는 사람과 사랑을 받는 사람의 마음이 하나가 된다. 사랑하는 부모가 힘들어 하면 부모를 사랑하는 자식도 힘들어 한다. 사랑하는 자식이 병들어 신음하면 부모도 똑같이 신음하고 아파한다. 눈에 넣어도 아프지 않을 만큼 귀한 아들이 군대에 가서 죽고 싶을 정도로 힘들다고 한다면 그 부모의 마음이 어떻겠는가? 밤에 잠이 제대로 오지 않고 밥맛도 없을 것이다. 분신과도 같은 딸이 시집을 갔는데, 결혼하자마자 이혼하고 싶다고 말한다면 부모 마음이 어떻겠는가? 딸의 결혼 생활이 지옥인 것처럼 부모의 삶도 지옥 같을 것이다. 그렇다면 자신을 위해 희생하며 헌신하는 부모에게 효도하는 일이 무엇일까? 군대 간 아들이라면 군 생활을 행복하게 하는 것이고, 시집간 딸이라면 즐겁게 결혼 생활을 하는 것이다. 이런 모습이야말로 자녀를 위해 희생하는 부모님에게 보답할 수 있는 길이다.

환경을 초월한 찬송

주님을 영접한 후 신앙생활을 하면서 자신을 사랑하는 하나님의 사랑의 깊이를 다 아는 사람은 아마 없을 것이다. 나를 사랑하신 하나님의 사랑은 양파 껍질과 같아서 벗기면 벗길수록 더 깊은 사랑이 있음을 느낀다. 그래서 하나님의 사랑을 측량할 수 없는 사랑이라고 한다. 우리를 사랑하신 하나님의 마음과 눈은 언제나 우리를 향해 있다. 스바냐 선지자를 통해서 하나님은 자신의 마음을 이렇게 표현하셨다.

"너의 하나님 여호와가 너의 가운데에 계시니 그는 구원을 베푸실 전능자이시라 그가 너로 말미암아 기쁨을 이기지 못하시며 너를 잠잠히 사랑하시며 너로 말미암아 즐거이 부르며 기뻐하시리라 하리라"(습 3:17).

또한 다윗을 통해서도 하나님의 마음을 표현하셨다.

"땅에 있는 성도들은 존귀한 자들이니 나의 모든 즐거움이 그들에게 있도다"(시 16:3).

이와 같이 하나님의 마음과 눈은 항상 우리를 향하고 계신다. 그러므로 우리가 힘들어 하거나 슬퍼하거나 가슴 아파하면 하나님이 우리보다 더 마음 아파하신다.

하나님이 천지를 지으시고, 예수님을 십자가에 매달려 돌아가시게 하고, 성령의 기름을 부어 주시고, 교회를 세워 우리를 그곳으로 인도하시는 것 모두가 우리에게 기쁨을 주시기 위함이다. 그러므로 은혜받은 우리가 하나님께 보답하는 길은 그분이 그토록 원하시는 행복을 누리는 것이다. "나를 찬송하게 하려 하심이니라"는 말씀은 내 마음에서 피어오르는 행복이 찬송으로 하나님께 전달된다는 의미이다.

행복이란 만족감과 기쁨이 어우러진 상태다. 찬송이란 하나님의 은혜에 겨워 만족감과 기쁨이 어우러진 상태에서 뿜어져 나오는 모든 것이다. 마음이든 노래든 삶이든 모든 것이 찬송이 된다.

그렇다면 "이 백성은 내가 나를 위하여 지었나니 나를 찬송하게 하려 함이니라"(사 43:21)는 말씀을 내러티브적으로 해석하는 것이 옳은지 본문의 흐름을 통해 살펴보자.

"내가 너를 구속하였고 내가 너를 지명하여 불렀나니 너는 내 것이라"(사 43:1).

"네가 물 가운데로 지날 때에 내가 너와 함께할 것이라 강을 건널 때에 물이 너를 침몰하지 못할 것이며 네가 불 가운데로 지날 때에 타지도 아니할 것이요 불꽃이 너를 사르지도 못하리니 대저 나는 여호와 네 하나님이요 이스라엘의 거룩한 이요 네 구원자임이라 내가 애굽을 너의 속량물로, 구스와 스바를 너를 대신하여 주었노라"(사 43:2-3).

"네가 내 눈에 보배롭고 존귀하며 내가 너를 사랑하였은즉 내가 네 대신 사람들을 내어 주며 백성이 네 생명을 대신하리니"(사 43:4).

"너희는 이전 일을 기억하지 말며 옛날 일을 생각하지 말라 보라 내가 새 일을 행하리니 이제 나타낼 것이라 너희가 그것을 알지 못하겠느냐 반드시 내가 광야에 길을 사막에 강을 내리니 장차 들짐승 곧 승냥이와 타조도 나를 존경할 것은 내가 광야에 물을, 사막에 강들을 내어 내 백성, 내가 택한 자에게 마시게 할 것임이라"(사 43:18-20).

이 말씀의 의미를 종합해 보면 이렇다.

'내가 너를 구속했다. 너는 내 것이다. 내가 너를 확실히 보호할 것이다. 내 눈에는 네가 보배롭고 존귀하다. 네가 현재 처해 있는 상황이 광야이고 사막이지만 내가 새 일을 행할 것이다. 광야에 길을 낼 것이고 사막에 강을 내어 나의 택한 자로 마시게 할 것이다. 그러므로 너는 불행한 자가 아니다. 행복한 존재들이다. 너는 내가 구속한 내 아들이다. 네가 힘들어 하면 내 마음이 기쁘지 않다. 나를 위해서라도 행복할 수 없겠느냐?'

바울과 실라가 복음을 전하다가 빌립보에서 봉변을 당했다. 그리고 고소당하여 심하게 맞은 뒤 빌립보 감옥에 갇히게 되었다. 그 순간 바울과 실라는 무엇을 하고 있었는가?

"무리가 일제히 일어나 고발하니 상관들이 옷을 찢어 벗기고 매로 치라 하여 많이 친 후에 옥에 가두고 간수에게 명하여 든든히 지키라 하니 그가 이러한 명령을 받아 그들을 깊은 옥에 가두고 그 발을 차꼬에 든든히 채웠더니 한밤중에 바울과 실라가 기도하고 하나님을 찬송하매 죄수들이 듣더라"(행 16:22-25).

한밤중에 깊은 옥에서도 바울과 실라는 하나님을 찬송했다. 이것은 그들의 마음속에 만족감과 기쁨이 넘쳤다는 증거다.

"하나님, 저를 그리스도의 고난에 동참하게 하시니 감사합니다. 이 아픔을 통해 하나님이 이루실 구원의 놀라운 계획이 기대가 됩니다. 그리고 이 깊은 감옥에도 저 혼자 두지 않으시고 하나님이 함께하시니 너무나 기쁘고 즐겁습니다. 하나님, 감사합니다. 영혼을 살리기 위해 노력하다가 당한 고난이 이렇게도 행복할 줄은 몰랐습니다. 이와 같은 기쁨과 행복을 누리게 하신 하나님께 드릴 것은 찬송뿐입니다."

이것이 바로 하나님의 은혜를 입은 자들의 삶이요, 영광스러운 하나님의 자녀들이 누릴 천국이다. 그리스도 안에 있는 자들은 환경을 초월해서 행복을 누릴 수 있는 은혜 속에 있는 자들인 것이다.

스데반처럼 돌에 맞아 순교하기 일보 직전에도 그의 얼굴이 천사의 얼굴 같았던 것은 그의 내면이 행복했다는 증거가 된다. 이것이 하나님을 가장 기쁘시게 하는 찬송이 아니겠는가? 순교당하는 것이 너무 억울해서 원망하다가 죽었다면 하나님의 마음이 얼마나 불편하셨겠는가? 하나님께 드릴 찬송과 예배는 다름 아닌 우리의 행복인 것이다.

하나님의 나라를 누리는 것

데살로니가전서 5장을 보면 우리를 향한 하나님의 뜻이 계시되어 있다.

"항상 기뻐하라 쉬지 말고 기도하라 범사에 감사하라 이것이 그리스도 예수 안에서 너희를 향하신 하나님의 뜻이니라"(살전 5:16-18).

항상 기뻐하라는 말씀은 언제 어느 때든지 기뻐하라는 말씀이다. 쉬지 말고 기도하라는 말씀은 하나님과 쉬지 말고 소통하고, 교제하라는 것이다. 그리고 기도거리가 있고, 문제가 있고, 너를 짓누르는 무거운 짐이 있거든 언제든지 상관없이 그것을 하나님께 넘겨 버리라는 것이다. 근심과 고통 가운데 있을 때 지체하지 말고 하나님께 넘기라는 것이다. 이 얼마나 놀라운 하나님의 은총인가? 범사에 감사하라는 말씀도 인간이 겪는 모든 일에 감사하라는 말씀이다. 좋은 일이나 좋지 않은 일이나 감사하라는 것이다.

결국 우리를 향한 하나님의 뜻을 공식으로 표현하면 이렇다.

"항상 기뻐하라 + 범사에 감사하라 = 항상, 범사에 행복하라."

쉬지 말고 하나님과 기도를 통해 소통하고 교제를 나누면 항상 기뻐할 수 있고, 범사에 감사할 수 있는 에너지를 공급받게 될 것이다. 그리고 무거운 짐들이나 아픔들을 쉬지 말고 하나님께 넘기면 항상 기뻐하고 범사에 감사하면서 살 수 있게 될 것이다. 이와 같은 삶이 하나님이 원하시는 삶이요, 이렇게 사는 모습을 보는 것이 하나님께 가장 큰 기쁨이 된다.

행복 = 만족감 + 기쁨

하나님이 우리에게 가장 주고 싶으셨던 것이 하나님의 나라다. 성경은 하나님의 나라를 이렇게 말씀한다.

"하나님의 나라는 먹는 것과 마시는 것이 아니요 오직 성령 안에 있는 의와 평강과 희락이라"(롬 14:17).

결국 오늘 우리가 지상에서 누릴 하나님의 나라는 성령 안에서의 의와 평강과 희락이다. 그리고 이것이 이루어지면 이런 고백을 하게 된다. "내 잔이 넘치나이다." "내가 부족함이 없으리로다." 바로 하나님 안에서의 만족감인 것이다. 이와 같은 만족감의 원인은 하나님이 목자가 되어 주시기 때문이다. 시인의 목자가 오늘날의 우리에게도 동일한 목자가 되신다.

또한 하나님의 나라는 희락이다. 하나님 안에서 즐거움과 기쁨을 누리는 것이다. 하나님 나라의 요소인 만족감과 기쁨을 합쳐서 한 단어로 표현해 보라. 그것이 행복이다. 행복의 개념은 하나님의 나라인 샬롬과 희락을 동시에 표현한 말이라고 이해하면 된다. 그러므로 행복을 누리며 살자는 말은 하나님의 나라를 누리고 살자는 개념이고, 샬롬을 누리며 살자는 개념이며, 복음을 누리며 살자는 개념이다.

그러나 세상 사람들이 가장 많이 쓰는 단어가 행복이고 그것을 얻기 위해 몸부림치지만 그 행복은 세상 어디에서도 찾을 수 없다. 오직 복음 안에만 있다. 성령 안에서만 누릴 수 있다. 샬롬이 임하고 하나님의 나라가 임한 자만이 진정으로 행복을 누릴 수 있는 것이다.

예수 안에 있다고 하면서, 구원받았다고 하면서 행복을 누리지 못하고 산다면 십자가의 원수로 사는 것이다. 천국을 얻은 자가 천국을 누리지 못하고, 행복을 얻은 자가 행복을 누리지 못하고, 하나님의 아들이 하나님의 아들답게 살지 않는다면 어찌 하나님을 기쁘시게 할 수 있으며 하나님을 영화롭게 할 수 있겠는가? 한 걸음 더 나아가 흑암의 권세, 사망의 그늘진 땅에 사는 백성에게 어떻게 천국과 하나님 나라의 행복을 보여 줄 수 있겠는가?

바울은 로마서에서 "하나님의 나라는 오직 성령 안에서 의와 평강과 희락"(롬 14:17)이라고 말하고 이어서 이렇게 말했다.

"이로써 그리스도를 섬기는 자는 하나님을 기쁘시게 하며 사람에게도 칭찬을 받느니라"(롬 14:18).

의와 평강과 희락을 누림으로써 하나님을 기쁘시게 할 수 있고 사람에게도 칭찬을 받게 된다는 것이다. 여기에 쓰인 칭찬이라는 원어는 "시험 후의 인정된"이라는 형용사 δοκιμος(도키모스)다. 이 형용사는 "~처럼 보이다", "내가 보기에 ~이다"는 뜻을 지닌 δοκέω(도케오)라는 동사에서 나온 단어다. 그러므로 18절의 말씀은 하나님 나라를 누림으로써 그리스도를 섬기는 자는 하나님을 기쁘시게 하며 사람들에게 칭찬을 받는다는 말은 하나님의 나라를 사는 자로 여겨져서 불신자들이 신자들의 삶을 흠모하게 된다는 것이다.

하나님이 인간을 지으시고 구원하신 이유는 바로 우리가 하나님의 나라를 살게 하는 데 있다. 하나님의 나라를 살면 하나님을 기쁘시게 할 수 있으며 구원해야 할 영혼들에게 천국을 보여 줄 수 있기 때문이다. 이것이 하나님의 나라를 누리는 공동체로 교회를 세워 가야 할 이유이다.

이 땅에서 누리는 하나님의 나라를 잘 설명해 주는 작자 미상의 한 이야기가 있다. "가나안을 거절당한 모세"라는 제목의 이야기인데, 이 이야기를 통해 우리는 어떤 환경에서도 하나님을 찬송하며 행복할 수 있음을 깨닫게 된다.

가나안을 거절당한 모세

사실 그 누구보다도 모세는 가나안에 들어갈 권리가 있는 자였다. 그런데 하나님은 모세의 불순종을 가볍게 처리하지 않으시고 가나안 입성을 단호히 거절하셨다.

모세는 터벅터벅 모압 평지를 지나 느보산 맞은편 비스가산 꼭대기로 올라간다. 그는 늘 꿈꾸었던 가나안을 한참을 바라본 후에 힘없이 무릎을 꿇는다. 그리고 고개를 푹 숙인 채 침묵이 흐른다. 하나님이 모세에게 다가오신다. 모세의 어깨 위에 가만히 손을 얹고 물으신다.

"슬프냐?"

"아닙니다."

"그러면 괴로우냐?"

"아닙니다."

"그러면 서러우냐?"

"아닙니다."

"그러면 분하냐?"

"아닙니다."

"가나안 땅으로 인도하겠다고 말한 내가 너와의 약속을 어겼다고 생각하느냐?"

고개를 숙인 채, 돌처럼 한동안 움직이지 않고 있는 모세가 하나님께 대답한다.

"아닙니다."

"그러면 왜 그렇게 엎드려 있느냐?"

"너무 행복해서입니다."

"행복하다니?"

"가만히 생각해 보니 지금까지 광야에서 하나님과 함께했던 날들이 제게는 가나안이었습니다. 어느 누가 하나님께서 직접 만들어 주신 음식을 먹어 보았겠습니까? 어느 누가 하나님께서 손수 내 주신 석간수를 먹어 봤겠습니까? 하나님과 함께 매일같이 먹고 자고 했던 광야가 저에게는 가나안이었습니다."

우리 행복이, 우리의 가나안이 이와 같기를 소망해 본다.

찬송의 올바른 정의는
'하나님의 자녀들이 하나님의 위대하심과 측량할 수 없는
은혜와 사랑을 깨달아 만족감과 즐거움에 겨워
하나님을 경배하고 찬미하고 싶은 마음에서
우러나오는 노래'라 할 수 있다.

Chapter 4

하나님을 영화롭게 하는 것과 더불어
영원토록 즐거워하는 것은 사실 둘이 아니라 하나이다.
왜냐하면 우리가 복음 안에서 느끼는 행복이
하나님께 가장 큰 기쁨이 되기 때문이다.

하나님을 가장 영화롭게 하는 방법이 뭘까?

하나님을 가장 영화롭게 하고 그분이 기뻐 춤추시게 할 일은
오직 예수 안에서 우리가 행복을 누리는 삶을 사는 것이다. 하나님을 영화롭게
하는 것과 우리가 그분으로 인해 영원히 즐거워하는 것은 분리될 수 없다.

예수 그리스도 안에서 누리는 행복

누군가를 미치게 사랑해 본 적이 있는가? 만약 있었다면 그를 어떻게 해 주고 싶었는가? 힘들게 하고 싶었는가? 뼈 빠지게 고생시키고 싶었는가? 아니면 세상에서 가장 행복한 존재로 만들어 주고 싶었는가? 당연히 어떠한 희생을 치러서라도 그 사람이 행복하기를 원할 것이다. 이것이 바로 우리를 향한 하나님의 마음이다.

하나님이 아담의 행복을 위해 가장 아름답게 천지를 창조하셨다. 그리고 아담이 누릴 행복을 생각하시며 행복해하셨다. 혼자 있는 모습이 보기에 좋지 않아서 그를 위해 돕는 배필로 하와를 만드신 후에 아담

에게로 데리고 와서 혼인 예식을 거행하셨다. 하와를 처음 본 아담은 이렇게 고백했다. "내 뼈 중에 뼈요 살 중에 살이라." 아담의 고백을 듣고 가장 행복해한 분은 바로 하나님이셨다.

하나님은 아담의 행복을 위해 가정을 세우시고 에덴동산을 허락해 주셨다. 그리고 "생육하고 번성하여 땅에 충만하라 땅을 정복하고 모든 생물을 다스리라"고 하셨다. 자손을 낳아 번성할 뿐 아니라 정복하고 다스리는 왕권을 주신 것이다. 이 얼마나 신 나는 은총인가? 하나님은 이것을 "복"이라고 말씀하신다.

에덴동산에 우뚝 선 아담은 행복자였다. 아담이 행복자였다는 사실에 대해 이의를 제기할 사람은 아무도 없을 것이다. 그는 완전한 행복자였다. 그러나 행복자 아담에게 사탄은 뱀을 이용하여 접근했다. 사탄의 속임수에 아담은 금방 말려들고 말았다. 사탄의 미혹에 넘어간 아담은 순식간에 모든 행복을 도둑질당했다. 이때 가장 가슴 아파하신 분이 아마도 하나님이셨을 것이다. 이때부터 하나님께 한이 생기게 된다. "내가 반드시 아담이 잃어버린 에덴을 다시 회복시켜 주리라."

한을 품으신 하나님은 모든 자존심을 버리고 아담을 찾아 나서신다. "아담아, 네가 어디 있느냐?" 아담은 자신을 부르시는 하나님의 소리가 들리자 숨어 버리고, 하나님은 그를 끝까지 찾으셨다. 이것이 아담과 우리를 향한 하나님의 진한 사랑이다.

의의 자리에 앉아 있어야 할 아담은 죄의 종이 되어 저주의 자리에서 있었다. 모든 생물을 다스려야 할 왕권을 가진 자가 마귀의 노예가 되어 초라한 모습으로 숨은 것이다. 그럼에도 불구하고 여전히 그를 사랑하시는 하나님은 아담과 하와에게 여인의 후손(예수 그리스도)을 보내어 그들이 잃어버린 모든 것을 반드시 회복해 주리라고 약속하셨다.

뿐만 아니라 독생자 예수 그리스도를 여인의 후손으로 보내시기 위해 아브라함을 선택하셨고, 이스라엘 민족 공동체를 만드셨다. 구약 이스라엘의 모든 역사는 아담이 잃어버린 것을 회복시켜 주기 위해 오실 여인의 후손이 걸을 길이었다.

때가 되매 B.C.(Before Christ)와 A.D.(Anno Domini)를 가르고 두 제국(로마, 이스라엘)이 다스리고 있는 이스라엘 땅 베들레헴에 예수님이 탄생하셨다. 아담이 잃어버린 모든 것을 회복시켜 주시기 위해 그가 친히 십자가를 지시고 죄 값을 치르실 때는 두 제국의 역사가들이 그 사건을 상세히 기록하였다.

생명을 얻게 하고 더 풍성히 얻게 하시려고, 즉 아담이 잃어버린 모든 것을 누리게 하시려고 예수님이 십자가에서 제물이 되신 후 오순절에 임하신 성령님이 잃어버린 행복을 회복시키셨다. 또한 성령님은 십자가의 복음을 가지고 교회와 성경, 그리고 그가 세우신 영적 지도자들을 통해 아담이 잃어버린 행복을 회복시키신다. 성령님은 오늘도 예수님의 십자가 복음을 가지고 흑암의 권세 속에, 죄와 저주의 늪 속에 빠져 있는 영혼들을 하나님의 나라로 옮기고 계신다(골 2:13). 이렇게 한 영혼 한 영혼이 하나님의 품으로 돌아올 때 하나님은 춤추신다(눅 15:25, 32).

하나님은 그리스도인들이 예수님 안에서 천국을 누릴 때 가장 기뻐하신다. 그리고 행복해하신다. 예수님 안에서 행복해하는 것보다 하나님을 더 기쁘게 할 것이 또 무엇이 있겠는가? 복음 안에서 행복하지 못한 영혼과 마음을 가지고 봉사하고 헌신한들 하나님이 기뻐하시겠는가? 하나님을 가장 영화롭게 하고 하나님이 기뻐 춤추게 하실 일은 오직 예수 안에서 우리가 행복을 누리는 것뿐이다.

개혁주의 신앙의 뿌리가 되는 웨스트민스터 신앙고백 소요리문답 제1문은 '사람에게 있어서 제일 되는 목적이 무엇인가?'이다. 그리고 그에 대한 답은 '사람의 제일 되는 목적은 하나님을 영화롭게 하고 그와 더불어 영원토록 즐거워하는 것이다'이다. 은혜받은 영광스러운 하나님의 자녀들이 무엇을 위해 어떻게 살아야 할 것인가를 잘 가르쳐 주는 말씀이다.

하나님을 영화롭게 하는 것과 더불어 영원토록 즐거워하는 것은 사실 둘이 아니라 하나이다. 왜냐하면 우리가 복음 안에서 행복해하는 것이 하나님께 가장 큰 기쁨이 되기 때문이다. 하나님과 더불어 즐겁지 않은 자가 어떻게 하나님을 영화롭게 할 수 있겠는가? 그러므로 하나님을 영화롭게 하는 것과 그분으로 인해 영원토록 즐거워하는 것은 동전의 양면과 같아서 뗄 수 없다. 그러므로 하나님의 행복과 신자들의 행복은 하나이다.

이처럼 하나님은 자신의 행복을 우리에게 주고 싶어 몸부림치고 계신다. 그리고 우리가 그 행복을 누리며 살 때 가장 기뻐하시고 행복해하신다. 하나님을 영화롭게 하는 것과 그분으로 인해 영원토록 즐거워하라.

조나단 에드워즈의 행복을 위한 의무

언젠가 나의 스승이신 권성수 목사님께 행복목회 아카데미 교재를 보여 드린 적이 있었다. 그때 권 목사님이 이런 말씀을 해 주셨다.

"목사님, 놀라울 정도로 행복이라는 주제를 잘 잡으셨습니다. 교재의 구성도 탁월합니다. 하나님의 마음에 있는 사랑과 계획이 인간에게 적용될 때 이루어진 상태가 행복입니다. 그리고 내가 가장 존경하는 목사님이 조나단 에드워즈인데 그분의 목회 철학이 행복입니다."

그 뒤 『백악관을 기도실로 만든 링컨』과 『평생 감사』의 저자인 전광 목사님을 만난 적이 있었다. 그분으로부터 책을 선물로 받았는데, 그 중에서 『성경을 사랑합니다』라는 책을 통해 조나단 에드워즈의 글을 읽게 되었다.

조다난 에드워즈는 1703년 10월 5일, 코네티컷 주의 이스트 윈저에서 회중교회 목사인 디모데 에드워즈의 11명의 자녀 가운데 다섯 번째로 태어났다. 그는 6세에 라틴어를 배우기 시작했고 예일대학에 입학한 후 13세가 되기 전까지 성경을 원어로 읽을 수 있을 만큼 헬라어와 히브리어에 능통했다. 18세에 예일대학과 대학원을 우수한 성적으로 졸업하고 20세에 대학교수로 임용되어 학생들을 가르쳤다. 또한 23세에 목사 안수를 받고 24년간 노스햄프턴교회를 섬기면서 세계적으로 유명한 저서를 남겼다. 48세가 되던 해에는 인디언 선교사로 자신의 삶을 하나님께 드렸다. 그리고 55세에 미국의 명문대인 프린스턴대학 총장으로 임명되어 인생의 마지막 정열을 불태우다 낙원으로 이민 가셨다.

그는 위대한 철학자이자 사상가였으며, 논리학자요, 작가였을 뿐만 아니라 위대한 청교도 목회자, 명설교가, 복음 전도자로 세상에 널리 알려진 분이다. 그의 설교를 통해 5만 명의 사람들이 복음을 받아들였으며 150개 이상의 교회가 세워진 것을 볼 때 그의 영향력이 어떠했는지 짐작이 가고도 남는다.

심지어 프린스턴대학에서는 조나단 에드워즈의 가문을 연구하는 '조나단 연구 센터'가 세워지기도 했다. 실제로 에드워즈의 후손들을 조사해 본 결과 1,400명 정도의 후손들 가운데 14명의 총장(학장), 100명 이상의 목사(신학자, 선교사), 100명 이상의 법관과 판사, 60명 이상의 의사, 70명 이상의 작가와 언론인, 교수 65명, 상원의원 3명, 주지사 3명, 부통령 1명, 군 고급간부 25명이 배출되었다고 한다.

에드워즈는 하루 열두 시간 성경을 연구하며 충실한 목회를 했다. 그의 설교는 두 시간 이상 지속되는 경우가 많았다. 그러나 그는 고함치며 설교하지 않았고 조용한 어투로 말씀 중심의 청교도적이고 교리적인 설교를 했다. 그의 간절한 열정으로 말미암아 1734년 어느 겨울날 그의 교구에서 300명이 회심하는 역사가 일어났다. 거리의 술집에 인적이 끊기고, 사람들이 그의 설교를 듣느라 시간 가는 줄 몰랐다. 결국 노스햄프턴 주민 전체가 거듭남을 체험하게 되었는데 이 역사는 실로 놀라운 것이었다. 에드워즈를 이와 같이 만든 분은 성령님이시고 재료는 성경이었다.

완벽한 그리스도인이 되기 위한 에드워즈의 결심문 70가지가 있다. 에드워즈는 '모든 영광을 하나님께 드리는 완벽한 그리스도인'이 되는 것이 목표였고, 그 목표를 달성하기 위해 스스로 70가지를 결심했다. 그는 70가지 결심문대로 살려고 일생 동안 몸부림쳤다. 이것이 그의 인생을 멋지게 세운 것이다. 그의 첫 번째 결심문을 소개하면 다음과 같다.

결심문 1. 전 생애 동안 가장 힘쓸 일

내가 살아가는 동안 하나님의 영광과 나 자신의 진정한 행복과 유익과 기쁨에 도움이 된다면 무엇이든지 하자. 내가 해야 할 의무가 인류 전체의 행복과 유익에 최상의 도움이 된다면 무엇이든지 하자. 아무리 어려움이 많고 고통이 따른다 해도 최선을 다하자.

에드워즈에 대한 글을 읽고 나는 무릎을 쳤다. 하나님의 영광과 자신의 행복 그리고 인류 전체의 행복을 위한 의무를 수행하는 일이라면 최선을 다하자는 말 속에서 놀라운 균형을 보았기 때문이다. 하나님을 영화롭게 하는 것과 자신의 행복 그리고 인류 전체의 행복은 뗄 수 없는 것이었다.

에드워즈의 가슴에 있는 불을 보라. 하나님을 영화롭게 하고 싶은 불, 자신의 행복과 인류의 행복을 위해 몸부림치는 불을 보라. 이 불이 놀라운 회심을 일으켰다. 많은 분들이 그의 설교와 책을 좋아하고 사랑하는 이유는 그의 가슴에 복음을 통한 인류의 행복이 불타고 있기 때문이다.

하나님을 가장 영화롭게 하는 방법이 무엇이겠는가? 하나님이 기뻐 춤추게 하실 일은 무엇이겠는가? 그것은 하나님이 하나밖에 없는 외아들인 예수 그리스도를 골고다 십자가 위에서 몸 찢고 피 쏟아 허락하신 구원을 누리며 사는 것이다. 또한 온 인류의 행복을 위해 하나님의 나라를 전하는 삶을 사는 것이다. 이러한 삶을 통해 사망의 그늘에 앉은 탕자들이 돌아오면 하나님이 기뻐 춤추실 것이다. 온 인류에게 행복을 선물하기 위해 천국을 누리며 천국을 나누는 삶을 사는 것이 곧 하나님을 영화롭게 하는 삶이다.

Chapter 5

예수님 안에 있는 가지는 가난하지도,
약하지도 않다. 인간에게 베푸시는 은혜와 복 중에
예수님보다 더 큰 은혜와 복은 없다.

예수님도 행복목회자이신가?

우리의 포도나무 되신 예수님을 바라보면 가지인 우리는 걱정할 것이 없다. 포도나무와 하나가 되는 순간 땅의 모든 에너지와 하늘의 모든 에너지는 가지의 것이 된다. 예수님의 내면에 자리한 기쁨이 우리의 것이 된다.

예수님의 정서적 이미지

육신을 입고 이 땅에 오신 예수님의 정서적 이미지가 무엇이라고 생각하는가? 요한복음을 보면 알 수 있다.

"내가 이것을 너희에게 이름은 내 기쁨이 너희 안에 있어 너희 기쁨을 충만하게 하려 함이라"(요 15:11).

"지금 내가 아버지께로 가오니 내가 세상에서 이 말을 하옵는 것은 그들로 내 기쁨을 그들 안에 충만히 가지게 하려 함이니이다"(요 17:13).

"그때에 예수께서 성령으로 기뻐하시며 이르시되 천지의 주재이신 아버지여 이것을 지혜롭고 슬기 있는 자들에게는 숨기시고 어린아이들에게는 나타내심을 감사하나이다 옳소이다 이렇게 된 것이 아버지의 뜻이니이다"(눅 10:21).

성경 말씀을 보면 알 수 있듯이 예수님 안에 있는 정서는 바로 기쁨이다. 예수님 안에 희락의 성령님이 계신 것이다. 그렇다면 기쁨의 정서가 가득한 예수님은 제자들에게 무엇을 주고 싶어 하셨을까? 두말할 것 없이 예수님 자신 안에 있는 기쁨이다. 그 기쁨을 제자들에게 주어 그들이 충만한 기쁨 속에 있기를 원하셨다.

예수님은 자신 안에 있는 기쁨이 제자들 마음속에 충만하기를 원하시면서 복음 사역에 임하셨다. 복음을 전하실 때는 누구나 잘 이해하고 알아들을 수 있도록 친숙한 비유를 통해 말씀하셨는데, 한 예로 요한복음 15장에 나타난 포도나무 비유다.

"나는 포도나무요, 너희는 가지이며, 내 아버지는 농부란다."

이 비유의 핵심은 농부와 포도나무와 가지가 생명적 불가분리의 관계에 있다는 것이다. 농부에게 나무는 있는데 가지가 없으면 행복할 수 없고, 나무에게도 농부는 있는데 가지가 없으면 행복할 수 없으며, 나무나 농부가 없는 가지는 생명도 없고, 의미도 없고, 행복도 없다. 그래서 예수님을 처음 만난 기쁨 속에 있는 자들은 이제 예수님 없이는 살 수 없다고 고백한다. 농부가 되신 하나님과 포도나무가 되신 예수님, 그리고 가지 된 우리의 관계가 이러하다.

포도나무 비유에서 예수님은 하나님과 멀어진 인류를 향해 "내 안에 거하라"고 말씀하신다. 아담과 하와가 하나님께 등을 돌리고 마귀의 말을 따르는 순간부터 관계가 끊어지게 되었기 때문이다. 예수님은 우리를 향해 말씀하신다.

"내가 육신을 입고 이 땅에 온 것은 바로 끊어진 가지를 찾기 위해서다. 내 안에 거하라. 그리하면 나도 너희 안에 거할 것이다. 가지가 포도나무에 붙어 있지 않으면 스스로 과실을 맺을 수 없는 것처럼 너희도 내 안에 있지 아니하면 그러하리라. 나는 포도나무요 너희는 가지니 저가 내 안에 내가 저 안에 있으면 과실을 많이 맺나니 나를 떠나서는 너희가 아무것도 할 수 없음이라."

가지가 해야 할 일은 단순하다. 포도나무 되신 예수님 안에 거하기만 하면 되는 것이다. 가지를 나무와 하나 되도록 에너지를 공급하는 일이나 가지를 치료하는 일, 매서운 추위에 가지가 얼지 않도록 보호하는 일, 이글거리는 햇볕에 시들지 않도록 하는 일, 가지를 자라게 하고 꽃 피게 하고, 열매를 맺게 하는 일 모두가 나무가 하는 일이다. 게다가 농부가 하나님이시니 포도나무와 하나 된 가지는 걱정할 이유도 없고, 슬퍼할 이유도 없다. 가지의 장래는 나무가 100% 책임을 진다. 그리고 농부가 하나님이시니 얼마나 잘 가꾸시겠는가? 이것이 바로 복음이다.

포도나무와 하나 되는 순간 땅의 모든 에너지와 하늘의 모든 에너지가 가지의 것이 된다. 뿐만 아니라 농부도 나무도 모두 가지가 누리는 터전이 된다. 이러한 복음의 말씀은 예수님 안에 있는 기쁨을 우리에게 충만히 거하게 한다. 예수님 안에 있는 가지는 가난하지도, 약하지도 않다. 인간에게 베푸시는 은혜와 복 중에 예수님보다 더 큰 은혜와 복은 없다. 예수님을 얻고 그 안에 있는 가지는 걱정할 이유도, 두려워할 이유도 없다. 그리고 바울처럼 이렇게 외칠 수 있다.

"또 미리 정하신 그들을 또한 부르시고 부르신 그들을 또한 의롭다 하시고 의롭다 하신 그들을 또한 영화롭게 하셨느니라 그런즉 이 일에 대하여 우리가 무슨 말 하리요 만일 하나님이 우리를 위하시면 누가 우리를 대적하리요 자기 아들을 아끼지 아니하시고 우리 모든 사람을 위하여 내주신 이가 어찌 그 아들과 함께 모든 것을 우리에게 주시지 아니하겠느냐 누가 능히 하나님께서 택하신 자들을 고발하리요 의롭다 하신 이는 하나님이시니 누가 정죄하리요 죽으실 뿐 아니라 다시 살아나신 이는 그리스도 예수시니 그는 하나님 우편에 계신 자요 우리를 위하여 간구하시는 자시니라 누가 우리를 그리스도의 사랑에서 끊으리요 환난이나 곤고나 박해나 기근이나 적신이나 위험이나 칼이랴 기록된 바 우리가 종일 주를 위하여 죽임을 당하게 되며 도살당할 양같이 여김을 받았나이다 함과 같으니라 그러나 이 모든 일에 우리를 사랑하시는 이로 말미암아 우리가 넉넉히 이기느니라 내가 확신하노니 사망이나 생명이나 천사들이나 권세자들이나 현재 일이나 장래 일이나 능력이나 높음이나 깊음이나 다른 어떤 피조물이라도 우리를 우리 주 그리스도 예수 안에 있는 하나님의 사랑에서 끊을 수 없으리라"(롬 8:30-39).

행복목회의 원조, 예수님

완전하신 하나님이 완전한 인간이 되셨다. 인간의 육신을 입으신 예수님이 남다른 조롱과 박해 그리고 십자가의 고통을 거뜬히 이겨 내셨다. 십자가의 고통을 이겨 낼 수 있는 에너지는 무엇일까? 그것은 예수님의 내면에 있는 기쁨이 아닐까 생각한다.

예수님은 자신 안에 있는 기쁨을 온 인류에게 주고 싶어 몸부림치셨던 분이다. 그가 이 땅에 오신 이유도 생명을 얻게 하고 더 풍성히 얻게 하려는 데 있었다. 소외되고 그늘진 세리와 창녀들을 구원하여 기쁨을 주고, 병든 자를 구원하여 치료해 주고, 자신 안에 있는 기쁨을 그들 안에 충만히 거하도록 사역하셨다. 그들을 행복하게 하신 것이다. 이것이 행복목회가 아니고 무엇이겠는가? 목회자 안에 예수님의 기쁨이 충만하고 그 기쁨을 주기 위해 설교하며 몸부림치는 목회가 바로 행복목회다. 만약 우리 안에 예수님의 기쁨이 없다면 과연 우리가 진정한 그리스도인인지 확인해 보아야 한다.

행복목회 아카데미에서 함께 은혜를 나누는 목회자들 가운데 가슴을 치며 회개하는 분들이 많다. "제가 목회하는 교회는 하나님이 성장하게 하셔서 중형교회로 일어섰습니다. 그런데 제 마음에 기쁨이 없습니다. 저는 사역에 지쳐 있습니다. 이렇게 제 마음에 기쁨이 없는데 성도들의 마음에 기쁨이 있겠습니까?" 예수님을 닮은 목회는 자신 안에 예수님이 주신 기쁨이 넘치고 그 기쁨을 성도들에게뿐만 아니라 온 인류에게 주고 싶어 몸부림치는 것이다. 이것이 바로 행복목회인 것이다. 교회를 살리고, 민족을 살리고, 열방을 살리는 길은 행복목회밖에 없다.

예수님 안에 있는 기쁨이 당신 안에도 있는가? 그 기쁨을 주고 싶어서 설교하고, 심방하고, 훈련하고, 예배를 집례하고 있는지 돌이켜 보라. 만약 그렇지 않다면 예수님과 다른 목회를 하고 있는 것이다.

Chapter 6

성령의 인도하심을 따라
복음이 전파되는 곳에 큰 기쁨이 있었다.
복음이 전해진 곳에는 죄 사함과 함께
다양한 표적이 나타나고 큰 기쁨이 있게 된다.

성령님도 행복목회자이신가?

기쁨이 넘치는 교회는 밝고 역동적인 모습을 보인다. 또한 섬김과 헌신이 즐겁고 즐거운 마음으로 순종에 임한다. 기쁨 충만은 성령 충만이며, 기쁨의 성령님이 이끄시는 대로 좇아가기 때문이다.

복음이 전파되는 곳에 임하는 기쁨

예수님 안에 있는 기쁨은 성령님 안에 있는 기쁨에서 기인한다.

"그때에 예수께서 성령으로 기뻐하시며 이르시되 천지의 주재이신 아버지여 이것을 지혜롭고 슬기 있는 자들에게는 숨기시고 어린아이들에게는 나타내심을 감사하나이다 옳소이다 이렇게 된 것이 아버지의 뜻이니이다"(눅 10:21).

그렇다면 성령님의 내면에 가득한 것들이 무엇인가?

"오직 성령의 열매는 사랑과 희락과 화평과 오래 참음과 자비와 양선과 충성과 온유와 절제니 이같은 것을 금지할 법이 없느니라"(갈 5:22-23).

성경 말씀에는 아홉 가지가 나와 있지만 사실은 두 가지로 요약할 수 있다. 사랑과 기쁨이 충만하면 자비와 양선이 나타나며 오래 참을 수 있고, 충성할 수 있다. 성령님의 내면에는 사랑과 희락이 불타고 있는 것이다. 그러므로 제자들이 성령 충만할 때 동시에 기쁨도 충만해진다.

"제자들은 기쁨과 성령이 충만하니라"(행 13:52).

신약 교회 설립자는 오순절에 임하신 성령님이었다. 성령님은 예수 그리스도를 교회 모퉁잇돌로 삼으시고 사도와 선지자들의 터 위에 교회를 세워 가신다.

"너희는 사도들과 선지자들의 터 위에 세우심을 입은 자라 그리스도 예수께서 친히 모퉁잇돌이 되셨느니라 그의 안에서 건물마다 서로 연결하여 주 안에서 성전이 되어 가고 너희도 성령 안에서 하나님이 거하실 처소가 되기 위하여 그리스도 예수 안에서 함께 지어져 가느니라"(엡 2:20-22).

성령님이 세우시고 가꾸어 가신 초대 교회를 통해 우리는 성령님이 교회를 어떤 모습으로 가꾸려 하시는지를 알 수 있다.

"날마다 마음을 같이하여 성전에 모이기를 힘쓰고 집에서 떡을 떼며 기쁨과 순전한 마음으로 음식을 먹고 하나님을 찬미하며 또 온 백성에게 칭송을 받으니 주께서 구원받는 사람을 날마다 더하게 하시니라"(행 2:46-47).

초대 교회 성도들의 내면을 가득 채우고 있는 이미지는 기쁨이다. 예수님의 기쁨이 성령으로 이들에게 임했다. 그리고 그 기쁨이 날마다 성도들을 성전과 집으로 모이게 만들었고, 그 기쁨이 섬김과 희생을 하게 만들었으며, 행복한 마음으로 하나님을 찬미하게 했다. 이처럼 기쁨이 있는 곳에 사람은 몰려들게 마련이다.

성령님은 빌립으로 하여금 사마리아로 내려가 복음을 전하게 하셨다. 하나님은 빌립의 복음 전파를 통해 그 성에 무엇을 주셨는지 다음의 말씀을 보라.

"빌립이 사마리아 성에 내려가 그리스도를 백성에게 전파하니 무리가 빌립의 말도 듣고 행하는 표적도 보고 한마음으로 그가 하는 말을 따르더라 많은 사람에게 붙었던 더러운 귀신들이 크게 소리를 지르며 나가고 또 많은 중풍병자와 못 걷는 사람이 나으니 그 성에 큰 기쁨이 있더라"(행 8:5-8).

성령의 인도하심을 따라 복음이 전파되는 곳에 큰 기쁨이 있었다. 복음이 전해진 곳에는 죄 사함(구원)과 함께 다양한 표적이 나타나고 큰 기쁨이 있게 된다. 이 기쁨은 예수님 안에 있는 기쁨이고 예수님이 온 인류에게 주고 싶으신 기쁨이다. 그렇다면 자신의 목장에 이런 기쁨이 있는지 점검해 볼 일이다. 대부분의 한국 교회는 이 기쁨을 잃어버렸다.

성령을 좇아가는 교회

나는 23년 동안 1,200개 정도 교회를 방문하여 복음을 전했다. 하나님이 23년 동안 그 교회들을 하나하나 경험하게 하신 것이다. 교회마다 이미지에 차이가 있었는데, 대부분 예수님의 정서적 이미지, 성령님의 정서적 이미지, 초대 교회의 정서적 이미지와 너무나 다른 교회들이 많았다. 그 안에 기쁨이 없고 너무 차갑고 어둡고 칙칙한 느낌이 든 것이다. 반면에 성장하는 교회들은 예수님의 기쁨이 있었다. 성령 안에서 의와 평강과 희락을 누리고 있었다. 그곳은 행복한 목장이었다. 성령님의 마음을 따라 복음을 전하기 위해 몸부림치고 성령의 기름 부으심을 사모하며 성령님이 이끄시는 대로 살려고 몸부림치는 교회마다 기쁨이 넘실거림을 볼 수 있었고 느낄 수 있었다.

기쁨이 넘치는 교회의 특징은 성도의 표정이 밝고 역동적이었으며 친절하다는 것이다. 교회 성도들은 섬김과 헌신이 자발적이며 긍정적인 패러다임을 가지고 즐거운 마음으로 순종하는 모습을 보였다. 목사는 성도들을 누구보다도 사랑하고 아꼈으며, 성도들은 목사를 존중하고 따랐다. 출석하는 성도들의 수에 비해 헌금도 많았다. 이런 교회들은 환경을 초월해서 믿는 자의 수가 계속해서 늘어나고 있었다. 이것은 성령의 파도였다.

행복목회의 원조는 예수님과 성령님이시다. 자신 안에 큰 기쁨이 있고, 그 기쁨을 주기 위해 쉬지 않고 뛰어가시는 성령님의 모습이 보이지 않는가? 예수님처럼, 성령님처럼 목회하자. 성령 충만은 기쁨 충만이다. 행복목회는 바로 성령 충만의 목회이며, 희락의 성령님이 이끄시는 대로 좇아가는 목회이다.

성장하는 교회들은 예수님의 기쁨이 있었다.
성령 안에서 의와 평강과 희락을 누리고 있었다.
그것은 행복한 목장이었다.

Chapter 7

성령님 안의 기쁨이 예수님 안에 있었고,
예수님 안의 기쁨이 바울 안에 충만했다.
바울 안에 가득한 기쁨과 감사가
극한의 고통을 뛰어넘게 했다.

바울도 행복목회자였는가?

사도 바울은 늘 고통과 질고 가운데 있었다. 하지만 그는 모든 힘든 상황을 거뜬히 이겨 냈다. 그 안에 주님이 주신 기쁨과 감사가 있었기 때문이다. 자신의 가슴에서 불타고 있는 예수님의 복음을 전하기 위해 뛰어다닌 바울은 행복목회자였다.

고난 가운데 임한 행복 사역

바울은 모든 목회자의 롤 모델이 되는 인물이다. 우리는 여기서 바울의 목회 상황을 먼저 살펴본 후에 바울의 내면에 무엇이 충만했는지를 알아볼 것이다.

"그들이 그리스도의 일꾼이냐 정신없는 말을 하거니와 나는 더욱 그러하도다 내가 수고를 넘치도록 하고 옥에 갇히기도 더 많이 하고 매도 수없이 맞고 여러 번 죽을 뻔하였으니"(고후 11:23).

"유대인들에게 사십에서 하나 감한 매를 다섯 번 맞았으며"(고후 11:24).

"세 번 태장으로 맞고 한 번 돌로 맞고 세 번 파선하고 일주야를 깊은 바다에서 지냈으며"(고후 11:25).

"여러 번 여행하면서 강의 위험과 강도의 위험과 동족의 위험과 이방인의 위험과 시내의 위험과 광야의 위험과 바다의 위험과 거짓 형제 중의 위험을 당하고"(고후 11:26).

"또 수고하며 애쓰고 여러 번 자지 못하고 주리며 목마르고 여러 번 굶고 춥고 헐벗었노라"(고후 11:27).

"이 외의 일은 고사하고 아직도 날마다 내 속에 눌리는 일이 있으니 곧 모든 교회를 위하여 염려하는 것이라"(고후 11:28).

"곧 모든 겸손과 눈물이며 유대인의 간계로 말미암아 당한 시험을 참고 주를 섬긴 것과"(행 20:19).

"오직 성령이 각 성에서 내게 증언하여 결박과 환난이 나를 기다린다 하시나"(행 20:23).

다메섹에서 예수님을 만난 바울은 성령님의 인도하심에 따라 아라비아 광야로 갔다(갈 1:17). 그리고 길리기아 다소로 가서 14년 동안 머물렀다(갈 2:1). 14년이 지난 후에는 안디옥교회의 바나바와 함께 세계 선교 사역의 무대로 나아갔다. 이것은 모두 성령님의 인도하심이었고, 이때부터 본격적인 바울의 선교 역사가 시작되었다.

바울은 수고를 넘치도록 하고, 옥에 갇히기도 하고, 매도 수없이 맞고, 여러 번 죽을 고비를 넘겼다. 유대인들에게 사십에서 하나 감한 매를 다섯 번 맞기도 했다. 세 번은 태장으로 맞고, 한 번은 돌로 맞고, 세 번 파선하고, 일주야를 깊은 바다에서 지냈다. 선교 여행 중에 그는 강의 위험과 강도의 위험과 동족의 위험과 이방인의 위험과 시내의 위험과 광야의 위험과 바다의 위험과 거짓 형제 중의 위험을 당했다. 여러 번 자지 못하고, 주리며 목마르고, 춥고 헐벗었다.

그런데 이런 일들은 고사하고 날마다 바울의 내면을 누르는 일이 있었다. 그것은 모든 교회를 향한 염려였다. 유대인의 간계로 말미암아 당한 시험은 참으로 견디기 힘든 아픔이었다. 성령이 각 성에서 증언자들을 통해 결박과 환난이 기다린다고 증거하고 있었다. 그럼에도 불구하고 이러한 힘든 상황을 이겨 나갈 수 있는 에너지가 바울 안에 있었다. 그것은 과연 무엇일까? 그것은 한마디로 기쁨과 감사이다. 다음의 성경 말씀을 보면 바울이 기쁨에 대해 자주 언급했음을 알 수 있다.

"근심하는 자 같으나 항상 기뻐하고 가난한 자 같으나 많은 사람을 부요하게 하고 아무것도 없는 자 같으나 모든 것을 가진 자로다"(고후 6:10).

"이로 말미암아 우리가 위로를 받았고 우리가 받은 위로 위에 디도의 기쁨으로 우리가 더욱 많이 기뻐함은 그의 마음이 너희 무리로 말미암아 안심함을 얻었음이라"(고후 7:13).

"내가 범사에 너희를 신뢰하게 된 것을 기뻐하노라"(고후 7:16).

"그러면 무엇이냐 겉치레로 하나 참으로 하나 무슨 방도로 하든지 전파되는 것은 그리스도니 이로써 나는 기뻐하고 또한 기뻐하리라"(빌 1:18).

"만일 너희 믿음의 제물과 섬김 위에 내가 나를 전제로 드릴지라도 나는 기뻐하고 너희 무리와 함께 기뻐하리니"(빌 2:17).

"우리가 우리 하나님 앞에서 너희로 말미암아 모든 기쁨으로 기뻐하니 너희를 위하여 능히 어떠한 감사로 하나님께 보답할까"(살전 3:9).

사실 바울에게는 큰 질병이 있었다. 그것은 견디기 힘든 아픔이었다.

"여러 계시를 받은 것이 지극히 크므로 너무 자만하지 않게 하시려고 내 육체에 가시 곧 사탄의 사자를 주셨으니 이는 나를 쳐서 너무 자만하지 않게 하려 하심이라"(고후 12:7).

바울에게 허락된 육신의 질병이 얼마나 고통스러웠으면 사탄의 사자라고까지 표현했다. 그는 자신의 손수건만 얹어도 환자들의 병이 낫는 기적이 일어났지만 정작 자신은 큰 질고 가운데서 신음하며 보냈다. 그리고 그것은 천사와 사람에게 구경거리가 되었다고 말한다.

"내가 생각하건대 하나님이 사도인 우리를 죽이기로 작정된 자같이 끄트머리에 두셨으매 우리는 세계 곧 천사와 사람에게 구경거리가 되었노라"(고전 4:9).

바울은 이런 질고와 창피함 가운데 자신의 심정을 어떻게 드러내고 있는가?

"나에게 이르시기를 내 은혜가 네게 족하도다 이는 내 능력이 약한 데서 온전하여짐이라 하신지라 그러므로 도리어 크게 기뻐함으로 나의 여러 약한 것들에 대하여 자랑하리니 이는 그리스도의 능력이 내게 머물게 하려 함이라"(고후 12:9).

한 걸음 더 나아가 바울은 질병뿐만 아니라 능욕과 박해와 곤고에도 기뻐한다고 말한다.

"그러므로 내가 그리스도를 위하여 약한 것들과 능욕과 궁핍과 박해와 곤고를 기뻐하노니 이는 내가 약한 그때에 강함이라"(고후 12:10).

걸어 다니는 천국

성령님 안의 기쁨이 예수님 안에 있었고, 예수님 안의 기쁨이 바울 안에 충만했다. 바울 안에 가득한 기쁨과 감사가 극한의 고통을 뛰어넘게 했다. 그 기쁨으로 인해 자신의 가슴에서 불타고 있는 예수님의 복음을 한 영혼에게라도 더 전하기 위해 물불 가리지 않고 종횡무진할 수 있었던 것이다. 그러므로 바울은 행복목회자였다고 할 수 있다.

우리 안에 바울의 내면에서 불타던 기쁨이 있는가? 바울의 상황과 지금 우리가 처한 상황을 비교해 보라. 우리는 훨씬 더 좋은 환경에서 사역하고 있다. 마른 막대기와 같고, 타다 남은 재와 같은 우리를 하나님의 동역자로 삼으시고 그리스도의 사신으로 바울의 반열에 세워 주신 은혜를 그 무엇과 비교할 수 있겠는가?

바울은 걸어 다니는 행복한 궁전이었다. 바울은 움직이는 천국이었다. 그러다 보니 빌립보 감옥에 있든지 로마 감옥에 있든지 바울에게 흘러넘치는 행복이 무수한 영혼들에게 흘러들어 갔다. 바울이 가는 곳마다 천국이 임한 것이다. 이것이 바로 행복목회이다.

행복목회만이 우리의 교회와 주변 예비 신자들을 살릴 수 있다. 행복을 누리고 그 행복을 나누기 위해 몸부림치는 행복목회만이 지금 교회의 문제점을 해결할 수 있는 대안이다.

Chapter 8

갈렙을 갈렙답게 만든 것은 바로 행복 의식이었다.
도적질하고 죽이고 멸망시키는 마귀와 싸워 승리하고
세상의 악과 고난과 싸워 거뜬히 이길 수 있는
에너지는 행복 의식인 것이다.

목회자에게 가장 중요한 의식이 뭘까?

모세는 험난한 길을 걸어야 할 이스라엘 민족에게 영원하신 하나님이 끝까지 보호해 주실 것임을 선포했다. 그들의 방패요 영광의 칼이 되시는 하나님을 믿음으로 행복하기를 바랐던 것이다. 목회자는 모세처럼 행복을 누리고 행복을 선포해야 한다.

모세의 마지막 유언

모세는 가나안을 목전에 둔 이스라엘 백성에게 고별 설교를 했다. 그 설교가 바로 신명기다.

"이는 모세가 요단 저쪽 숩 맞은편의 아라바 광야 곧 바란과 도벨과 라반과 하세롯과 디사합 사이에서 이스라엘 무리에게 선포한 말씀이니라"(신 1:1).

이렇게 시작된 설교가 끝나고 모세가 무엇을 했는지 보라.

"그리고 모세가 이스라엘 총회에 이 노래의 말씀을 끝까지 읽어 들리니라"(신 31:30).

여기서 "그리고"라는 접속사는 "설교를 마치고"라는 의미를 가진다. 설교를 마친 모세는 노래의 말씀을 회중에게 읽어 주었다. 곡조가 없는 노래를 백성에게 들려준 것이다. 찬송시를 낭독한 후 모세는 이스라엘 백성을 지파별로 축복했고, 그들에게 꼭 필요하고 소중한 말씀을 유언처럼 선포했다. 그런 다음 모세는 느보산에 올라가 가나안 땅을 바라보고 죽는다. 신명기의 구성을 다시 한번 정리하면 이렇다.

신명기 1:1-31:29 모세의 고별 설교

신명기 32:1-52 찬송시 낭독

신명기 33:1-25 모세의 축복 기도

신명기 33:26-29 마지막 유언과 같은 메시지

신명기 34:1-12 모세의 죽음

여기서 우리가 가장 주목해야 할 부분이 유언처럼 선포한 메시지이다.

"여수룬이여 하나님 같은 이가 없도다 그가 너를 도우시려고 하늘을 타고 궁창에서 위엄을 나타내시는도다"(신 33:26).

성경에는 유다, 시온, 여수룬 등 이스라엘을 부르는 다양한 호칭이 나온다. 이 호칭 중에 "여수룬"은 애칭에 해당된다.

"하나님 같은 이가 없도다 그가 너를 도우시려고 하늘을 타고 궁창에서 위엄을 나타내시는도다"라는 말씀은 노예의 고역으로부터 직접 구출하기 위해 애굽에 나타나신 하나님의 모습을 말하면서 동시에 미래에 이 땅에 오실 예수 그리스도를 예언하고 있다.

"영원하신 하나님이 네 처소가 되시니 그의 영원하신 팔이 네 아래에 있도다 그가 네 앞에서 대적을 쫓으시며 멸하라 하시도다"(신 33:27).

"영원하신 하나님이 네 처소가 되시니 그의 영원하신 팔이 네 아래에 있도다"라는 말씀은 구약 시대에 하나님이 그 백성을 떠나지 않고 지성소에 임재하시며 그들과 함께 계심을 뜻함과 동시에 장차 육신을 입고 우리에게 오셔서 임마누엘 하실 예수 그리스도를 예언한 내용이다.

우리의 처소가 되실 하나님은 "영원하신 하나님"이며 "영원하신 팔"이시다. 변함이 없고 한결같다는 뜻이다. "그의 영원하신 팔이 네 아래에 있도다"를 바꾸어 표현하면 우리가 영원하신 예수님의 손 안에 있다는 사실이다. 이것이 복음 안에 있는 자들의 실존이다.

"이스라엘이 안전히 거하며 야곱의 샘은 곡식과 새 포도주의 땅에 홀로 있나니 곧 그의 하늘이 이슬을 내리는 곳에로다"(신 33:28).

이 말씀은 우리를 도우시려고 하늘을 타고 궁창에 위엄을 나타내시는 하나님 때문에 그리고 영원하신 처소가 되기 위해 이 땅에 오셔서 우리를 안고 계시는 영원하신 팔 때문에 이스라엘은 안전하며, 곡식과 새 포도주와 하늘이 이슬을 내리는 곳에 있기에 부족함이 없는 공동체라는 사실을 말해 주고 있다. 이러한 사실을 근거로 29절에서는 하나님의 백성을 향해 다음과 같이 이야기한다.

"이스라엘이여 너는 행복한 사람이로다 여호와의 구원을 너같이 얻은 백성이 누구냐 그는 너를 돕는 방패시요 네 영광의 칼이시로다 네 대적이 네게 복종하리니 네가 그들의 높은 곳을 밟으리로다"(신 33:29).

"너는 행복한 사람이로다."

모세는 느보산에 올라가 죽기 직전에 왜 이런 말을 했을까? 그것은 그들과 함께하신 하나님의 은혜를 이야기하고 행복한 사람이라는 의식을 강조하기 위해서였다. 그들이 행복한 것은 특별한 은혜의 손길로 구원을 받았기 때문이요, 하나님이 그들을 돕는 방패이시기 때문이요,

그들과 함께하시는 하나님은 그들을 영광스럽게 하는 영광의 칼이시기 때문이다. 또한 그들의 대적을 그들 앞에 복종하게 하실 분이시기 때문이며, 그들이 대적의 높은 것을 밟게 하실 분이시기 때문이다. 이렇듯 하나님은 모세를 통해서 그들에게 행복 의식을 심어 주셨다.

행복 의식을 심어 준 이유

임종을 앞둔 모세가 강하게 논리적으로 이스라엘 백성에게 행복 의식을 심어 준 이유는 무엇일까? 키가 크고 강한 가나안 일곱 족속이 버티고 있는 현실 가운데 있는 이스라엘 백성, 건너가야 할 요단강이 앞에 놓여 있고, 견고하게만 느껴지는 여리고성이 크게만 보이는 곳에 서 있는 이스라엘 백성을 떠올려 보라. 거기까지 오는 것도 험준했지만 앞으로 가야 할 길이 더욱 멀게만 느껴졌을 것이다. 이런 상황에서 그들이 든든히 믿고 따랐던 모세는 느보산에 올라가서 죽는다. 이제 이스라엘 백성은 큰 지도자를 잃고 그들끼리 요단강을 건너야 했다. 아마도 불안이 그들의 얼굴 근육에 경련을 일으키고, 두려움이 파도처럼 밀려오고, 갈 길이 막막하고, 주저앉고 싶은 마음이 그들을 지배했을 것이다.

이때 그들에게 꼭 필요한 말씀과 의식이 모세가 유언처럼 남긴 말이었다. 이 말씀과 의식은 비단 그들에게만 필요한 메시지가 아니다. 오늘을 사는 우리에게도 꼭 필요한 말씀이요 의식이다. 우리 앞에도 가나안을 누리기 위해 싸워야 할 가나안의 일곱 족속과 같은 대적이 존재하기 때문이다. 이 말씀은 세상이 크게 보이고 나는 작게 보일 때마다 읽고 묵상해야 할 말씀이며, 우리 마음속에 가져야 할 의식이다.

"여수룬이여 하나님 같은 이가 없도다 그가 너를 도우시려고 하늘을 타고 궁창에서 위엄을 나타내시는도다"(신 33:26).

"영원하신 하나님이 네 처소가 되시니 그의 영원하신 팔이 네 아래에 있도다 그가 네 앞에서 대적을 쫓으시며 멸하라 하시도다"(신 33:27).

"이스라엘이여 너는 행복한 사람이로다 여호와의 구원을 너같이 얻은 백성이 누구냐 그는 너를 돕는 방패시요 네 영광의 칼이시로다 네 대적이 네게 복종하리니 네가 그들의 높은 곳을 밟으리로다"(신 33:29).

가나안 정복 사역에서 이 말씀을 어떻게 다루었느냐에 따라 희비가 엇갈렸다. 이 말씀과 의식을 의미 없이 흘려들은 자들은 가나안 족속 앞에서 두려움에 떨다가 그들을 쫓아내지 못했다. 그러나 이 말씀을 마음에 새기고 "행복한 사람이로다!"라는 의식을 가졌던 자들은 분배된 땅을 거뜬히 차지했다. 이 말씀을 마음에 깊이 새기고 의식을 소중히 간직하고 뛰었던 갈렙의 용맹과 담대함을 보라.

"그날에 여호와께서 말씀하신 이 산지를 지금 내게 주소서 당신도 그날에 들으셨거니와 그곳에는 아낙 사람이 있고 그 성읍들은 크고 견고할지라도 여호와께서 나와 함께하시면 내가 여호와께서 말씀하신 대로 그들을 쫓아내리이다 하니"(수 14:12).

갈렙을 갈렙답게 만든 것은 바로 행복 의식이었다. 도적질하고 죽이고 멸망시키는 마귀와 싸워 승리하고 세상의 악과 고난과 싸워 거뜬히 이길 수 있는 에너지는 행복 의식인 것이다. 그렇기 때문에 모세는 이 행복 의식을 강하게 심어 주었다.

스데반의 승리의 원동력

나는 청년 시절 사도행전을 읽으면서 스데반이 목숨 걸고 복음을 전하다가 돌에 맞아 죽을 때 그대로 보고만 계신 예수님이 못마땅하다고 생각했다. 예수님은 조직 관리를 참으로 잘 못하시는 분이라고 생각했던 것이다. "예수님, 복음을 전하기 위해 헌신하는 이들을 이렇게 보고만 계신다면 누가 예수님을 위해 헌신하겠습니까? 돌을 들고 스데반을 칠 때 그 돌이 방향을 바꾸어 스데반의 머리가 아니라 돌을 던진 자의 머리를 깨야 하지 않겠습니까? 이렇게까지는 아니더라도 피할 길은 주셨어야 맞지 않습니까?"

그런데 신앙에 철이 들고 하나님의 마음을 이해하게 되자 비로소 깨달았다. 스데반은 살아서 일하는 자가 아니라 죽어서 일하는 자라는 사실을 말이다. 하나님은 스데반을 통하여 오늘날 선교사의 영성을 움직이는 지도자가 되도록 하셨다. 다시 말하면, 지금의 한국 교회 목회자들을 움직이는 지도자가 순교하신 손양원 목사님, 주기철 목사님인 것처럼 말이다.

복음을 전하다가 돌에 맞아 순교당한 스데반은 실패자가 아닌 승리자다. 그를 승리로 이끄신 분은 스데반 안에서 그와 함께 순교의 아픔을 함께하셨던 예수님이다. 스데반이 돌에 맞을 때 예수님은 스데반을 떠나지 않으셨다. 스데반 안에서 그와 함께하셨다. 스데반이 돌에 맞아 죽으면서 했던 기도를 들어 보라.

"그들이 돌로 스데반을 치니 스데반이 부르짖어 이르되 주 예수여 내 영혼을 받으시옵소서 하고 무릎을 꿇고 크게 불러 이르되 주여 이 죄를 그들에게 돌리지 마옵소서 이 말을 하고 자니라"(행 7:59-60).

이 기도는 예수님이 십자가 위에서 운명하시기 직전에 했던 기도와 비슷하다. 이 기도를 스데반이 배우고 외워서 한 것일까? 아니면 스데반 안에서 역사하신 예수님의 이끄심일까? 스데반의 기도에서 알 수 있는 중요한 사실은 스데반이 돌에 맞아 순교할 때 예수님은 스데반과 함께 계셨다는 것이다. 한 걸음 더 나아가 스데반이 순교할 수 있었던 에너지는 스데반이 순교당한 현장인 공회 중에 서 있을 때의 얼굴 표정에서 찾을 수 있다.

"공회 중에 앉은 사람들이 다 스데반을 주목하여 보니 그 얼굴이 천사의 얼굴과 같더라"(행 6:15).

얼굴이란 순수 우리말로 '얼꼴'이다. 얼을 담고 있는 형태라는 뜻이다. 이렇듯 얼굴은 마음을 담고 있는 그릇이기 때문에 얼굴 표정이 내면의 상태를 그대로 보여 준다. 스데반의 얼굴이 천사와 같았다는 것은 스데반의 내면에 감사하는 마음과 기쁨이 충만했다는 것을 나타낸다. 이것이 바로 스데반을 순교의 제물로, 멋진 승리자로 만든 원동력이다. 세상을 이기고 온갖 고난과 시련을 이길 수 있게 만든 에너지는 기쁨이요, 행복 의식인 것이다.

행복 의식이 영적 싸움에서 승리하게 한다. 사역의 승리는 행복 의식에 달려 있다고 해도 과언이 아니다. 행복 의식이 목회를 기름지게 한다. 여기서 행복 의식을 위해 묵상하는 원리를 소개해 보겠다.

행복 의식을 증폭시켜 주는 원리

(1) 나는 참으로 존귀한 자다. 왜?

첫째, 성부 하나님이 나의 구원을 계획하셨고,

둘째, 성자 예수님이 십자가에서 나를 구속하셨고,
셋째, 성령님이 나를 찾아와 거듭나게 하사
하나님의 가족으로 삼아 주셨기 때문이다.

(2) 나는 내가 좋다. 왜?
첫째, 하나님의 풍성한 사랑 속에 내가 살기 때문이고,
둘째, 예수님의 손 안에 내가 있기 때문이고,
셋째, 성령님의 귀한 동역자로 쓰임받고 있기 때문이다.

(3) 나는 부자다. 왜?
첫째, 나의 몸값은 예수님의 몸값이기 때문이고,
둘째, 하나님이 나의 아버지이기 때문이고,
셋째, 만왕의 왕, 만주의 주가 나의 주군이기 때문이다.

(4) 나는 세상을 두려워할 이유가 없다.
나는 슬퍼할 이유도 없다.
나는 걱정할 이유도 없는 사람이다. 왜?
첫째, 하나님이 지켜 주시고,
둘째, 예수님이 함께하시고,
셋째, 성령님이 도와주시기 때문이고,
넷째, 모든 사건을 통해 나를 성숙시켜 가기 때문이다.

(5) 나의 미래는 밝다. 왜?
첫째, 하나님이 나를 위해 놀라운 계획을 가지고 계시고,

둘째, 나를 위해 큰 복을 예비하시고,

셋째, 나를 단련하신 만큼 나를 쓰실 것이기 때문이다.

(6) 나는 삶이 고달파도 행복하다. 왜?

고달픔을 통해

첫째, 내 그릇을 키워 가기 때문이고,

둘째, 내 인격을 더욱 성숙시켜 가기 때문이고,

셋째, 세상을 이길 저항력을 키우기 때문이고,

넷째, 고달픈 자를 위한 치유자로 만들어 주기 때문이고,

다섯째, 고달픈 만큼 하나님이 은혜를 부어 주시기 때문이다.

(7) 사역이 힘들어도 나는 행복하다. 왜?

사역이 힘들수록

첫째, 하나님이 가까이 계시기 때문이고,

둘째, 상급이 크기 때문이고,

셋째, 그 속에서 배울 것이 많기 때문이다.

(8) 나는 죽음도 두렵지 않다. 왜?

첫째, 육신의 장막을 떠나는 순간 주님과 함께 가기 때문이고,

둘째, 세상보다 더 좋은 낙원으로 이민 가기 때문이고,

셋째, 이제는 죄짓지 않고 주님을 섬길 수 있기 때문이며,

넷째, 주님과 신앙의 선배들을 만날 수 있기 때문이다.

나는 우울해질 때마다, 또 행복 의식이 희미해질 때마다 스스로 이

원리들을 묵상한다. 그러면 자존감과 자아상이 회복되면서 행복 의식으로 바뀌는 것을 경험한다. 나는 행복 의식을 가지고 사람을 대하고 설교하기 원한다. 왜냐하면 이것이 없으면 내가 만난 모든 사람들에게 예수님의 기쁨을 줄 수 없기 때문이다.

목회자가 행복하면 교회도 행복하다

행복 의식을 가지고 목회하는 자와 그렇지 못한 자의 차이는 가나안 정복의 실패자와 승리자의 차이와 같다. 행복 의식을 가지고 목회하는 자에게는 사람이 몰린다.

설교를 잘하고 행정에 능하며 다양한 재주가 있더라도 내면에 행복 의식이 없는 자에게는 사람이 몰리지 않을 것이다. 설교는 더듬으면서 하고, 교회 행정은 어리숙하더라도 내면의 행복 의식이 그를 이끌고 있다면 사람들은 그에게 몰려든다.

심리학에서 정서적 전이(Emotional Contagion)라는 말이 있다. 목회자가 행복하면 교회 전반에 행복이 전이된다는 사실을 기억하라. 반대로 목회자가 불행하면 불행 의식이 전이될 것이다. 이토록 행복 의식은 목회자에게 있어서 가장 중요한 의식이다. 학력이나 실력보다 더 중요하다.

목회자가 행복하면 교회가 부흥한다. 목회자가 행복하면 사람이 붙는다. 목회자가 행복하면 세상을 이긴다. 시련도, 마귀도 이긴다. 행복한 사람을 이길 수 있는 존재는 없다. 행복하면 무수한 영혼을 구원할 수 있다.

우리는 예수님의 기쁨으로 충만해져서 걸어 다니는 행복한 궁전이 되어야 한다. 움직이는 천국이 되자. 열방의 교회를 살릴 수 있는 대안은 예수님의 기쁨을 목회자들이 회복하는 것이다. 그리고 그 기쁨을 수많은 영혼들에게 주기 위해 몸부림치는 것이다. 이것이 바로 행복목회이다.

Chapter 9

교회는 변화에 대한 적응력을 갖추어야 한다.
복음을 들을 대상에 따라
복음을 적용시키는 지혜가
절실히 필요한 것이다.

현대인들에게 어떤 모습으로 다가가야 할까?

예수님은 복음을 받아들일 대상에 따라 알맞은 복음을 적용하셨다. 우리는 시대에 따른 변화에 적응하고, 지혜롭게 복음을 전해야 한다. 단순히 복을 말하는 것에서 벗어나 진정으로 복을 보여 주는 교회가 되어야 한다.

대상에 따라 달리 전하는 복음 전파

문득 내 가슴에 새겨진 세종대왕의 말이 생각난다. "임금과 신하의 군주는 백성이고, 백성의 군주는 세 끼 밥이다." 이 말을 해석하면 임금과 신하의 사명은 백성을 섬기는 데 있으며, 백성을 섬기는 길은 세 끼 밥을 책임지는 것이라는 뜻이다. 조선 시대에 경제적인 여건이 얼마나 어려웠는가를 엿볼 수 있다. 가난하고 굶주린 조선 시대가 일제의 폭력 앞에 무참히 짓밟혔다. 일제 36년의 수탈 시대를 지나 만신창이가 된 이 나라가 6·25 전쟁으로 다시 한번 무참히 짓밟힌다.

가난과 질병의 늪에서 어떻게든 살아보려고 몸부림치는 사람들을 향해 조용기 목사님은 오중복음을 근거로 하여 삼박자축복으로 그들에게 다가갔다. 선교학적인 측면에서 보면 그 시대에 빵의 복음, 치유의 복음, 희망의 복음은 적시타였다. 이처럼 복음을 받아들일 대상에 따라 복음을 적용시키는 지혜가 우리에게 절실히 필요하다.

복음을 받아들일 대상에 따라 복음을 적용하시는 예수님의 지혜를 보라. 유대인의 지도자 니고데모가 구원 상담을 하기 위해 밤에 예수님을 찾아왔을 때 예수님은 "사람이 거듭나지 아니하면 하나님의 나라를 볼 수 없느니라"(요 3:3)고 하셨다. 부자 청년이 "선생님이여 내가 무슨 선한 일을 하여야 영생을 얻으리이까"(마 19:16)라고 물었을 때 "네 소유를 팔아 가난한 자들에게 주라"(마 19:21)고 하셨다. 재물을 팔아 가난한 자들에게 주라는 말씀은 하나님과 재물을 겸하여 섬길 수 없으니 주인을 바꾸라는 의미이다.

어떤 율법 교사가 예수님께 와서 "선생님 내가 무엇을 하여야 영생을 얻으리이까"(눅 10:25)라고 물었을 때 예수님은 "율법에 무엇이라 기록되었으며 네가 어떻게 읽느냐"(눅 10:26)라고 반문하신다. 율법 교사가 대답하기를 "네 마음을 다하며 목숨을 다하며 힘을 다하며 뜻을 다하여 주 너의 하나님을 사랑하고 또한 네 이웃을 네 자신같이 사랑하라 하였나이다"(눅 10:27)라고 대답할 때 예수님은 "네 대답이 옳도다 이를 행하라 그러면 살리라"(눅 10:28)고 하셨다.

세례 요한의 제자들이 세례 요한의 말을 듣고 예수님을 따를 때 예수님은 그들에게 물으셨다. "무엇을 구하느냐?" 그들이 "어디 계시오니이까"(요 1:38)라고 되물으니 예수님은 "와서 보라"(요 1:39)고 하셨다.

갈릴리 해변을 다니시다가 두 형제 곧 베드로라 하는 시몬과 그의 형제 안드레가 바다에 그물 던지는 것을 보신 예수님은 그들에게 "나를 따라오라 내가 너희를 사람을 낚는 어부가 되게 하리라"(마 4:19)고 하셨다.

세관에 앉아 있는 마태에게 다가가신 예수님은 "나를 좇으라"고 하셨다. 또한 사마리아 우물가에서 만난 여인에게 예수님은 이렇게 말씀하시며 다가가셨다.

"이 물을 마시는 자마다 다시 목마르려니와 내가 주는 물을 마시는 자는 영원히 목마르지 아니하리니 내가 주는 물은 그 속에서 영생하도록 솟아나는 샘물이 되리라"(요 4:13-14).

이렇듯 예수님은 복음을 받아들일 대상에 따라 복음을 다양하게 적용하셨다.

고 옥한흠 목사님이 하셨던 말씀 중에 아직도 귀에 생생히 들리는 말씀이 있다. "조용기 목사님에게는 가난하고 병든 자들에게 전해 줄 분명하고 선명한 신학이 있었다"는 말이다. 시대가 빠르게 변하고 있다. 복음을 받아야 할 사람들의 환경과 여건이 많이 달라지고 있는 것이다. 따라서 그들의 욕구도 달라지고 있다. 하루가 다르게 변화해 가는 상황에서 우리가 취해야 할 것은 변화에 대한 적응력이다. 천지창조 이래로 지금까지 살아남은 동물들은 다 변화에 대한 적응력을 가진 동물들이다. 강하고 큰 공룡들이 왜 사라졌는가? 변화에 대한 적응력이 없었기 때문이다. 미미한 생물이라도 변화에 대한 적응력이 있는 것은 지금까지 살아 있다. 기업들을 보아도 과거에 화려했던 기업이 지금은 사라지고 없는 경우가 많다. 모두 변화에 대한 적응력 부재 때문이다.

오늘날 많은 사람들이 일자리가 없다고 아우성이다. 그러나 지표상으로는 가장 융성한 때라고 한다. 그렇다면 대부분의 사람들이 살기 힘들다고 하는 이유는 왜일까? 고성장이면서 저고용의 시대에 적응하지 못했기 때문이다. 변화에 대한 적응력이 없는 가게는 문을 닫을 수밖에 없다. 변화에 대한 적응력이 없는 기업이나 교회는 살아남지 못한다. 과거에 이 나라를 움직였던 영적으로 강한 교회가 지금은 그 힘을 잃은 이유가 무엇인가? 이것 역시 변화에 대한 적응력 부재 때문이다. 다 어렵다고 아우성인데 부흥기를 맞이하는 기업이나 교회도 있다. 그들의 특징은 변화에 대한 적응력을 갖추었기 때문이다. 그리고 대상의 상황과 필요를 정확하게 읽고 적용시켰다. 그러므로 교회는 변화에 대한 적응력을 갖추어야 한다. 복음을 들을 대상에 따라 복음을 적용시키는 지혜가 절실히 필요한 것이다.

한국 교회의 체질 개선

주거 환경은 날로 좋아지는 반면 상대적인 빈곤은 점점 높아지고 있다. 혹자는 현 시대를 가리켜 3불 시대라고 한다. 불신, 불만, 불만족의 시대라는 것이다. 좋은 직장에, 마음에 드는 배우자를 만나도 행복감이 오래가지 못한다. 오히려 갈등의 골만 깊어진다. 그들은 또 다른 행복의 대용품을 찾아 길을 떠나지만 그 길이 더욱 인생을 비참하게 만드는 길이라는 것을 알지 못한다. 결국 끝에 가서야 깨닫지만 이미 많은 시간이 지난 뒤다.

세상은 무한 경쟁 시대로 접어들었다. 고학력자들은 계속 많아지고 있고, 박사, 의사, 변호사, 회계사와 같은 전문직 종사자들도 점점 늘어나고 있다. 기업은 최고가 아니면 살아남지 못하는 살벌한 경쟁 분위기가 고조되고 있다. 이처럼 무한 경쟁 사회를 살아가는 고달프고 지친 영혼들에게 교회는 어떤 모습으로 다가가야 할까?

현대인들은 쉴 곳도 피할 곳도 없다. 하루 종일 쏟아지는 다양한 정보들을 소화해 낼 능력도 없다. 무언가 좋은 소식을 기대하며 인터넷을 보지만 그들의 마음을 채워 주는 소식은 없다. 오히려 정보들 때문에 더욱 불안해지고, 쉼이 없다.

무한 경쟁 속에서 지친 청소년들을 보라. 그들은 이리 보아도 희망이 보이지 않고, 저리 보아도 앞날이 막막하다. 그래서 그들이 찾는 곳이 사이버 세계다. 학교에서 누리지 못한 승리의 쾌감과 자신의 존재감을 사이버 세계에서 느끼려는 것이다. 장년층도 마찬가지다. 사회에서는 자꾸 뒤처지는 것 같고, 주변 사람들과 비교해서 자신이 초라하게 느껴진다. 그래서 자신의 존재감을 찾아 또 다른 사이버 공간으로 몸을 숨기고, 결국 게임 중독에 빠지게 된다. 이렇게 지쳐 가는 영혼들에게 교회는 복음을 들고 다가가야 한다.

교회 성장학자들은 말한다. 한국 교회가 정체에서 벗어나 쇠퇴기에 접어들었다고 말이다. 그 이유는 복음이 필요한 대상에게 선교학적인 측면에서 적합한 복음을 보여 주지 못했기 때문이다. 가장 큰 문제는 행복한 모습을 보여 주어야 하는데 교회가 너무 어둡고 경직되어 있다는 사실이다. 한국 교회는 지금 어둠에서 밝음으로, 슬픔에서 기쁨으로의 체질 개선이 절실하다.

미래를 사로잡는 목회의 비밀

전문 미래학자인 최윤식 박사는 지금까지 한국은 농경 사회, 산업 사회, 정보화 사회를 지나왔고 앞으로 전개될 사회는 전자 정보 기술의 발전으로 인한 후기 정보화 사회, 환상 사회 그리고 이에 따른 반발로 인한 영성 사회로 발전하는 과정이 펼쳐질 것이라고 말한다. 그는 또 말하기를 교회들이 여전히 농경 사회나 산업 사회의 패러다임에 갇혀 있어서는 안 된다고 목소리를 높인다.

그렇다면 하루가 다르게 변하고 있는 세대들에게 교회는 어떤 모습으로 나아가야 할까? 그들에게 십자가와 부활의 복음을 어떻게 적용시켜 줄 수 있을까?

교회는 가장 먼저 예수님과 동행함으로 천국을 누리는 공동체로 리모델링되어야 한다. 새로운 손님을 모시기 위해 개업하는 가게들마다 그 시대 사람들의 구미에 맞게 리모델링을 하듯이 교회도 그렇게 하지 않으면 안 된다. 디지털 시대에 아날로그가 먹히겠는가?

현대를 이해하는 키워드는 웰빙(well-being)이다. 웰빙이란 질병이 없는 상태만을 말하지 않는다. 육체적, 정신적, 사회적, 영적으로 안녕한 상태를 의미한다. 다른 말로 하면 행복한 상태를 지칭하는 것이다. 물질적인 충족을 뛰어넘어 행복한 삶의 질을 추구하는 용어이다. 현대를 사는 모든 사람들은 웰빙을 추구한다.

그렇다면 그 웰빙은 어디에서 찾을 수 있겠는가? 육체적, 정신적, 사회적, 영적인 안녕의 상태를 어디에서 구할 수 있겠는가? 그것은 정부도, 과학 문명도, 경제적인 부도, 지식도, 수양이나 명상도 줄 수 있는 것이 아니다. 웰빙의 답은 예수 그리스도요, 웰빙의 매뉴얼은 성경이다. 웰빙의 답과 웰빙의 매뉴얼을 갖고 있는 곳은 교회뿐이다. 그래서 웰빙을 줄 수 있는 곳은 교회밖에 없다. 그런데 교회가 상황을 초월해서 예수님처럼 웰빙을 누리고 있는가? 바울이나 스데반처럼 웰빙을 누리고 있는가?

현대는 불신의 시대다. 불신의 골은 더 깊어 갈 것이다. 그러므로 이제는 말보다 행동으로 보여 주어야 한다. 단순히 들려주는 복음이 아니라 보여 주는 복음이라야 하는 것이다. 예수님도 보여 주라고 말씀하셨다.

"이같이 너희 빛이 사람 앞에 비치게 하여 그들로 너희 착한 행실을 보고 하늘에 계신 너희 아버지께 영광을 돌리게 하라"(마 5:16).

"너희는 세상의 빛이라"(마 5:14).

"너희는 세상의 빛"이라는 말의 뜻은 너희가 생명이며 천국이라는 말이다. 그러므로 너희는 세상의 생명이며 세상의 천국이며 세상의 희망이라는 의미이다. 이 얼마나 영광스러운 말인가?

예수님이 교회를 세워 주신 것은 사망의 그늘진 땅에 거하는 영혼들에게 천국을 보여 줌으로 그들을 흑암의 권세에서 구출하여 하나님의 나라로 옮겨 주기 위해서다. 이것이 바로 행복목회를 외치는 이유이다. 교회는 하루 빨리 예수님과 함께 동행하며 천국을 누리는 행복한 공동체로 업그레이드되지 않으면 안 된다. 빛으로 일어서야 한다. 생명의 공동체로 일어나야 한다. 천국으로 우뚝 일어서야 한다. 그래야 천국을 보여 줄 수 있다. 사람들이 추구하는 웰빙의 답을 보고 느낄 수 있도록 행복한 공동체로 체질이 바뀌어야 한다.

복을 말하는 설교에서 복을 보여 주는 설교로 바뀌어야 한다. 교회가 걸어 다니는 행복한 공동체로 회복되지 않으면 빛을 찾아 헤매는 영혼들에게 외면당하게 될 것이다. 교회가 행복한 공동체로 바뀌지 않으면 기존 신자들도 행복을 미끼로 유혹하는 수많은 이단들에게 빠지게 될 것이다.

교회가 웰빙을 보여 주는 공동체로 체질이 바뀌기 위해서는 목회 철학이 바뀌어야 하고, 제자상이 바뀌어야 하고, 훈련 내용이 바뀌어야 한다. 지금까지의 제자 훈련은 교리와 성숙과 전도와 재생산에 포커스가 맞추어져 있었다. 이렇다 보니 대부분의 신자들이 신앙이 성숙해진 것 같고, 전도도 하고 봉사도 하지만 정작 받은 구원을 제대로 누리지 못하고 있다. 하나님의 나라가 임했는데 하나님의 나라를 누리지 못하고 있는 것이다.

대부분의 그리스도인들이 지쳐 있다. 예수 믿는 것을 후회하는 이들도 간혹 있다. 예수님이 생명을 바쳐 이루신 구원과 하나님의 나라를 누리지 못하고 있는 것이다. 우리는 천국을 공간적인 개념으로만 이해해서 낙원과 새 하늘과 새 땅만을 생각하고 바라볼 것이 아니라, 이미 흑암의 권세에서 하나님의 나라로 옮겨진 은혜를 누려야 한다. 그리고 많은 사람들에게 하나님의 권속이 되어 하나님의 아들이 된 권세를 누리는 법을 가르쳐야 한다.

교회가 천국을 보여 주는 행복한 공동체로 거듭나지 않으면 웰빙을 추구하는 이들에게 다가갈 수 없다. 미래의 수많은 영혼들을 구원하기 위해서는 행복목회가 유일한 해답이다. 그들이 찾고 있는 행복을 누리고 그 행복을 나누기 위해 행복목회 철학과 전략을 완벽하게 갖추어야 하는 것이다.

웰빙의 답은 예수 그리스도요,
웰빙의 매뉴얼은 성경이다.
웰빙의 답과 웰빙의 매뉴얼을 갖고 있는 곳은 교회뿐이다.
그래서 웰빙을 줄 수 있는 곳은 교회밖에 없다.

Part 2
행복목회에 대한 오해

행복목회를 강조하다 보면 예수님의 수난을 간과한다거나
성경적인 목회가 아니라는 오해를 받을 수 있다.
그러나 행복목회는 우리에게 행복을 주시고자 하는
하나님의 마음을 실현하는 가장 성경적인 목회이다.

Chapter 1

하나님은 하나밖에 없는 독생자 예수 그리스도를 이 세상에 보내셔서
십자가 고통을 통해 죄와 저주를 사하게 하시고
우리를 구원해 주셨으며, 구원받은 우리 모두가 항상 기뻐할 수 있고,
범사에 감사할 수 있는 여건을 마련해 놓으셨다.

예수님은 십자가, 나는 행복, 죄송한 것 아닌가?

예수를 따르는 자들이 가야 할 길은 십자가의 길이다. 그러나 예수님은 기쁨과 보람으로 어우러진 행복 의식으로 십자가의 고통을 거뜬히 이겨 내셨다. 힘든 상황 가운데서 느끼는 행복 의식은 승리의 원동력이 된다.

"항상 기뻐하라!"

행복목회 컨퍼런스에 관한 기사가 인터넷 신문에 보도되었을 때, 행복목회에 대한 비판을 하는 부정적인 댓글이 올라온 적이 있었다. 성경적 목회, 십자가 목회를 강조해야지 행복목회가 무슨 말이냐는 의견이었다.

나 또한 목회 초창기에는 예수님의 십자가 길을 따라가는 것만이 진짜 목회라고 생각했다. 그리고 마음 한구석에는 이상하게도 행복한 것이 죄처럼 여겨질 때가 많았다. 그러다 보니 나의 내면은 염려와 근심 걱정으로 짓눌려 있었고, 기쁨보다는 슬픔이 가득했다. 수많은 시험과 난제들로 인해 내 마음은 도무지 쉴 곳이 없었다.

그런데 이러한 생각이 바뀌는 계기가 있었다. 어느 날 데살로니가전서 5장 16-18절까지의 말씀이 새롭게 다가오기 시작한 것이다.

"항상 기뻐하라 쉬지 말고 기도하라 범사에 감사하라 이것이 그리스도 예수 안에서 너희를 향하신 하나님의 뜻이니라"(살전 5:16-18).

내가 여섯 살 되던 해, 어머니가 동네 아주머니의 전도로 교회에 나가기 시작하셨다. 신앙생활을 시작한 어머니는 성경을 사기 위해 기독서점에 가셨고, 성경과 찬송가를 사들고 나오다가 벽에 걸려 있는 예수님의 그림을 보시고 감동을 받아 그 그림 액자와 그 옆에 있는 말씀 액자까지 사오셨다. 그림은 겟세마네 동산에서 기도하시는 예수님의 모습이었다. 성화 액자는 안방 벽 위쪽에, 말씀 액자는 아래쪽에 걸어 놓으셨다. 그래서 어린 시절 안방에 누우면 자동적으로 말씀 액자의 말씀이 눈에 쏙 들어왔다.

"항상 기뻐하라." "쉬지 말고 기도하라." "범사에 감사하라."

이 세 가지 말씀이 적힌 액자를 매일 보면서 나는 '야! 정말 좋은 말씀이다!'라고 생각했다. 그런데 한 10년쯤 지나서 나의 생각에 금이 가기 시작했다. 오히려 그 말씀에 의심이 든 것이다.

'항상 기뻐하라고? 그렇다면 슬퍼하면 불순종의 죄를 짓는 것인가? 항상 기뻐하며 사는 사람이 과연 있을까?'

'쉬지 말고 기도하라고? 그럼 공부도 하지 말고 기도만 하란 말인가? 농사도 짓지 말고 기도만 하란 말인가? 직장 생활도 하지 말고 기도만 하라는 말인가?'

'범사에 감사하라고? 누군가가 내 빰을 때려도 감사하라는 말인가? 누군가가 나의 귀한 물건을 도적질해도 감사하라는 말인가? 누군가에게 사기를 당해도 감사하라는 말인가? 범사에 감사하며 사는 사람이 과연 있을까? 하나님은 우리에게 지키지도 못할 불가능한 말씀을 왜 주셨을까?'

말씀 그대로 신앙생활을 해 보려는 나에게 이 말씀들은 쉽게 이해가 되지 않았다. 그래서 성경을 읽을 때 데살로니가전서 5장 말씀을 보면 포기하고 넘어갔다. 어차피 순종할 수 없는 말씀이라고 생각하고 쓱 읽고 넘어가 버린 것이다. 이렇게 보낸 세월이 수십 년이었다.

그런데 감사절이 다가오는 어느 날이었다. 이 말씀이 묵상하는 가운데 내 안에 계신 성령님의 내적 조명을 통하여 새롭게 다가오기 시작했다.

"쉬지 말고 기도하라."

'이 말씀은 우리가 밤 12시에 기도해도, 아니 새벽 3시에 기도해도, 아침 일찍 기도해도 하나님은 언제든지 우리의 기도를 들어주실 준비가 다 되어 있다는 말씀이 아닌가?' 그 순간부터 "쉬지 말고 기도하라"는 말씀이 우리를 향한 하나님의 사랑으로 다가왔다. 왜 쉬지 말고 기도하라고 하시는지 눈이 열리게 된 것이다. 쉬지 말고 기도하라는 말씀은 염려거리나 무거운 짐들, 슬퍼할 거리들을 일순간도 지체하지 말고 기도를 통해 하나님께 넘기라는 의미였다.

쉬지 말고 기도하라는 말씀은 하나님과 가장 친밀한 가운데 대화할 수 있도록 우리를 초청하는 초청장이었고, 쉬지 말고 하나님과 교제하자는 말씀이었고, 하나님과 나 사이에 그 어떤 것도 끼어들지 못하도록 사귀자는 말씀이었다.

"쉬지 말고 기도하라"는 말씀이 깨달아지면서 "항상 기뻐하라", "범사에 감사하라"는 말씀도 새롭게 다가오기 시작했다. 만약 하나님이

“항상 슬퍼하라”, “범사에 원망하라”고 하셨으면 정말 힘든 인생을 살게 되었을 텐데, “항상 기뻐하라”, “범사에 감사하라”고 하신 것이 천만 다행이라는 생각이 들었다. 그리고 “항상 기뻐하라”, “범사에 감사하라”는 말씀이 참으로 따뜻하게 느껴졌다.

하나님이 하나밖에 없는 독생자 예수 그리스도를 이 세상에 보내셔서 십자가 고통을 통해 죄와 저주를 사하게 하시고 우리를 구원해 주셨으며, 구원받은 우리 모두가 항상 기뻐할 수 있고, 범사에 감사할 수 있는 여건을 마련해 놓으셨다는 사실을 깨달았다. 죄와 허물로 죽었던 내가 그리스도와 함께 살았고, 하나님의 자녀된 권세를 얻었다는 사실만으로도 감사와 감격 속에 기뻐하고 춤추어야 된다는 것을 알게 된 것이다.

“긍휼이 풍성하신 하나님이 우리를 사랑하신 그 큰 사랑을 인하여 허물로 죽은 우리를 그리스도와 함께 살리셨고… 또 함께 일으키사 그리스도 예수 안에서 함께 하늘에 앉히시니”(엡 2:4-6).

땅과 하늘의 에너지를 소유한 존재

포도나무와 가지의 비유를 통해서 살펴보았듯이 참포도나무와 하나 된 가지는 땅의 모든 에너지와 하늘의 모든 에너지를 다 소유한 존재들이다. 가지를 가꾸시는 농부가 누구인가? 바로 하나님이시다. 그러므로 예수 안에 있는 가지된 그리스도인들은 하나님이 농사하시니 슬퍼할 이유도, 원망할 이유도 없는 존재인 것이다.

요한복음 15장에서 하나님과 예수님 그리고 우리의 관계를 농부와 참포도나무, 가지의 비유를 통해 복음의 원리를 이해하기 쉽게 설명하신 후에 예수님은 자신과 연합된 그리스도인들에게 다음과 같이 말씀하셨다.

"내가 이것을 너희에게 이름은 내 기쁨이 너희 안에 있어 너희 기쁨을 충만하게 하려 함이라"(요 15:11).

그리스도 안에 있는 모든 자들은 슬퍼할 이유도 원망할 이유도 없다고 말씀하신다. 왜냐하면 그리스도 안에 있는 자들은 그리스도의 충만한 기쁨으로 살아가는 자들이기 때문이다. 여기서 그리스도의 제자들이 어떠한 상황 속에서도 슬퍼하거나 원망할 필요가 없는 또 하나의 이유가 있다.

"우리가 알거니와 하나님을 사랑하는 자 곧 그의 뜻대로 부르심을 입은 자들에게는 모든 것이 합력하여 선을 이루느니라"(롬 8:28).

하나님의 사랑을 입은 자들에게는 모든 것이 합력하여 선이 이루어진다. 나의 과거를 돌이켜 보면 가슴 아픈 일들이 참으로 많았다.

6살 때 아버지가 돌아가셨고, 중학교 2학년 때는 질병으로 학교에서 자퇴를 했다. 복음을 위해 몸을 드리겠다고 생각하고 주의 종의 길을 가기로 결정하고 나선 사역 현장은 만만하지 않았다. 결국 최선을 다했지만 외면을 당할 때도 있었다. 그 순간 나는 버림받았다고 스스로 상처를 받았다. 그런데 이 쓰라림 속에서 목포사랑의교회가 탄생한 것이다.

교회가 성장 궤도에 들어선 때에도 구역 예배를 드리고 오다가 교통사고를 당해 목 경추 2번 골절로 전신 마비가 되어 병상에 오랫동안 누워 지냈다. 운동 신경 마비로 수족을 움직일 수 없었고, 피부 감각 신경마비로 아무런 감각을 느낄 수가 없었다. 나는 이렇게 어려운 일들을 당할 때마다 '믿음의 길을 가는 나에게 왜 이런 일이 일어나는 것입니까? 하나님은 왜 나에게 이런 가혹한 시련을 허락하십니까?'라고 원망하고 불평하기도 했다. 항상 기뻐하기보다 항상 슬퍼하며 살았다. 범사에 감사하기보다 범사에 원망하며 하루하루를 보냈다. 얼마나 어리석은 신앙생활을 하고 있었는지 지금 생각하면 부끄러울 따름이다.

그런데 지나온 과거를 되돌아보니 내가 당한 어려운 일들이 슬퍼할 일이 아니었음을 깨닫게 되었다. 한 걸음 더 나아가 원망할 일도 아니었음을 알게 되었다.

6살 때 아버지가 돌아가신 것 때문에 나는 하나님 아버지를 만날 수 있었고, 중학교 2학년 때 질병으로 학교에서 자퇴한 것 때문에 나는 성령을 체험하게 되었으며, 신학을 공부하게 된 계기가 되었다. 광야와 같은 나의 삶이 아름다운 밭으로, 지역을 복 되고 기름지게 만드는 숲으로 변화될 수 있었던 것이다.

뿐만 아니라 강도사 시절 교회에서 외면당한 것 때문에 나는 목포에 제자 훈련을 통한 복음적인 교회를 개척할 수 있었다. 그때 내가 그런 아픔을 당하지 않았더라면 지금의 사랑의교회는 존재하지 않았을 것이다. 교통사고로 수족을 움직일 수 없는 시절도 나를 보다 성숙한 존재로 빚어 나갔다.

하나님은 우리가 죄 때문에 힘들든지, 우리의 실수로 고생하든지, 아니면 하나님이 단련할 목적으로 곤경에 처하게 하셨든지 간에 모든 것을 합력하여 선을 이루시는 분이다. 그러므로 예수님과 연합된 그리스도인들은 하나님이 함께 계시기 때문에 슬퍼하거나 원망할 이유가 없다.

물론 예수님의 제자들이 가는 길은 십자가의 길이요 가시밭길이다. 결코 순탄한 길이 아니다. 세상과 싸우며, 죄악과 싸우며, 마귀와 싸우며, 다양한 환경의 어려움과 싸울 수밖에 없다. 슬픈 일을 만날 수 있고, 괴로운 일을 만날 수도 있다. 또한 다양한 문제 앞에서 무기력한 우리 스스로를 발견할 때도 있다. 그러나 이런 순간에 행복 의식(기쁨+감사)은 승리의 원동력이 된다.

행복으로 마음을 컨트롤하라

몇 년 전의 일이다. 주일을 준비하는 토요일 오후, 한 권사님의 칠순 예배를 인도하기 위해 바쁘게 준비하고 있었다. 그런데 아내가 옷장을 물끄러미 쳐다보더니 입을 옷이 하나도 없다고 불평을 했다. 내가 보기에는 옷장에 옷이 가득했는데 말이다.

"이렇게 옷이 많은데 옷이 없다니, 말이 돼?"

"누가 옷이 없다고 했어요? 입을 옷이 없다고 했지."

나는 속으로 '목사 사모가 감사할 줄 모르고 불평만 하다니'라고 생각하며 은근히 화가 치밀어 올랐다. 하지만 곧 예배를 인도하러 가야 하니 화를 꾹 참으며 말했다.

"몇 년 전에 내가 사 준 옷 있잖아. 그걸 입으면 어떨까?"

"항상 그 옷만 입으라고요? 유행도 다 지난 옷을…."

아내는 할 수 없이 그 옷을 입고 따라 나섰다.

"참 이 옷은 입을수록 때깔이 자르르하네!"

나의 말에 아내는 퉁명스럽게 대답할 뿐이었다. 나는 가는 내내 아내의 태도가 못마땅해서 한마디 하고 싶었다. 그런데 문득 주일날 설교가 "범사에 감사하라"인 것이 떠오르면서 정신이 번쩍 들었다. 주님이 나를 책망하시는 목소리가 들리는 듯했다.

"내일 감사에 대한 설교를 할 목사가 사소한 것에도 화가 나서 그러고 있는 것이냐!"

"주님, 이런 순간에도 감사해야 하나요?"

"그럼 감사해야지!"

나는 전혀 감사의 마음이 들지 않았다. 하지만 의지적으로 '주님, 감사합니다'라고 고백했다. 그 순간 끓어 올랐던 마음의 분노가 가라앉기 시작했다. 그리고 생각하지 못한 감사의 제목이 생겨났다. 나에게 마음 놓고 투정부릴 아내가 있다는 것, 불평하면서도 내 곁에 있어 주고 함께 살아 주는 아내가 있다는 것이 감사했다. 나는 도리어 아내에게 무심했던 나를 발견하고 회개의 기도를 올렸다.

항상 기뻐하고, 쉬지 말고 기도하고, 범사에 감사하라는 말씀은 그리스도인의 라이프스타일인 동시에 세상을 이기는 힘이다. 갑자기 일어나는 상황들은 우리 마음대로 컨트롤할 수 없지만 상황에 대한 반응은 우리가 선택할 수 있다. 원망을 선택할 수도 있고, 감사를 선택할 수도 있다. 슬픔을 선택할 수도 있고 기쁨을 선택할 수도 있다. 선택에 따라 우리는 승리할 수 있고 상황 앞에 무릎을 꿇을 수도 있다. 상황이 아무리 소용돌이쳐도 기뻐하고 감사하면 상황을 이길 수 있다. 그러나 아무리 좋은 환경 가운데 살아도 슬퍼하고 원망한다면 실패자의 길을 걷는 것이나 마찬가지다.

상황이 좋든 그렇지 못하든 범사에 감사하는 마음을 가지라. 기쁨과 감사는 세상을 이기는 힘이요, 마귀를 이기는 능력이다. 상황을 이기고 환경을 초월한 천국을 누리게 할 원동력인 것이다. 무거운 짐들이 파도처럼 밀려올지라도 그 짐들을 쉬지 말고 기도의 수레에 태워 하나님께 보내라. 그리고 범사에 감사하라. 그러면 상황과 환경과는 상관

없는 하늘의 기쁨이 반드시 찾아올 것이다.

예수님이 십자가의 고난을 거뜬히 이겨 낼 수 있었던 것은 기쁨과 보람으로 어우러진 행복 의식 덕분이었다. 바울이 수많은 사역의 위험들을 뚫고 승리할 수 있었던 것도 그 안에 예수님의 기쁨이 충만했기 때문이다. 스데반이 천사의 얼굴을 하고 순교할 수 있었던 것도 그 내면에 가득한 예수님의 기쁨 때문이었다. 이와 같이 하나님은 우리에게 범사에 행복 의식을 가지고 살라고 하신다. 이것이 우리를 향한 하나님의 뜻이다.

예수님이 십자가에서 왜 목마르다고 하셨는가? 영원히 목마르지 않는 생수를 우리에게 주시기 위함이다. 예수님이 십자가에서 왜 버림을 받으셨는가? 버림받은 우리를 하나님의 아들로 삼아 주시기 위함이다. 예수님은 왜 모든 수치를 당하시면서 저주의 십자가를 지셨는가? 저주를 속량하시고 가난한 우리를 부요하게 하시기 위함이다. 가난과 저주 그리고 죄와 고통으로부터 벗어나 천국을 누리게 하시기 위함인 것이다.

하나님은 우리가 항상 기뻐하고 범사에 감사할 때 가장 행복해하신다. 골고다의 길이라도 웃으며 가자. 사역이 힘들수록 큰 상급을 주실 분이 우리를 기다리고 계신다. 우리는 영광스러운 하나님의 아들이요, 성령님과 함께 사역하는 동역자들이다. 슬플 이유도, 우울할 이유도 없는 자들이다. 전도하다가 침 뱉음을 받고 봉변당하면 상급이 더 클 것이다. 가시에 찔리고 상할수록 우리는 보석처럼 빛날 것이다. 받은 은혜가 적다고 원망하지 말라. 주는 것이 받는 것보다 더 복이 있다.

하나님을 기쁘시게 하고 싶은가? 행복하라!
세상을 이기고 싶은가? 행복하라!
설교 잘하는 목사가 되고 싶은가? 행복하라!
탁월한 리더십을 갖고 싶은가? 행복하라!
예수님처럼, 바울처럼 목회하고 싶은가? 행복하라!

행복한 마음으로 목회하는 것은 하나님의 뜻을 따라 하는 목회이다. 예수님은 우리에게 의와 평강과 희락이 강같이 흐르게 하시려고 능욕과 박해와 고난을 받으셨다. 십자가에 몸이 찢기고 피를 쏟아 허락한 천국을 누리는 것은 은혜받은 자의 당연한 도리다.

상황이 좋든 그렇지 못하든 범사에 감사하는 마음을 가지라.
기쁨과 감사는 세상을 이기는 힘이요,
마귀를 이기는 능력이다. 상황을 이기고
환경을 초월한, 천국을 누리게 할 원동력인 것이다.

Chapter 2

대계명에 따라 마음을 다하고

뜻을 다하여 하나님을 진심으로 사랑해 보라.

하나님과의 관계가 깊어져서 하나님만 생각하면 행복에 겨워

감사와 감격에 눈물이 쏟아지는 것을 느끼게 될 것이다.

인본주의 쾌락사상은 아닌가?

진정한 행복은 관계에서 이루어진다. 죄로 인해 하나님과의 관계가 깨어지고 멀어진 우리는 오직 예수 그리스도의 십자가로 회복될 수 있다. 그를 거치지 않고는 결코 행복한 관계를 맺을 수 없다.

하나님과의 관계에서 오는 행복

'인간의 행복을 강조하는 행복목회가 쾌락주의를 따르는 인본주의는 아닐까?'라고 오해하는 사람들이 있다. 인본주의란 신본주의의 반대말로 하나님을 전혀 인정하지 않는다. 그리고 인본주의 사상은 인간 스스로 충분히 행복할 수 있다는 근본 원리를 가진다. 하나님 없이도 환경과 여건만 주어진다면 행복할 수 있다는 것이다. 그런데 과연 하나님 없이 인간이 행복할 수 있을까?

인터넷 포털 사이트에서 행복이란 단어를 검색해 보면, 첫 번째 뜻으로 '행운'이라는 단어가 나온다. 즉 행복이란 인간 스스로 얻을 수 있는 것이 아니라 절대적인 존재에 의해 얻을 수 있고 누릴 수 있다는 것이다. 행복의 두 번째 뜻은 '생활의 충분한 만족감과 흐뭇한 기쁨이 어우러진 상태'이다. 종합해 보면 행복은 의존적 존재인 인간이 절대적인 자존자로부터 행복할 수 있는 은총이 임할 때 얻을 수 있고 누릴 수 있다는 것이다.

그렇다면 한 가지 분명한 결과가 나온다. 인간의 진정한 행복은 인본주의에서는 얻을 수 없다는 점이다. 자존적인 절대자를 인정하지 않는데 어떻게 행복할 수 있는 은혜를 기대하겠는가? 일시적인 만족감이나 순간의 기쁨은 얻을 수 있을지 몰라도 진정한 의미에서의 행복은 결코 누릴 수 없다.

더군다나 진정한 행복은 관계에서 나온다. 그런데 이러한 관계도 사실 하나님과의 관계가 가장 중요하다. 하나님과의 관계가 좋으면 다른 사람과의 관계가 좋아지고, 하나님과의 관계가 멀어지면 다른 사람과의 관계도 깨어지는 것이다. 에덴동산에 살던 아담과 하와를 보라. 아담과 하와가 하나님을 향해 등을 돌리고 마귀의 말을 따라가면서 하나님과의 관계가 멀어졌을 때 "내 뼈 중에 뼈요 내 살 중에 살"이라고 했던 아담과 하와의 관계가 "하나님이 주신 저 여자 때문에 내 인생이 비참해졌다"고 원망하는 관계가 되었다. 또한 아담의 첫째 아들 가인이 그의 동생 아벨을 시기하여 돌로 쳐 죽이는 비참한 관계로 전락하게 되었다. 하나님과의 관계가 깨어지니까 아름답고 행복한 에덴이 불행의 나락으로 떨어지고 만 것이다.

이와 같이 행복은 하나님과의 관계에 있다. 아무리 사람들과 좋은 관계를 맺고 사는 사람이라도 하나님과의 관계가 단절된 상태라면 "여호와는 나의 목자시니 내가 부족함이 없으리로다. 내 잔이 넘치나이다"라고 고백할 수 없다. 그러므로 인본주의 사상 안에서는 진정한 행복을 기대하기 힘들다.

그렇다면 우리가 어떻게 하나님과 좋은 관계를 맺을 수 있을까? 그것은 오직 예수 그리스도를 통해서만 가능하다. 인간 스스로 하나님과의 관계를 회복하는 것은 불가능하다. 인간 스스로는 하나님을 깨닫는 자도 없고, 하나님을 찾는 자도 없다. 하나님과의 관계 회복은 오직 하나님이 인간을 찾아오셔야 가능한 일이다. 그런데 사랑의 하나님께서는 에덴동산에서 아담이 죄를 짓기 전에 누렸던 아름다운 관계가 회복되기를 원하셨다. 그 회복의 열쇠로 하나님은 예수 그리스도를 이 땅에 보내 주셨다. 하나님과 우리를 다시금 화목하게 하시기 위해 예수님을 보내신 것이다. 그리고 이 땅에 오신 예수님은 원수된 관계를 소멸하시고, 우리를 하나님과 화목하게 하시려고 십자가를 지셨다.

"또 십자가로 이 둘을 한 몸으로 하나님과 화목하게 하려 하심이라 원수 된 것을 십자가로 소멸하시고"(엡 2:16).

이처럼 행복의 답은 예수 그리스도다. 예수 그리스도로 말미암지 않고는 결코 하나님과 화목할 수 없다. 그러므로 행복목회는 근본적으로 인본주의 쾌락 사상이 아니라 신본주의 사상으로만 가능한 것이다.

행복목회의 핵심 가치

행복목회의 핵심 가치는 대계명과 대사명이다. 대계명과 대사명이 인간을 가장 행복하게 하기 때문이다.

"내가 오늘 네 행복을 위하여 네게 명하는 여호와의 명령과 규례를 지킬 것이 아니냐"(신 10:13).

행복을 위하여 우리에게 주신 것이 무엇인가? "여호와의 명령과 규례"이다. 신구약 66권의 모든 말씀들은 우리가 행복을 누릴 수 있도록 허락하신 행복 매뉴얼인 셈이다. 신구약 성경 전체를 두 마디로 요약하면 "대계명과 대사명"이다. 대계명과 대사명을 이루는 성경 말씀은 다음과 같다.

"예수께서 이르시되 네 마음을 다하고 목숨을 다하고 뜻을 다하여 주 너의 하나님을 사랑하라 하셨으니 이것이 크고 첫째 되는 계명이요 둘째도 그와 같으니 네 이웃을 네 자신같이 사랑하라 하셨으니 이 두 계명이 온 율법과 선지자의 강령이니라"(마 22:37-40).

"예수께서 나아와 말씀하여 이르시되 하늘과 땅의 모든 권세를 내게 주셨으니 그러므로 너희는 가서 모든 민족을 제자로 삼아 아버지와 아들과 성령의 이름으로 세례를 베풀고 내가 너희에게 분부한 모든 것을 가르쳐 지키게 하라 볼지어다 내가 세상 끝 날까지 너희와 항상 함께 있으리라 하시니라"(마 28:18-20).

대계명에 따라 마음을 다하고 뜻을 다하여 하나님을 진심으로 사랑해 보라. 하나님과의 관계가 깊어져서 하나님만 생각하면 행복에 겨워 감사와 감격에 눈물이 쏟아지는 것을 느끼게 될 것이다.

마흔둘 꽃다운 나이에 혼자 되신 내 어머니는 오직 자식들이 잘 되기를 바라시며 모든 것을 희생하셨다. 혼자서 육남매를 키우시는 일이 결코 만만치 않으셨을 것이다. 학비를 마련하시느라 힘들 때도 많으셨지만 내색 한번 안하셨다. 농번기에 허리가 휘도록 일을 하다가도 자식들만 생각하면 피로가 풀리고 다시 일할 수 있는 새 힘이 솟아났다고 하셨다.

이와 같이 마음을 다하여 하나님을 사랑하고 이웃을 내 몸처럼 사랑하는 목회자는 목회 사역이 힘들지만 행복할 수 있다. 목회 사역이 힘들고 왠지 마음이 우울해지고 의욕이 상실된다면 내 마음에 주님을 향한 사랑이 식지 않았는지 점검해 보라. 그리고 나의 이웃을 내 몸과 같이 사랑하라. 내게 상처를 준 자들이든지, 내게 손해를 끼친 자들이든지, 나를 미워하는 자들이든지 상관없이 내 몸과 같이 그들을 사랑할 수 있다면 누구와도 친구가 될 수 있고, 행복의 샘에서 수영하게 될 것이다.

한 걸음 더 나아가 마음과 정성을 다해 하나님을 사랑하고 이웃을 자신의 몸처럼 사랑하는 사람은 지옥을 향해 가는 영혼들을 절대로 그냥 두고 보지는 않을 것이다. 그들을 위해 기도하게 될 것이며 기회 있는 대로 그들에게 복음을 전하게 될 것이다. 영혼을 살리고 또 다른 영혼을 살릴 수 있는 제자로 세워 갈 것이다. 이것이 대사명을 이루는 삶이다. 대계명에 사로잡히면 대사명은 저절로 이루어지는 것이다.

이와 같이 대계명과 대사명이라는 기독교 핵심 가치에 기반을 둔 행복목회는 인본주의가 아니며 인간의 쾌락을 좇는 것은 더더욱 아니다. 자신의 행복만을 추구하기 위해 산다면 그것은 인본주의요 쾌락주의가 될 것이다. 그러나 행복 매뉴얼인 대계명에 사로잡혀 대사명을 이루기 위해 예수님의 기쁨을 가슴에 품고 그 기쁨을 땅 끝까지 나누어 주는 것은 결코 인본주의가 아니다. 그것은 희생이 따르는 행복목회이다.

Chapter 3

하나님이 아브라함을 부르시고
큰 복을 약속하신 것은 땅의 모든 족속에게 복을 나누어 주시기 위해서였다.
어디까지나 번성은 수단 가치에 불과하다.
복과 번성을 주신 목적은 하나님 나라의 확장에 있다.

번영신학 기복주의는 아닌가?

하나님은 이스라엘 백성뿐만 아니라 오늘을 사는 우리에게도 복과 번영을 약속하셨다. 하지만 그것이 목적은 아니다. 복과 번영은 하나님 나라의 확장을 위한 수단이며, 각 나라와 족속이 하나님 앞에서 행복해지는 것이 목적이다.

모든 족속의 복이 된 아브라함

사람들은 번영을 위해 기도하면 번영신학이고 복을 구하면 무조건 기복주의라고 치부한다. 하지만 하나님은 인간을 향해 복과 번영에 대해 자주 말씀하셨다. 창세기 1장 말씀을 보면 잘 알 수 있다.

"하나님이 그들에게 복을 주시며 하나님이 그들에게 이르시되 생육하고 번성하여 땅에 충만하라"(창 1:28).

아브라함을 부르시고 그에게 약속하신 하나님의 말씀을 보라.

"내가 너로 큰 민족을 이루고 네게 복을 주어 네 이름을 창대하게 하리니 너는 복이 될지라"(창 12:2).

하나님이 아브라함을 찾아오셨을 때 그의 나이는 75세였다. 그는 그때까지 아들 하나 낳지 못했다. 그런 아브라함에게 하나님은 자손을 주시겠다고 약속하셨다. 그것도 아들 하나가 아니라 큰 민족을 말이다. 상상할 수 없는 복이며 번영이다.

그렇다면 아브라함이 하나님의 약속의 말씀을 붙들고 큰 민족이 되게 해 달라고 구하고 그의 이름이 창대해지기를 구한다면 과연 아브라함이 기복주의 번영신학을 따르는 자라고 말할 수 있겠는가? 그럴 수 없을 것이다. 오히려 그는 하나님의 약속의 말씀을 믿음으로 구하는 자로 칭찬받아야 마땅하다.

더 나아가 하나님이 아브라함으로 하여금 큰 민족을 이루게 하시고 그의 이름을 창대하게 하시는 이유가 무엇인가? 그것은 바로 땅의 모든 족속의 복이 되기 위함이다.

"내가 너로 큰 민족을 이루고 네게 복을 주어 네 이름을 창대하게 하리니 너는 복이 될지라"(창 12:2).

"땅의 모든 족속이 너로 말미암아 복을 얻을 것이라 하신지라"(창 12:3).

하나님이 아브라함을 부르시고 큰 복을 약속하신 것은 땅의 모든 족속에게 복을 나누어 주시기 위해서였다. 이것은 예수를 믿는 모든 그리스도인들에게 동일하다. 큰 민족을 이루고 이름을 창대하게 하는 것은 수단 가치이며, "땅의 모든 족속에게 복이 될지라"는 목적 가치이다. 그렇다면 무엇이 기복주의이고 번영신학인가? 그것은 목적 가치를 놓쳐 버리고 수단 가치를 목적 가치로 삼아 추구하는 것이다.

오늘날 기복주의와 번영신학을 추구하는 자들이 의외로 많다. 목적 가치를 위해 허락한 수단 가치인 은혜와 복을 목적 가치로 삼고 추구한다면 분명히 기복주의이며 번영신학을 따르는 것이다. 하지만 목적 가치를 이루기 위해 복을 구하고 번영을 추구한다면 그것은 결코 기복주의가 아니다.

하나님은 아브라함과 이삭과 야곱에게 그리고 이스라엘 백성과 우리에게도 복과 번영을 약속하신다. 복을 쌓을 곳이 없도록 부어 주고 싶은 것이 우리를 향하신 하나님의 마음이다(말 3:10). 그런데 어디까지나 번성은 수단 가치에 불과하다. 복과 번성을 주신 목적은 하나님 나라의 확장에 있는 것이다.

성경의 인물들을 살펴보라. 하나님은 요셉을 총리의 자리에 앉히셨다. 그 총리 자리는 목적이 아니라 수단이었다. 요셉을 총리로 삼아 여인의 후손으로 오실 메시아를 맞이할 이스라엘 공동체를 세우려 하신 것이다.

또한 하나님은 다니엘과 에스더에게 상상할 수 없는 복을 주셨다. 높은 자리에 앉혀 주신 것이다. 그렇다면 그들의 번영 자체가 목적인가? 아니다. 그들에게 주신 복과 번영의 목적은 하나님의 나라를 세우는 데 있었다. 영국을 대영제국으로 번성하게 하신 것도, 미국을 크게 번성하게 하신 것도 바로 선교에 목적이 있으셨다. 하나님 나라의 확장을 위한 것이었던 것이다.

이처럼 행복목회는 천국을 누리고 나누는 자들을 세워 각 나라와 족속이 주님 앞에서 행복하게 되는 것이 목적이다. 이는 번영신학과 근본적으로 다른 것이다. 행복목회는 행복을 누리기 위해 결코 번영을 추구하지 않는다. 예수님 한 분만으로도 우리는 충분하다. 포도나무 되신 예수님 안에 있는 가지는 부족함이 없다.

그렇다고 해서 행복목회가 번영을 배척하는 것은 아니다. 그리스도인들에게도 돈이나 건강이나 번영은 필요하다. 이런 것들이 필요한 이유는 각 나라와 족속에게 행복이 되기 위해서다. 행복, 즉 천국을 나누는 효과적인 사역을 위해 절실하게 필요한 것이다. 또한 이런 것들은 효과적인 사역을 위한 은사이다. 부도 은사요, 인기도 은사요, 출세도 은사다.

뿐만 아니라 부가 가치 있는 은사라면 가난도 가치 있는 은사다. 형통이 은사라면 불통도 은사임을 알아야 한다. 불통이 은사인 것은 그것을 통해서 하나님이 원하시는 길을 찾게 되기 때문이다. 그리고 부요가 나누어 주기 위한 은사라면 가난은 광야학교의 의미를 지닌다. 큰 지도자들은 모두 광야학교 출신들이다. 하나님은 가난 속에서 큰 그릇을 길러 가신다. 하나님은 모세를 애굽의 궁에서보다 미디안 광야에서 더 귀한 그릇으로 빚어 가시지 않았는가. 그래서 부요도 은사요 가난도 은사가 된다.

그러므로 행복목회는 목적 가치를 이루기 위해 복과 번성을 구하지만 불통과 가난도 거부하지 않는다. 애굽의 궁으로 인도하든 미디안 광야로 인도하든 주님의 손 안에 있는 자들은 모두 복 가운데 있음을 알기에 감사할 뿐이다.

하나님 나라 확장의 수단

기복주의 번영신학은 복과 번영을 얻기 위해 하나님을 주인의 자리에서 돕는 자리로 전락시키고 번영을 위해 하나님을 이용하려고 한다. 하지만 행복목회는 행복을 추구하고 복과 번영을 이야기하지만 이것이 목적이 아니다. 우리의 목표는 대사명을 이루는 데 있다. 복을 구하고 번영을 구하는 목적은 오직 하나님 나라의 확장에 있다. 이것이 행복목회가 궁극적으로 번영신학과 다른 점이다.

행복목회란 종교개혁자들이 주장한 만인제사장인 성도들을 하나님의 나라를 누리고 나누어 줄 자로 세우는 목회이다. 그리고 모든 그리스도인들이 복음의 일꾼, 왕 같은 제사장으로서의 직분을 효과적으로 수행할 수 있도록 행복의 누림을 강조한다. 그리스도인들이 어두운 세상에서 빛으로 드러나야지만 복음의 일꾼으로서 승리할 수 있기 때문이다.

오늘날 한국 교회의 직분자들이 가정에서 진정으로 천국을 누리는 자로 드러나지 못하고 있고, 그들을 통해 세상 사람들에게 천국을 제대로 보여 주지 못하고 있다. 실제로 한국 교회의 중직자 자녀들 가운데 부모를 통해 예수님과 천국을 보지 못하는 아이들이 의외로 많다. 이것이야말로 복음을 막고 있는 진짜 문제가 아니겠는가?

그러므로 행복목회를 통해 그리스도인들이 예수님과 함께 동행함으로 날마다 천국을 누리며 선교지(가정과 직장)에서 제대로 복음을 드러내 주어야 할 것이다. 이런 측면에서 행복목회는 성경을 정확 무오한 하나님의 말씀으로 믿고 가정에서 제사장 직무를 다함으로써 지역과 민족 그리고 열방을 살릴 그리스도의 제자들을 세우는 데 목적을 둔 성경적 목회이다.

Chapter 4

행복목회는 아담이 범죄하기 전에
에덴에서 누렸던 복을 회복하는 것이다.
즉 하나님의 나라를 추구하는 것이다.

세속화로 가는 것은 아닌가?

하나님 나라의 진정한 행복을 누리려면 죄의 지수를 낮추어야 한다. 죄 가운데서 천국을 누릴 수 없기 때문이다. 행복은 예수님과 동행할 때 생기며, 거룩함 가운데 임하는 것이다.

평강과 희락 지수

구약 성경에 행복의 개념을 표현한 히브리어는 '샬롬', '토브', '에쉐르'다. 그리고 신약 성경에 와서 행복의 개념을 담은 헬라어는 '에이레네', '마카리오스(μακάριος)'이다.

이 단어 중에 마카리오스는 마태복음 5장의 팔복에서 예수님이 말씀하신 복으로, 하나님 자신이 누리신 복을 지칭하는 최고의 복을 의미한다. 그리고 여기서 예수님이 말씀하신 마카리오스는 바로 하나님의 나라임을 알 수 있다. 마태복음 5장 3절을 보라.

"심령이 가난한 자는 복(마카리오스)이 있나니 천국이 그들의 것임이요"(마 5:3).

이 말씀을 자세히 보면 다음과 같은 도식이 성립된다.

심령이 가난함 = 마카리오스 = 천국

심령이 가난한 자는 아담이 범죄하기 전 에덴의 행복을 누리는 자요, 샬롬을 누리는 자요, 천국을 소유한 자이다. 그래서 실제로 고 옥한흠 목사님은 산상수훈에서 마카리오스를 행복으로 해석하기도 하셨다. 이처럼 마카리오스는 천국이요, 하나님의 나라인 것이다.

그렇다면 행복목회는 무엇을 추구하는 것인가? 아담이 범죄하기 전에 에덴에서 누렸던 복을 회복하는 것이다. 즉 하나님의 나라를 추구하는 것임을 알 수 있다. 그런데 중요한 것은 우리가 이 땅에서 어떻게 하나님의 나라를 누릴 수 있으며, 성경은 현세에서 누릴 하나님의 나라에 대해 어떻게 말하고 있는가 하는 것이다.

"하나님의 나라는 먹는 것과 마시는 것이 아니요 오직 성령 안에 있는 의와 평강과 희락이라"(롬 14:17).

이 말씀을 보면 하나님의 나라는 성령 안에서만 가능하며, 성령 안에서 누리는 것은 의와 평강과 희락이라고 말씀하고 있다. 그리고 성령 안에서 누리는 것이 세 가지로 표현되고 있지만 사실은 한 가지나 다름이 없다. 왜냐하면 '의'의 지수만큼 '평강' 지수와 '희락' 지수가 나타나기 때문이다.

여기서 말하는 의는 칭의와 동시에 삶의 의를 가리킨다. 의롭다 함을 받지 못한 자가 천국을 볼 수도 없고 들어갈 수도 없기 때문이다. 또한 한 걸음 더 나아가 의롭다 칭함을 받은 성도라도 삶의 의의 지수만큼 천국을 누리게 되기 때문이다. 실제로 에덴동산에서 행복을 무너뜨린 것은 죄였다. 죄 가운데 있는 상태에서는 결코 천국을 누릴 수 없다. 오직 하나님의 나라는 의와 평강과 희락이다. 행복을 누리기 위해서는 죄의 지수를 낮추어야 한다. 그리고 의의 지수를 높여야 한다. 그래야만 평강과 기쁨의 지수가 함께 상승되어 행복을 누릴 수 있다.

이와 같은 의미에서 땅의 모든 족속이 행복을 누리며 살 수 있도록 하자는 행복목회 운동은 거룩 운동이다. 행복목회가 행복을 추구한다고 해서 결코 세속화될 수 없는 이유가 바로 여기에 있다.

예수님과 동행하는 삶

또 한 가지 행복목회가 세속화를 부추길 수 없는 이유는 행복목회는 예수님과 함께 동행할 때 가능하기 때문이다. 그리스도인들이 가장 행복할 때가 언제인가? 예수님과 동행할 때다.

"예수께서 우리를 위하여 죽으사 우리로 하여금 깨어 있든지 자든지 자기와 함께 살게 하려 하셨느니라"(살전 5:10).

예수님이 우리를 위해 죽으신 이유는 깨어 있든지 자든지 예수님과 함께 살게 하시려는 데 그 목적이 있다. 그러므로 성도는 깨어 있든지 자든지 예수님과 늘 동행할 때 가장 행복하게 살 수 있음을 알게 된다. 그런데 죄의 지수를 가장 낮추고 예수님과 동행하는 행복한 삶을 살기 위해서는 다음의 말씀이 우리의 신앙이 되어야 한다.

"내가 그리스도와 함께 십자가에 못 박혔나니 그런즉 이제는 내가 사는 것이 아니요 오직 내 안에 그리스도께서 사시는 것이라 이제 내가 육체 가운데 사는 것은 나를 사랑하사 나를 위하여 자기 자신을 버리신 하나님의 아들을 믿는 믿음 안에서 사는 것이라"(갈 2:20).

이 말씀을 단순하게 명제적으로 표현하면 이렇다. "나는 죽고 예수님으로 사는 것이 예수를 믿는 믿음 안에서 사는 것이다." 예수님과 동행하는 삶이란 나는 죽고 예수님이 이끄시는 대로 사는 것이다. 이렇게 사는 자가 가장 행복한 자요, 가장 강한 자다. 바울처럼 날마다 자신을 죽이는 삶은 세상과 죄악을 이기고 주님과 함께 천국을 사는 삶이다. 그러므로 천국을 누리고 나누기 위해 몸부림치는 행복목회는 나는 죽고 예수님으로 살지 않으면 불가능하다. 날마다 자신을 부인하고 주님과 동행하며 천국을 사는 자가 어떻게 세속화된 삶을 살 수 있겠는가? 그러므로 행복목회가 세속화의 길로 간다는 것은 어불성설이다.

뿐만 아니라 행복목회는 긍정인 행복을 강조하면서 부정인 죄의 지수를 낮추어 가는 방법이다. 부정을 강조하면서 긍정을 만들어 가려고 하면 서로 힘들어진다. 반대로 긍정 지수를 높이면 자연히 부정 지수는 낮아지게 되어 있다.

교인들의 부족한 면을 채우기 위해 계속 잘못을 꾸짖고 책망해 보라. 그들이 변하기 전에 목회자 자신이 먼저 지쳐 쓰러질 것이다. 자꾸만 부정적인 면을 바로 세우고 잘못된 면을 고치려고 하면 우리의 마음이 지옥으로 변할 것이다. 설교가 따뜻한 사랑에 실려 회중에게 전달되기보다 강한 주먹이 되어 양들의 가슴을 칠 것이다. 그러므로 부족하고 잘못된 부분을 지적하고 책망하기보다 잘된 면을 먼저 바라보고 칭찬해 주고 격려해 주라. 잘한 면들은 증폭될 것이고 부족한 면들도 점차 좋아지게 될 것이다. 이것을 세상은 피그말리온 효과라고 한다.

긍정을 강조하면 부정은 점점 사라질 것이다. 기쁨을 강조하면 슬픔은 점점 사라질 것이다. 부흥을 노래하면 모든 면에서 부흥이 일어날 것이다. 행복을 말하고 행복을 노래하고 행복을 주장하라. 죄의 지수는 낮아지고, 불행은 서서히 자리를 잡지 못하고 사라질 것이다. 그리고 행복의 꽃이 만발하게 될 것이다. 행복목회란 긍정 지수를 높이면서 부정적 죄의 지수를 낮추어 가는 방법을 취하는 것이다.

결론적으로 행복목회는 청교도 운동이다. 왜냐하면 철저한 회개와 거룩함을 통해 죄의 지수를 낮추고 거룩의 지수를 높이지 않으면 천국을 누릴 수 없기 때문이다. 죄의 지수가 낮아져야만 행복해질 수 있다.

행복목회란 철저하게 예수화 되는 운동이요, 성령화 되는 운동임을 잊지 말라. 모든 사람들이 예수 그리스도의 형상을 전인격(지, 정, 의)적으로 닮아 가고 걸어 다니는 천국을 만드는 것이 행복목회다.

Chapter 5

세상 사람들이 추구하는 행복을
교회에서 주장하는 것은
수많은 사람들에게 그들의 언어로
복음과 하나님의 나라를 소개하기 위해서이다.

기독교 신앙의 무게감을 떨어뜨리는 것은 아닌가?

세상은 웰빙의 삶을 추구한다. 그러나 이 시대의 진정한 행복은 하나님께 있으며, 그것을 전하는 사명이 교회에 있다. 세상이 행복을 그리워하고 방황할 때 우리는 그들을 하나님 앞으로 인도해야 한다.

웰빙을 추구하는 사회

행복목회란 행복을 누리고 나누자는 것이다. 신학적으로 표현하면 하나님의 나라를 누리고 하나님의 나라를 나누자는 것이다. 특별히 하나님의 나라를 누리게 하는 용어로 '행복'이라는 단어를 선택한 이유는 사회학적으로 큰 의미가 있고, 선교학적으로 좋은 접촉점이 되기 때문이다.

조용기 목사님이 교회를 개척하던 시절에는 먹을 것이 많이 부족했다. 병이 들어도 병원에 갈 수 없었고, 치료비가 없어서 그냥 집에서 앓아야만 했다. 당시 사회 구성원들이 가장 목말라했던 것이 먹고사는 문제였고, 병 고치는 문제였다. 사회학적으로 그 시절에는 빵의 복음, 치료의 복음이 절실한 때였다.

그러나 오늘날 '20-50' 클럽에 가입한 대한민국은 빵의 문제에 시달리지 않는다. 그리고 건강 문제도 보건복지부나 건강 보험 회사에서 대부분 해결해 주고 있다. 현대 사회의 문제는 먹고사는 문제가 아니라 오히려 너무 많이 먹어서 비만과 성인병에 시달리는 것이다.

그렇다면 오늘날 우리 사회가 요구하는 것은 무엇인가? 그것은 바로 행복이다. 오늘날 사회는 더 나은 삶의 질, 즉 웰빙의 삶을 추구하고 있다. 반만 년 역사 속에서 지금처럼 대한민국이 정치적, 경제적으로 잘 사는 때가 없었다고 하지만, 그에 반해 사람들의 심리적 상태가 이토록 불행할 때도 없다고 한다. 그렇다면 이 행복을 누가 줄 수 있는가? 이 시대의 진정한 행복을 어디서 찾을 수 있겠는가? 바로 교회이다. 이런 측면에서 볼 때 행복이란 말은 사회학적으로 선교의 귀한 접촉점이 될 수 있음을 잊어서는 안 된다.

하나님의 나라를 누리고 하나님의 나라를 나누자는 말을 '행복을 누리고 행복을 나누면서 살자'라고 표현한 이유가 또 있다. 세상 사람들이 기독교인들을 말할 때 "교회 다니는 사람들은 말은 잘한다"고 한다. 이 말은 말 잘하는 것을 칭찬하는 의미가 아니다. 말은 잘하는데 행동이 말을 따라가지 못함을 꾸짖는 말이다. 그런데 그리스도인들의 삶이 말에 못 따라가는 이유 중 가장 큰 것이 강단에서 선포된 언어의 대부분이 추상적인 용어라는 사실이다.

교회 안에서 사용되는 단어들을 보라. 구원, 믿음, 사랑, 하나님의 나라 등 쉽게 이해되지 않거나 머리에서 맴돌다가 금방 사라져 버리는 단어들이다. 이처럼 강단에서 선포된 용어가 너무 추상적이다 보니 말씀을 듣는 회중은 어떻게 살아야 할지 구체적으로 손에 잡히지 않는 것이다.

그러므로 앞으로 한국 교회는 신앙과 삶이 일치된 삶을 살 수 있도록 이끌기 위해서 추상적인 언어를 구체화하여 보여 주고 느끼게 해 주어야 한다. 구체적으로 어떻게 살아야 할지를 손에 꼭 쥐여 주어야 하는 것이다. 그렇다면 하나님의 나라를 구체적인 적용 언어로 어떻게 표현할 수 있을까? 그것은 다름 아닌 행복이다.

우리 손에 쥐여진 행복 열쇠

하나님의 나라를 누리게 하는 용어로 행복을 선택한 이유는 창세기 1장에서 가장 많이 사용되었던 행복이 하나님의 나라 개념을 가장 잘 보여 주기 때문이고, "하나님의 나라는 먹는 것과 마시는 것이 아니요 오직 성령 안에 있는 의와 평강과 희락이라"(롬 14:17)는 말씀을 구체적으로 적용한 말이 행복이라고 할 수 있기 때문이다.

한 걸음 더 나아가 하나님의 나라를 누리게 하는 용어로 행복을 선택한 이유는 "선하시며"라는 의미 때문이다.

"여호와께 감사하라 그는 선(טוֹב 행복, 좋았더라)하시며 그의 인자하심이 영원함이로다"(대상 16:34, 시 106:1; 107:1; 118:1; 118:29; 136:1).

이 구절을 보면 우리가 하나님께 감사해야 할 이유가 금은보화가 많고 인물이 좋고 남보다 빨리 출세해서인가? 그렇지 않다. 우리가 감사해야 할 이유는 토브(טוֹב 행복, 좋았더라)와 인자하심이 영원하기 때문이다. 인자하심이란 하나님의 마음속에 있는 사랑이 구체적으로 우리에게 전달된 상태인 인자하심이 영원하기 때문에 감사할 이유가 있다는 것이다. 감사란 만족감이 충만할 때 나오는 것이며, 감사할 때 기쁨이 샘솟는다.

"이 땅에서 행복을 줄 수 있는 기관은 교회밖에 없다"고 자신 있게 외치라. 이는 신학적인 토양이 확실한 메시지이다. "내가 복음을 부끄러워하지 아니하노니 이 복음은 모든 믿는 자에게 구원을 주시는 하나님의 능력이 됨이라"고 외쳤던 바울처럼 당당히 외치라. 지금 세상의 수많은 영혼들이 행복을 그리워하고 있다. 우리가 전하지 않으면 그들은 행복을 찾아 계속 방황할 것이다. 세상 사람들이 추구하는 행복을 교회에서 주장하는 것은 수많은 사람들에게 그들의 언어로 복음과 하나님의 나라를 소개하기 위해서이다. 천국 열쇠가 우리 손에 있다! 우리가 그 열쇠를 돌릴 때 그들에게 천국 문이 열릴 것이다.

한국 교회는 신앙과 삶이 일치된 삶을 살 수 있도록
이끌기 위해서 추상적인 언어를 구체화하여
보여 주고 느끼게 해 주어야 한다.

Chapter 6

이 땅의 교회는 계속해서 영적 전투 중에 있다.
교회는 흑암의 권세에 갇힌 백성을 구출하기 위해
기도와 복음으로 공격한다.

행복을 강조함으로 전도와 헌신에 허약하지 않을까?

이 땅의 교회는 늘 영적 전투 가운데 있다. 그러나 그런 상황에서 우리는 사탄의 손에 붙잡힌 영혼을 구출하며 기쁨을 느끼고, 이 땅에서만 할 수 있는 봉사와 헌신으로 즐거워진다. 이것은 의무가 아니라 우리에게 주어진 특혜이다.

영적 전투 가운데 있는 교회

넓은 의미에서 하나님 나라의 개념은 하나님의 통치 영역이 미치는 모든 영역과 공간을 뜻한다. 그리스도인들이 생각하는 하나님의 나라는 음부의 권세가 이기지 못하는 교회요, 하나님이 사랑하시는 아들의 나라요, 구원받은 영혼이 들어가는 낙원이며, 심판의 권세를 가지고 재림하실 예수님으로 말미암아 영원히 누릴 새 하늘과 새 땅을 의미한다.

특별히 공간적 개념으로 하나님의 나라는 이 땅에서부터 시작된다. 물론 죽은 그리스도인의 영혼이 가 있는 하나님의 나라를 낙원이라 하고, 불신 영혼이 가 있는 곳을 지옥이라고 한다. 하지만 이 땅에서도 그리스도를 모르는 자들을 음부와 흑암의 권세 속에 있다고 말한다.

그러므로 이 땅은 하나님의 나라와 지옥이 공존하는 공간이다(골 1:13). 신분과 소속 개념으로 예수님께 속한 생명의 자녀들과 마귀에게 속한 자들이 공존한다. 천국이 임한 자들과 아직도 흑암의 권세 속에 갇힌 자들이 함께 있는 것이다. 그래서 이 땅의 교회를 전투적인 교회라고 일컫는다.

이 땅의 교회는 계속해서 영적 전투 중에 있다. 교회는 흑암의 권세에 갇힌 백성을 구출하기 위해 기도와 복음으로 공격한다. 반면에 마귀와 그의 사자들은 이 땅에 하나님의 나라, 즉 교회와 성도들을 도적질하고 죽이고 멸망시키려고 끊임없이 공격한다. 이런 상황에 놓여 있기 때문에 성령님은 성경을 통해 우리에게 이렇게 말씀하신다.

"우리의 씨름은 혈과 육을 상대하는 것이 아니요 통치자들과 권세들과 이 어둠의 세상 주관자들과 하늘에 있는 악의 영들을 상대함이라 그러므로 하나님의 전신 갑주를 취하라 이는 악한 날에 너희가 능히 대적하고 모든 일을 행한 후에 서기 위함이라 그런즉 서서 진리로 너희 허리띠를 띠고 의의 호심경을 붙이고 평안의 복음이 준비한 것으로 신을 신고 모든 것 위에 믿음의 방패를 가지고 이로써 능히 악한 자의 모든 불화살을 소멸하고 구원의 투구와 성령의 검 곧 하나님의 말씀을 가지라 모든 기도와 간구를 하되 항상 성령 안에서 기도하고 이를 위하여 깨어 구하기를 항상 힘쓰며 여러 성도를 위하여 구하라 또 나를 위하여 구할 것은 내게 말씀을 주사 나로 입을 열어 복음의 비밀을 담대히 알리게 하옵소서 할 것이니 이 일을 위하여 내가 쇠사슬에 매인 사신이 된 것은 나로 이 일에 당연히 할 말을 담대히 하게 하려 하심이라"(엡 6:12-20).

"근신하라 깨어라 너희 대적 마귀가 우는 사자같이 두루 다니며 삼킬 자를 찾나니 너희는 믿음을 굳건하게 하여 그를 대적하라 이는 세상에 있는 너희 형제들도 동일한 고난을 당하는 줄을 앎이라"(벧전 5:8-9).

이 땅에서만 누릴 수 있는 행복

하나님은 자신의 자녀 된 백성이 십자가 복음으로 굳게 서서 영적 전투를 해야 한다고 말씀하신다. 힘겨운 영적 전투가 되겠지만, 이를 통해서 이 땅에서만 누릴 수 있는 은혜가 있다고 말씀하시는 것이다. 이 땅에서만 누릴 수 있는 놀라운 기쁨과 행복은 바로 마귀와 그의 권세들을 공격하여 그들의 손에 붙잡혀 있는 영혼들을 구출해 내는 일이다. 얼마나 기쁘고 즐거운 일인가? 참으로 스릴 있고 행복한 일이다. 이런 기쁨은 낙원에 가서 누릴 수 없는 기쁨이다. 이 땅에서만 누릴 수 있는 특혜이며, 은혜이다. 영혼을 구출해 내는 기쁨을 이 땅에서 누리지 못하면 영원히 후회하게 될 것이다.

이 땅에서만 누릴 수 있는 행복이 또 있다. 그것은 헌금이다. 헌금하는 일도 낙원 천국에서는 할 수 있는 일이 아니다. 새 하늘과 새 땅에서도 할 수 없는 일이다. 오직 이 땅에서만 누릴 수 있는 특혜이다. 예수님은 이렇게 말씀하셨다.

"너희를 위하여 보물을 땅에 쌓아 두지 말라 거기는 좀과 동록이 해하며 도둑이 구멍을 뚫고 도둑질하느니라 오직 너희를 위하여 보물을 하늘에 쌓아 두라 거기는 좀이나 동록이 해하지 못하며 도둑이 구멍을 뚫지도 못하고 도둑질도 못하느니라 네 보물 있는 그곳에는 네 마음도 있느니라 눈은 몸의 등불이니 그러므로 네 눈이 성하면 온몸이 밝을 것이요"(마 6:19-22).

보물을 하늘에 쌓아 두라. 하늘에 보물을 쌓아 둘 기회는 이 세상을 떠나면 다시 오지 않는다. 이 땅에서 살 때만 할 수 있는 일인 것이다. 동시에 이 땅에서 살면서 하늘에 보물을 쌓을 수 있는 사람은 눈이 밝은 사람이라고 예수님은 덧붙여 말씀하신다. 헌금하는 행복으로 누리는 기회는 이 땅에서만 가질 수 있다.

마지막으로 이 땅에서만 할 수 있는 특혜와 기쁨은 봉사와 헌신이다. 봉사와 헌신은 이 땅에서만 누릴 수 있는 행복이다. 장애인을 섬기고, 불우한 이웃을 섬기고, 가난한 자를 도우며, 재난 가운데 고통당하는 자를 섬기는 일은 낙원에 가서 할 수 있는 일이 아니다. 오직 이 땅에서만 누릴 수 있는 은혜이며 기쁨이다. 의무라기보다 특혜라고 보아야 할 것이다.

그러므로 행복목회는 봉사, 섬김, 헌신 그리고 선교와 전도가 약한 것이 아니다. 유일하게 이 땅에서만 누릴 수 있는 특혜이며 기쁨인데 어찌 이 좋은 행복을 놓치겠는가? 이 땅에서만 누릴 수 있는 행복이니, 즐겁게 섬기고, 행복한 마음으로 헌금하고, 짜릿한 스릴을 느끼면서 무수한 영혼을 탈환하는 모험을 해야 할 것이다.

섬김을 즐기자! 봉사를 즐기자! 헌금을 즐기자! 이런 기쁨을 놓치는 바보가 되지 말자. 바울처럼 한 영혼이라도 더 살리려고 몸부림치며 뛰어가는 기쁨과 천국을 누리자! 주는 것이 받는 것보다 복이 있다고 했다. 드리는 천국, 주는 천국, 전도하고 선교하는 천국을 마음껏 누리자.

이 땅에서만 누릴 수 있는 놀라운 기쁨과 행복은
바로 마귀와 그의 권세들을 공격하여
그들의 손에 붙잡혀 있는 영혼들을 구출해 내는 일이다.

Chapter 7

역사는 하나님의 손 안에 있다.
역사는 인간이 만들어 가는 것이 아니라
하나님이 만들어 가신다.

시련 중에서도 행복목회가 가능한가?

사역이 힘들수록 주님의 은혜가 강하게 다가오고 상급이 쌓인다. 힘든 시련을 겪을수록 더 귀한 그릇으로 빚어진다. 우리가 겪는 시련과 궁핍은 하나님의 은혜로 인한 훈련이다. 그러기에 환난 중에서도 기뻐하고 즐거워할 수 있다.

나는 예수를 믿고 복음을 위해 헌신하리라 마음먹고 목사가 되었지만, 목사가 되자 힘들고 어려운 일들이 파도처럼 밀려왔다. 이런 상황이 계속될 때에도 목회자는 행복할 수 있을까?

스스로 자기를 비워 종의 형체를 가지고 십자가에서 죽기 위해 이 땅에 오신 예수님은 십자가를 앞에 두고 어떤 마음으로 사셨을까?

복음서에 나타난 예수님의 기쁨

복음서에 나타난 예수님의 다양한 정서를 살펴보자.

"베드로와 세베대의 두 아들을 데리고 가실새 고민하고 슬퍼하사"

(마 26:37).

"하늘을 우러러 탄식하시며 그에게 이르시되 에바다 하시니 이는 열리라는 뜻이라"(막 7:34).

"가까이 오사 성을 보시고 우시며"(눅 19:41).

"성전 안에서 소와 양과 비둘기 파는 사람들과 돈 바꾸는 사람들이 앉아 있는 것을 보시고 노끈으로 채찍을 만드사 양이나 소를 다 성전에서 내쫓으시고 돈 바꾸는 사람들의 돈을 쏟으시며 상을 엎으시고"(요 2:14-15).

예수님도 때때로 고민하거나 슬퍼하실 때가 있었다. 탄식하실 때도 있었고, 노끈으로 채찍을 만들어 성전의 상을 엎으신 적도 있었다. 그러나 이러한 정서들은 순간적인 것일 뿐이다. 다음의 성경 말씀을 살펴보면 항상 예수님의 중심에 있는 정서가 무엇인지 알 수 있다.

"그때에 예수께서 성령으로 기뻐하시며"(눅 10:21).

"내가 이것을 너희에게 이름은 내 기쁨이 너희 안에 있어 너희 기쁨을 충만하게 하려 함이라"(요 15:11).

"지금 내가 아버지께로 가오니 내가 세상에서 이 말을 하옵는 것은 그들로 내 기쁨을 그들 안에 충만히 가지게 하려 함이니이다"(요 17:13).

예수님 안에 항상 타오르는 정서가 무엇인가? 그것은 바로 기쁨이다. 예수님에게는 성부 하나님과 성령 하나님 안에 있는 영원한 기쁨이 있다. 그리고 그 기쁨을 온 인류에게 주시기 위해 이 땅에 오셨다. 십자가의 고통을 거뜬히 이길 수 있는 에너지도 바로 기쁨이었다. 예수님은 자신 안에 타오르는 성령의 기쁨을 자신을 영접하는 모든 자들에게 주어 그 기쁨으로 충만하기를 원하신다.

예수님은 걸어 다니는 천국이셨고, 행복한 궁전이셨다. 오늘날 예수님은 우리도 그렇게 살기를 원하신다. 어떠한 상황과 환경에서도 예수님의 기쁨으로 이 세상을 이겨 내길 원하신다. 우리는 바울의 삶을 통해서도 이 사실을 잘 알 수 있다.

바울 서신에 나타난 바울의 기쁨

"내가 그리스도 안에서 참말을 하고 거짓말을 아니하노라 나에게 큰 근심이 있는 것과 마음에 그치지 않는 고통이 있는 것을 내 양심이 성령 안에서 나와 더불어 증언하노니"(롬 9:1).

"근심하는 자 같으나 항상 기뻐하고 가난한 자 같으나 많은 사람을 부요하게 하고 아무것도 없는 자 같으나 모든 것을 가진 자로다"(고후 6:10).

"다만 이뿐 아니라 우리가 환난 중에도 즐거워하나니 이는 환난은 인내를, 인내는 연단을, 연단은 소망을 이루는 줄 앎이로다"(롬 5:3-4).

바울도 큰 근심과 그치지 않는 고통이 있었다. 그러나 그는 항상 기뻐한다고 고백했다. 환난 중에도 즐거워한다고 선포하고 있다. 왜냐하면 하나님은 모든 것을 합력하여 선을 이루시기 때문이고(롬 8:28), 환난은 결국 소망을 이루어 가기 때문이다.

예수 믿고 선물을 많이 받는 것도 중요하다. 그러나 우리를 위해 희생하신 예수님께 무언가를 드리는 것은 더 큰 복이다. 전도하다가 예비된 영혼을 만나 추수하는 기쁨도 크지만 복음을 전했다가 능욕을 당했다면 그것도 역시 큰 은혜요, 복이요, 상급이다.

어느 목사님이 자신이 목회하던 교회에 한 후배 목사가 부임하여 교인들의 사랑을 받는 것을 보고 부러워하며 말했다. "나는 그 교회 있을 때 고생만 했는데, 대접받는 사람은 따로 있구나." 그러나 교인들에게 사랑과 대접을 잘 받는 것도 은혜요, 복이지만 교인들 때문에 고생하고 희생한 것도 역시 큰 은혜요, 복이요, 상급임을 우리는 알아야 한다.

"사람들은 고난을 싫어하지만 고난을 겪고 난 다음에는 그 고난을 후회하지 않는다"는 손봉호 교수님의 말이 생각난다. 사역이 힘들수록 주님의 은혜가 강하게 다가오고 상급이 쌓인다. 힘든 시련을 겪을수록 더욱 귀한 그릇으로 빚어진다. 귀로 들었던 주님을 눈으로 보게 된다. 특혜는 사명이고, 시련과 궁핍은 훈련임을 알게 된다.

예수님의 동역자가 되어 바울을 따르던 자들은 바울처럼 가끔 큰 근심 가운데 있기도 하고, 마음에 그치지 않는 고통을 느낄 때도 있었다. 그러나 성령님 안에서 금방 회복되었다.

눈물의 골짜기에서 행복 콘서트를 여는 사람들

첫 번째 이야기

한 사모님이 암 수술을 받고 있는 동안 남편인 목사님은 수술실 밖에서 기도했다. 그때 예수님이 이런 질문을 하셨다.

"힘드냐?"

"네, 너무 힘듭니다."

"고통스러우냐?"

"네, 너무 고통스럽습니다."

"그렇다면 너는 불행하냐?"

이 질문 앞에 목사님은 불현듯 불행하지 않다는 생각이 들었다. 그래서 그는 이렇게 대답했다.

"아닙니다. 불행하지 않습니다."

예수님이 다시 물으셨다.

“그럼 행복하냐?”

이 질문에는 선뜻 대답할 수가 없었다. 한참을 생각했다. 목사님은 예수님을 향해 이렇게 입을 열었다.

“네, 주님! 주님이 함께 계셔서 행복합니다. 주님이 합력하여 선을 이루실 것이기에 행복합니다. 저는 행복합니다.”

순간 자신도 모르는 사이에 원망도, 마음속 고통도 다 사라졌다. 형언할 수 없는 평강과 기쁨이 파도처럼 밀려오더니 입에서 찬양이 흘러나왔다.

두 번째 이야기

다운증후군에 걸린 셋째 아이를 낳은 목사님 부부가 있었다. 태어난 셋째 아이가 다운증후군임을 알았을 때 목사님은 절망과 낙심과 슬픔뿐이었다. “하나님, 왜 하필이면 저에게 이런 가혹한 시련을 주십니까? 왜 하필이면 저에게….”

몇 날 며칠을 슬픔에 젖어 원망조로 기도하는 목사님에게 하나님은 “너는 나 때문에 기뻐하는 것이 아니라, 조건 때문에 기뻐하며 살았구나!” 하며 책망하셨다.

그런 하나님의 음성을 들은 목사님은 회개하기 시작했다. 그러고 나서 아이를 보니 갑자기 사랑스럽게 보였다. 그 후에 목사님은 하나님의 은혜를 깊이 깨달았다.

‘아, 하나님이 우리 가정을 귀하게 생각하셨구나! 다른 가정에 이 아이를 보내셨으면 태어나기도 전에 죽었을지 모르는데…. 하나님이 우리 가정을 믿으시고 이 아이를 주셨구나!’ 이런 마음이 드니 날아갈 것

같은 기쁨에 하루하루가 행복했다.

사모님은 사모님대로 너무 마음이 쓰리고 고통스러움에도 내색을 못했다. 장애아를 키우며 사는 교우들에게 "낙심하지 마세요. 절망하지 마세요. 이 아이가 가정을 살리는 복덩어리랍니다"라며 위로하고 살았는데, 그런 자신이 낙심하고 절망한다면 이제까지 한 말이 다 거짓이요, 위선이 되기에 너무 힘들고 괴로웠던 것이다.

사모님이 힘들어도 표현하지 못한 이유는 또 있었다. 하나는 임신 중에 있는 교우들이 불안해할까 하는 걱정이었고, 다운증후군 때문에 자기가 실망하고 낙심하는 모습을 위의 두 아이가 본다면 엄마인 나를 어떻게 생각할까 싶어서 속앓이를 한 것이다.

그렇게 괴로워하며 지내던 가운데 사모님에게 큰 변화의 계기가 찾아왔다. 하루는 6살 먹은 아이에게 선물을 사다 주었는데 정작 그 아이는 자기가 원하는 것이 아니라며 선물을 받지도 않고 우는 것이었다. 사모님은 우는 큰아이를 보면서 '아, 내가 꼭 저 아이와 같구나!'라는 사실을 깨닫게 되었다. 그리고 '하나님은 나를 깨우치고 더욱 좋은 도구로 세우시려고 이 아이를 선물로 주셨구나!'라는 사실을 기쁨으로 받아들이게 되었다. 그 후 셋째 아이가 사랑스러워졌고, 더 이상 그 아이 때문에 괴로워하거나 슬퍼하지 않게 되었다.

실제로 다운증후군에 걸린 셋째 아이 덕분에 신앙심이 더 깊어지고, 하나님을 더 깊이 알게 되고, 사람을 이해하는 폭이 더 넓어지자 설교가 달라지고 사람을 품는 마음도 훨씬 커졌다.

그렇다! 하나님은 한 사건 한 사건을 통해서 영혼을 살리고 치유하며 윤택하게 하는 도구로 빚어 가신다.

세 번째 이야기

한 교회에 집회 인도를 하러 갔다. 그 교회 목사님을 뵙는 순간 나는 그분에게서 예수님의 모습을 볼 수 있었다. 그리고 천국이 그분의 표정에서 묻어나왔다. 처음 대면하여 식사하는 자리에 사모님이 나오지 않았는데, 나는 그것이 궁금해서 여쭤 보았다.

"사모님은 왜 안 나오셨습니까?"

"아들 녀석이 나이지리아 의료 선교사인데 귀국했다가 내일 출국하기 때문에 이것저것 챙겨 주느라 식사 자리에 나오지 못했습니다. 정말 죄송합니다."

이 말을 들으며 나는 이런 생각에 잠겼다.

'이 목사님은 자식을 참 잘 키우셨구나!' 직업이 의사이기 때문에 잘 키웠다는 말이 아니라, 부모의 신앙과 헌신을 보고 잘 자라서 의료 선교사로 헌신했으니 자식 농사를 잘 지었다고 생각한 것이다.

"아들은 하나인가요?"

"아닙니다. 둘입니다."

"둘째 아들은 어디에 있나요?"

"네, 미국 버클리공대를 나와 미국에서 직장 생활을 잘하고 있습니다."

나는 목사님이 너무나 부러웠다. 그때 목사님이 이런 이야기를 불쑥 하셨다.

"목사님, 저는 두 아들보다 더 자랑스러운 딸이 하나 있습니다."

"어떤 딸인데요?"

"저는 그 딸에게 아버지라는 말을 한 번도 들어본 적이 없답니다."

말씀하시는 목사님의 눈가에 이슬 같은 눈물이 촉촉이 맺혔다.

"왜요?"

"제 딸아이는 태어날 때부터 자폐아입니다. 바울이 삼층천을 자랑하다가 자신의 진짜 자랑거리는 자신을 고통스럽게 했던 질병이고 가시라고 고백하면서 가시는 은혜의 보고요, 온전하게 하는 도구요, 자랑감이요, 그 가시 때문에 크게 기뻐한다고 했던 것처럼 저도 제 딸이 은혜의 보고요, 큰 자랑거리입니다."

"아! 그렇군요."

"딸이 자폐아로 태어났을 때 '이런 딸을 키우면서 개척교회를 어떻게 일으킬 수 있을까?' 고민하다가 집사람에게 하루는 용기를 내어 미국은 장애인 천국이라는데 이 딸을 미국으로 입양 보내면 어떻겠느냐 물었더니, 그렇게 하자고 했습니다. 그래서 입양 기관에 신청을 하고 왔는데, 일주일 만에 입양하겠다는 가정이 나타났습니다. 입양 기관에 가서 서류를 작성하는 가운데 마지막 서류가 친권자 포기 각서였습니다. 한참을 망설이다가 결국에는 모든 서류를 찢어 버리고 다시 집으로 돌아왔습니다. 아무리 장애를 가지고 태어난 딸이라도 차마 내 딸이 아니라고 할 수는 없었습니다. 그 후로 지금까지 잘 키우고 있습니다."

"많이 힘드셨겠습니다."

"그것을 어찌 말로 다 표현할 수 있겠습니까? 황수관 박사님이 저희 교회에 간증하러 오셔서 제 아이를 보더니, '목사님, 저 딸에게 함부로 하지 마세요. 저 딸이 이 집에 오신 예수님입니다'라고 말했습니다. 저는 그 말이 주님의 음성으로 들렸습니다. 아침에 심방을 가면서 항상 방문을 밖에서 잠그고 갔습니다. 심방을 다녀오면 방 안이 놀이터요, 화장실이었습니다. 그때마다 목사로서 도저히 가져서는 안 될 마음이 들기도 했습니다. 그 아이와 함께 죽고 싶었던 것입니다.

그런데 하나님은 고통이 큰 만큼 저와 제 가정에 상상할 수 없는 은혜를 부어 주셨습니다. 딸아이의 오빠는 동생을 고쳐 보겠다고 공부를 열심히 해서 의사가 되었습니다. 그리고 저는 장애인을 보는 눈이 새롭게 열리기 시작했습니다. 딸아이 때문에 장애인 복지 법인이 둘이나 생겼으니까요. 하나님이 딸아이를 통해서 제게 베푸신 은혜는 한두 가지가 아닙니다. 딸아이는 제게 있어 은혜의 보고요, 큰 자랑거리입니다. 바울이 가시 때문에 크게 기뻐한다고 했듯이 하나님은 제 딸아이를 통해서 큰 기쁨을 주셨습니다."

이처럼 고난의 강도가 100이면 하나님은 그 고난을 이길 은혜와 기쁨의 강도를 더 강하게 허락하셔서 능히 이기게 하신다. 남다른 시련은 성숙을 가져온다. 그래서 로마서 5장에서 바울은 "환난은 인내를, 인내는 연단을, 연단은 소망을 이룬다"고 하지 않았는가. 환난 중에도 우리는 즐거워할 수 있어야 한다.

목회하는 과정에서 좋은 일도 기쁜 일이요, 힘든 상황도 기쁜 일이다. 왜냐하면 힘들수록 배울 것이 많고 하늘의 상급이 커지기 때문이다. 바울이 복음을 전하다가 빌립보 감옥에 갇혀 있을 때 기도하며 찬미한 이유도 다 여기에 있다. 순교 직전에 스데반의 얼굴이 천사와 같았던 것도 모두 이런 이유 때문 아닐까?

네 번째 이야기

미국 기독교 TV에서 대단한 히트를 치고 있는 분이 있다. 바로 조이스 마이어다. 그녀의 입에서 나오는 모든 말들은 잠언이요 지혜다.

그녀가 전하는 말은 한마디도 버릴 것이 없다. 그녀의 말에는 힘이 있고, 치유의 능력이 있다. 그녀가 가는 곳마다 사람들이 몰리고 그녀가 출연하는 프로마다 시청률이 올라간다.

그런 그녀가 자라온 배경은 너무 불행한 상처로 얼룩져 있다. 생각하고 싶지도 않은 부끄러운 수치였다. 어디에 가서 감히 말하기조차 어려웠다. 그녀는 어릴 적부터 친아버지에게 오랫동안 성폭행을 당했다. 그래서 그녀는 인생을 포기할 마음을 여러 번 가졌다. 그녀는 견딜 수 없는 시련 속에서 울부짖었다. '하나님, 제가 그렇게 고통을 당할 때 왜 저를 가만히 두셨습니까?'

이해가 되지 않는 '왜, 왜, 왜'가 그녀를 미치게 만들었다. 통곡하며 울부짖을 때 주님이 다음과 같은 응답을 주셨다.

"Don't ask Me 'Why' but trust Me." (나에게 '왜'라고 질문하지 말고 나를 믿어라.)

조이스 마이어는 주님의 응답에 이렇게 결심했다. "주님, 저는 이제 왜라고 질문하지 않겠습니다. 오직 하나님을 믿겠습니다." 그때부터 신기하게도 "왜"라고 묻지 않은 때부터 마음이 평온해지기 시작했다. "나는 오직 주님을 신뢰합니다"라고 늘 기도하면서 한 해 두 해가 지났다.

하루는 기도 중에 주님이 말씀하셨다.

"조이스 마이어야, 네 아버지를 찾아가서 잘해 드려라."

"나는 못 갑니다."

"그래도 가거라."

"그래도 못 가겠습니다."

"그래도 가거라."

끝없이 가라고 하시는 주님의 말씀을 따라 그녀는 할 수 없이 아버지를 찾아갔다. 그런데 놀라운 것은 딸의 사랑에 감동되어 아버지가 회개하고 구원을 받은 것이다.

이처럼 뜻이 없는 고통은 없다. 의미 없는 고통도 없다. 견디기 힘든 시련은 더욱 큰 사역자를 만들어 낸다. 헬리콥터 비행 훈련과 우주 비행 훈련이 같을 수 있겠는가? 사병 훈련이 다르고, 부사관 훈련이 다르고, 사관 학교 훈련이 다르듯이 하나님은 계획하신 사역이 큰 만큼 강한 훈련을 시키신다.

역사는 하나님의 손 안에 있다. 역사는 인간이 만들어 가는 것이 아니라 하나님이 만들어 가신다. 이 사실을 믿는다면 "Don't ask Me 'Why' but trust Me."라는 말을 가슴에 새기자.

다섯 번째 이야기

총신대학교에서 성경해석학 교수를 역임하고 지금은 대구동신교회를 시무하며 목회신학전문대학 설교학과 교수로 재직 중인 권성수 목사님의 간증을 여기서 소개하려 한다.

권성수 목사님의 가정 신앙 역사는 할머니로부터 시작된다. 목사님은 14살 때 예수를 믿기 시작했다. 할머니를 통해서 온 가족이 예수를 믿게 되었다. 권성수 목사님의 부친은 권의주 목사님이시다. 늘 새벽 3시만 되면 일어나 기도로 사신 분이었다. 권성수 목사님이 본 아버지의 모습은 기도, 진실, 우직, 꾀가 없는 분이었다. 그분은 주님을 사랑하려고 목숨을 걸었다. 국기에 대한 받들어총도 거부했다. 밥을 먹을 때조차도 "오직 주의 영광"을 외치셨다. 박윤선 목사님을 너무나 존경한 권 목사님의 아버지는 박 목사님의 이야기를 하면서 매번 눈물을 줄줄 흘리셨다고 한다. 박윤선 목사님이 한성교회를 개척할 때 함께하기도 하셨다.

권 목사님의 할머니는 시골에서 농사를 지으셨다. 가진 것이라고는 논 여덟 마지기뿐이었다. 하루는 아버지가 신학교에 가겠다고 하자 할머니는 논 네 마지기를 팔아 신학교에 보내 주셨다고 한다. 신학교를 졸업한 아버지가 남아 있는 논 네 마지기를 팔아 서울로 올라가 교회를 개척해야겠다고 했을 때 할머니는 두 말도 하지 않고 그렇게 하라고 하셨다고 한다.

권 목사님의 아버지는 논 네 마지기를 팔아서 홍제동에 홍신교회를 개척했다. 아홉 자 방에서 아홉 명의 식구가 살았다. 불광동 언덕에서 쑥 뜯어다 먹고, 시장 바닥에 버려진 배추 잎과 무를 주어다가 끓여 먹으며 살았다. 그때 권 목사님이 아버지에게 이런 말을 했다고 한다. "아버지, 미치려면 혼자 미치세요!"

권 목사님은 너무 힘들어 청계산에 올라가 욥기를 읽으면서 기도했다. 기도의 제목은 이러했다. "왜 나에게 이런 시련을 주시는지 이유만 가르쳐 주십시오." 그때마다 하나님은 침묵으로 일관하셨다. 권 목사님은 견딜 수 없는 몸부림으로 또다시 외쳤다. "왜 나에게 이런 시련을 주시는지 이유만이라도 가르쳐 주십시오." 계속해서 부르짖자 하나님은 이런 말씀을 들려주셨다.

"성수야, 내가 너를 위해 독생자를 주었잖니! 이유를 몰라도 나를 믿어라."

권 목사님은 수많은 세월을 눈물로 기도하고 주의 영광을 외치며 진실하고 우직하게 목회하셨던 아버지를 보면서 "하나님, 우리 아버지같이 기도한 사람도 없는 것 같고, 우리 아버지같이 주님을 사랑한 사람도 없는 것 같은데, 왜 목회가 잘 풀리지 않는 것입니까?" 하고 원망 섞인 목소리로 외쳤다. 그때도 여전히 하나님은 침묵으로 일관하셨다. 그런데 시간이 흘러 놀라운 일들이 일어났다.

"왜"라는 질문이 나올 수밖에 없는 상황의 의미를 어렴풋이 깨닫게 된 것이다. 권 목사님의 아버지는 지상 사역을 마치고 낙원으로 가셨다. 첫째 아들 권성묵 목사님은 미국 리폼드에서 박사 학위를 받고 청암교회에서 목회하고, 둘째 아들 권성수 목사님은 미국 웨스트민스터에서 성경해석학 박사 학위를 받고 대구동신교회에서 목회한다. 셋째 아들 권성호 목사님은 미국 리폼드에서 박사 학위를 받고 남양주평내교회에서 목회한다. 넷째 아들 권성대 목사님은 아테네에서 그리스어 박사 학위를 받고 안양늘사랑교회에서 목회한다. 다섯째 아들 권성달 목사님은 히브리어대에서 히브리어 박사 학위를 받고 귀국하여 교수로 생활하고 있다.

기도의 응답이 없는 것처럼 보여도 역사를 만들어 가시는 하나님은 절대로 실수하시는 법이 없다. 더 큰 응답으로 드러내시는 것이다. 실패자처럼 보여도 역사를 만들어 가시는 하나님은 더 큰 성공의 열매로 선물하신다. 권의주 목사님은 한마디로 뿌리 사역자였다. 그리고 권성수 목사님의 형제들은 뿌리 사역의 열매를 풍성히 거두고 있다.

반대로 아버지는 화려한 목회자였는데, 자녀들이 그렇지 못한 경우도 있다. 그러나 수많은 아버지 목사들은 자신이 힘든 뿌리 사역을 하더라도 자녀들이 풍성한 열매 사역자가 되기를 간절히 원할 것이다.

눈물의 골짜기에서 행복 콘서트를 여는 방법

첫째, 역사의 표면 위를 걸으면서 이면의 역사를 보라

요셉은 형제들의 시기와 질투로 애굽의 노예로 팔려 갔다. 요셉은 애굽의 시위대장 보디발의 가정의 노예가 되어 하루하루를 보냈다. 설상가상으로 보디발의 아내의 유혹을 거부한 것 때문에 감옥 생활을 하게 되었다. 이것이 요셉이 눈으로 보고 경험했던 표면적 역사이다. 인간적으로 생각하면 분노와 미움, 슬픔과 그리움으로 점철되어 절망할 수밖에 없었을 것이다. 그러나 계속해서 꼬여 가는 표면적 역사 위를 걸으면서도 요셉은 결코 낙심하거나 절망하지 않았다. 미워하거나 복수의 칼을 갈지도 않았다. 그가 감옥에서 어떻게 생활하고 있었는지 보라. 요셉의 삶을 보면, 불행하거나 절망한 흔적을 조금도 찾아볼 수 없다. 그에게는 분노와 미움, 절망과 슬픔이 있지 않았다. 그 이유가 무엇일까? 그것은 바로 요셉이 역사의 표면 위를 걸으면서도 그 속에 존재하는 이면적 역사를 보았기 때문이다.

"당신들이 나를 이곳에 팔았다고 해서 근심하지 마소서 한탄하지 마소서 하나님이 생명을 구원하시려고 나를 당신들보다 먼저 보내셨나이다"(창 45:5).

"당신들은 나를 해하려 하였으나 하나님은 그것을 선으로 바꾸사 오늘과 같이 많은 백성의 생명을 구원하게 하시려 하셨나니"(창 50:20).

요셉의 말을 우리 식으로 재구성하면 이렇게 된다.

"표면적인 역사를 보면 당신들이 나를 이곳에 팔았습니다. 그러나 이면적인 역사를 보면 당신들이 나를 이곳에 판 것이 아닙니다. 하나님이 많은 사람들을 살리시려고 나를 이곳에 보내신 것입니다."

이처럼 요셉은 표면적 역사 속에서 하나님의 뜻, 움직이는 하나님의 손길을 보았다. 표면적 역사 속에서 이면적 역사를 보는 눈이 있었기에 요셉의 내면에 원망, 분노, 염려, 근심, 어둠, 슬픔 등 부정적인 정서들이 자리 잡을 틈이 없었다. 요셉에게 꿈을 주셨던 하나님의 계획을 신뢰하고, 이면적으로 움직이는 하나님의 손을 믿고 따랐기 때문에 가능한 일이었다.

이와 같이 예수 안에 있는 모든 그리스도인들은 약속과 그 약속이 이루어질 현실 사이에 있다. 즉 '이미'와 '아직' 사이에서 현실의 표면 위를 걷고 있는 것이다. '이미' 그리스도인들은 구원의 은혜를 입었으며, 약속을 기업으로 받은 자들이다. 그러나 그 약속이 '아직'은 온전히 이루어지지 않았다. 그러므로 그리스도인들은 '이미'와 '아직' 사이의 냉혹한 현실의 표면 위를 걸어가면서 이면에서 역사하시는 하나님의 손길을 보아야 한다. 그래야만 우리도 요셉과 같이 냉혹한 현실 가운데서 여유롭게 살 수 있다. 흔들림이 없는 천국을 누리며 살 수 있는 것이다.

풍요롭고 화려한 환경은 오히려 우리를 타락시킬 수 있다. 그러나 냉혹한 시련은 죄를 멀리하게 하고 하나님 앞으로 인도하여 기도의 줄을 잡게 한다. 중요한 것은 표면적인 역사의 현실에 일희일비할 필요가 없다는 것이다.

둘째, 시련과 실패를 전체로 보지 말고 한 막(幕)으로 보라

덴마크의 세계적인 동화작가 안데르센의 말 가운데 인상 깊은 말이 있다.

"인생은 하나님의 손에 의해 쓰여지는 동화다."

참 멋진 말이다. 하나님이 쓰시는 동화의 주인공은 바로 우리이다. 얼마나 가슴 뛰고 흥분되는 일인가? 그런데 모든 이야기는 기승전결로 구성된다. 갈등이 생기고 그 갈등이 계속 심화되다가 극적으로 반전되기 시작한다. 그리고 결말로 마무리된다. 마찬가지로 인생에는 갈등이 있고, 반전이 있고, 결말이 있다. 그러므로 그리스도인들은 마땅히 이야기 한 토막을 이야기 전체로 보는 우를 범하지 말아야 한다. 인생을 토막으로 보면 좌절하고 실망할 수밖에 없다. 누구든지 인생을 통으로 보아야 한다.

요셉을 보라. 보디발의 아내의 유혹을 거절한 이유로 억울하게 성추행범으로 몰려 감옥에 갇혔지만 그는 실망하지 않았다. 그는 자신에게 닥친 고통의 순간을 전체로 보지 않았던 것이다. 그것은 이야기의 한 막에 지나지 않았다.

"다만 이뿐 아니라 우리가 환난 중에도 즐거워하나니 이는 환난은 인내를, 인내는 연단을, 연단은 소망을 이루는 줄 앎이로다"(롬 5:3-4).

환난은 소망을 이루어가는 한 막에 불과하다. 그러므로 표면적으로 드러난 여러 가지 시험들을 한 막으로만 받아들이라. 베드로는 표면적으로 드러난 고난이 "친히 온전하게 하시며 굳건하게 하시며 강하게 하시며 터를 견고하게 하시리라"(벧전 5:10)고 말했다.

바울도 파도처럼 밀려왔던 표면적 역사 속에서 우리를 사랑하시는 이로 말미암아 넉넉히 이긴다고 선언한다. 바울은 넉넉히 이기게 하시는 이면적 역사의 주인을 보고 있었다.

위기는 기회가 되고, 무언가 잘 되고 있을 때는 오히려 위기가 되기도 한다. 홍해가 가로막은 것 때문에 홍해가 갈라지는 기적이 일어났다. 여리고가 있었기 때문에 여리고가 무너지는 기적을 경험할 수 있는 것이다. 목마름이 있으니 반석에서 생수가 터지는 기적을 경험하고, 배고픔이 있으니 하늘에서 만나가 쏟아지는 기적을 경험하며, 가나 혼인 잔치에 포도주가 떨어지니 물이 포도주로 변하는 기적을 경험하게 되는 것이다.

루벤 토레이 2세(Reuben Archer Torrey Ⅱ)는 무디 목사님의 동역자로 함께 사역했던 루벤 토레이 1세 목사님의 외아들이고, 강원도에 예수원을 세운 토레이 선교사님의 아버지가 되는 분이다. 루벤 토레이 2세는 중국 선교사였다. 1945년에 중국 선교 사역 중에 트럭을 타고 가다가 교통사고가 났다. 병원에 와 보니 중상이어서 오른팔을 잘라 내야 했다. 그렇다고 해서 토레이 목사님은 원망하지 않았다. 오히려 감사했다.

"하나님이 지금까지 두 팔을 주셔서 잘 살았는데, 이제 한 팔을 가져가시니 감사합니다."

중국이 공산화됨으로 다시 미국으로 들어갔다가 1952년 한국으로 사역하기 위해 돌아온 토레이 목사님은 한국에서 6·25 전쟁 이후 팔다리를 잃은 사람들을 많이 목격하게 되었다. 그 순간 그는 자신에게 팔이 없는 것이 한국 사역을 위한 준비였다는 사실을 깨닫게 되었다.

당시 한국 정부는 팔다리가 없는 사람들을 위해 신경 쓸 여력이 없었다. 그러나 자신은 팔이 없는 사람들의 괴로움과 불편함을 이해할 수 있었고, 그들의 마음을 어루만져 줄 수 있었다. 토레이 목사님은 의수, 의족 만드는 기술을 익혀서 서울, 청주, 대구에 재활 센터를 세우고 팔다리가 없어진 군인들과 사람들에게 팔(의수)과 다리(의족)를 만들어 주었다. 이처럼 모든 고통에는 남다른 의미가 있다.

인생의 모든 사건을 한 막으로 보라. 작가는 하나님이시다. 그 작품의 주인공은 바로 우리들이다. 이야기는 작가의 손에 달려 있다. 흥미롭고 재미있는 이야기일수록 주인공 주변에 공격자가 많고 주인공이 넘어야 할 산들이 많다. 작가이신 하나님을 바라보는 눈이 이면적 역사관이다. 승리를 향해 이끌어 가는 과정에서 당하는 어려운 순간들을 이야기 전체로 보지 말고 한 토막으로만 보라. 그러면 "왜"라는 질문이 나오지 않을 것이다. 그리고 여유롭고 행복한 마음이 가득해질 것이다.

셋째, 고통과 시련의 쓰레기 더미에서 정금을 보라

맥스 루케이도의 글을 통해 우리는 고통과 시련의 쓰레기 더미에서 정금과 같은 예수님을 만나게 된다.

> 돌아가시기 전날 밤 재난의 매립지가 통째로 예수님을 덮쳤다. 겟세마네 기도와 형식상의 재판 사이 어딘가에 있는 인류 역사 드라마 중 가장 어두운 장면이 펼쳐진 것이다. 예수님만 빼고 단 한 사람도 선을 행하지 않았다. 단 한 가지 선도 그 장면 속에 용기나 의리가 있지 않다. 모든 것이 허사일 뿐이다. 눈에 띄는 것이라고는 거짓과 배반이 뒤섞인 쓰레기 더미이다. 그러나 그 와중에도 예수님은 희망의 이유를 보셨다. 그분의 시각 속에서 우리는 좇아야 할 모범을 발견한다.
>
> 예수님의 체포 사건을 어떤 기자가 취재했다면 머리기사의 내용은 아마도 이랬을 것이다.
>
> "예수의 어두운 밤, 측근에게 버림받은 갈릴리의 설교자."
>
> 지난 금요일 이들은 종려나무 가지를 흔들며 그를 환영했다. 어젯밤 이들은 칼을 들고 그를 체포했다. 도시 성벽 바로 외곽의 한 동산에서 군사들과 성난 시민의 무리에게 체포되면서 나사렛 예수의 세계는 좌초되고 말았다.
>
> 승리의 입성이 있은 지 일주일도 안 되어 그의 명성은 치명적 위기를 맞았다. 그의 추종자들조차 그의 편에 서지 않았다. 며칠 전까지만 해도 그와 함께 다니는 것을 과시하던 제자들이 어젯밤에는 그를 버리고 달아났다.
>
> 군중은 죽음을 부르짖고 제자들은 일체의 관련을 부인하는 가운데 이 저명한 설교자의 미래는 암울해 보이고 그의 명성도 그리 오래 가지

않을 것으로 보인다.

예수님의 삶에서 가장 어두웠던 그 밤은 위기의 연속이었다. 잠시 후면 우리도 예수님이 보신 것을 보겠지만 우선 제3의 관찰자 입장에서 이 사건을 보자.

첫째, 예수님의 기도는 응답되지 않은 것처럼 보인다. 예수님은 고통 중에 하나님께 호소했다.

"내 아버지여, 만일 할 만하시거든 이 잔을 내게서 지나가게 하옵소서. 그러나 나의 원대로 마시고 아버지의 원대로 하옵소서."

이것은 고요하고 평온한 기도 시간이 아니었다. 마태는 예수님이 "고민하고 슬퍼하셨다"고 했다. 예수님은 "얼굴을 땅에 대시고" 하나님께 부르짖었다. 누가는 예수님이 "힘쓰고 애써" 기도하사 "땀이 땅에 떨어지는 핏방울같이" 되었다고 했다. 일찍이 땅은 그렇게 애절한 요청을 올려 본 일이 없었다. 일찍이 하늘은 그렇게 싸늘한 침묵을 고수한 일이 없었다. 예수님의 기도는 외면당하는 것처럼 보였다.

둘째, 예수님의 사역의 열매가 아무것도 없는 것처럼 보인다. 겟세마네 기도가 끝나는 순간 유다를 앞세워 큰 무리가 예수님을 체포하기 위해 산을 올랐다. 예수님이 얼마나 많은 사람을 도와주셨는가? 예수님의 모든 설교와 기적은 이스라엘 백성을 위함이었다. 그런데도 "예수님은 무죄요!" 하고 외치는 자는 한 사람도 없었다. 군중들은 그렇다 치더라도 제자들은 좀 달라야 하지 않겠는가? 그러나 유다는 예수님을 잡는데 앞잡이가 되었고, 주와 함께 죽을지언정 주를 부인하지 않겠다던 베드로는 주를 부인하며 저주했다. 마태는 제자들의 행적을 이렇게 기록하고 있다. "이에 제자들이 다 예수를 버리고 도망하니라"(마 26:56). 여기서 "다"라는 짧은 말 안에 엄청난 고통이 응어리져 있다.

제3의 관찰자 입장에서 보면 온통 배반뿐이었다. 제자들은 예수님을 버렸다. 사람들은 모두 예수님을 거부했다. 하나님도 예수님의 말을 들어주지 않고 외면하시는 것처럼 보였다. 사역의 열매가 하나도 없는 것처럼 보인 것이다. 한 사람에게 그렇게 엄청난 고통과 배반이 쏟아진 적은 일찍이 없었다.

게으름뱅이 아빠들과 온통 일만 저지르고 있는 간교한 아내들과 청개구리 같은 아이들과 부정직한 동료 직원들의 배반과 모함의 쓰레기 더미를 머리 위로 쌓아 올려 보라. 예수님이 그날 밤 직면하셔야 했던 고통이 어떤 것인지 조금은 느껴질 것이다. 하늘은 응답이 없고, 사람들은 도움이 없고, 제자들은 충절이 없다. 예수님은 쓰레기 더미에 목까지 잠겨 있다. 모든 사람들은 예수님의 사역이 아무 열매 없이 끝났다고 했을 것이다. 이제는 희망이 없다고 했을 것이다. 그러나 예수님은 그렇게 보지 않으셨다. 그는 전혀 다른 것을 보고 계셨다. 쓰레기를 보지 못한 것은 아니지만 예수님은 거기서 그치지 않으셨다.

예수님은 전혀 다른 세계를 보셨다. 멸시와 고통의 쓰레기 더미에서 황금을 보셨다. 상상할 수 없는 광맥을 보셨다. 예수님은 악 속에서 선을 보셨다. 고통을 통해 이루시는 하나님의 계획을 보셨다. 견딜 수 없는 아픔 속에서 엉켜진 인생의 모든 문제를 푸는 답을 보셨다. 하나님의 침묵 속에서 상상할 수 없는 응답을 보셨다. 자신을 버리고 도망치는 제자들의 모습 속에서 복음을 위해 순교할 제자들을 보셨다.

예수님의 역사관은 사람과 달랐다. 우리도 예수님처럼 온갖 부정직과 거짓과 위선으로 점철된 부패의 쓰레기가 덮인 세상을 살고 있다. 원하지 않는 아픔들이 우리 앞으로 쏟아지고 꾸준히 쌓여만 간다. 이러한 순간에 우리 눈에는 무엇이 보이는가? 쓰레기인가? 아니면 황금인가? 무엇을 볼 것인가는 우리의 몫이다.

실패의 쓰레기가 우리를 덮칠 때 그 실패의 쓰레기 더미에 깔려 인생을 한탄하며 쓸쓸하게 살아갈 것인가? 실패 속에 더 큰 성공을 보고 일어설 것인가? 선택은 우리 자신의 몫이다. 우리의 기도에 하나님이 침묵하실 때 혹시 기도를 포기하고 실의에 빠져 있는가? 아니면 더 큰 응답을 바라보는가? 이루어지지 않은 꿈과 믿을 수 없는 배반 속에서 자신의 사역의 열매가 보이지 않을 때 절망하게 되는가? 사실 이런 상황에 처하면 모든 것이 끝났다고 생각할 수 있다. 그러나 우리는 그 쓰레기 속에서 더 큰 광맥을 볼 수 있어야 한다. 세상을 이기고, 실패와 좌절을 이기고 멋지게 승리한 모든 사람들은 예수님처럼 눈물의 골짜기에서 금을 본다.

"그러나 내가 가는 길을 그가 아시나니 그가 나를 단련하신 후에는 내가 순금같이 되어 나오리라"(욥 23:10).

우리에게 스승을 버리고 달아난 베드로에게서 장차 복음을 전해 몇 천 명을 회심시키는 모습을 발견하는 예수님의 눈이 있다면, 돌이 날아오는 순교의 현장에서 피어날 바울을 보는 스데반의 눈이 있다면, 환난을 소망으로 빚으시는 하나님을 보는 바울의 눈이 있다면, 계속되는 냉혹한 현실 속에서 행복을 누리고 행복을 나누는 행복 덩어리가 될 수 있을 것이다.

Chapter 8

더하기와 빼기와 곱하기는
하나님이 하시는 일이고,
나누기는 우리가 해야 할 사명이다.
인생은 나누기에서 결정되는 것이다.

교인들이 시련 중에 있는데 행복목회가 가능한가?

하나님은 우리 인생에서 늘 더하기, 빼기, 곱하기, 나누기의 역사를 펼쳐 보이신다. 빼기 과정에서 겪는 고통과 시련이 우리를 더 견고하게 다듬는 도구임을 안다면, 슬픔과 걱정의 올무에서 벗어나게 될 것이다.

오래전 일이다. 결혼식 주례를 마치고 식사를 하고 있었다. 한 안수집사님이 내 곁에 다가와서 하는 말이다.

"목사님, 목사님이 결혼 주례를 하면 왜 이렇게 눈물이 날까요?"

이 말을 듣는 순간 기분이 좋았다.

'아하! 나는 부흥사이니까 결혼식도 은혜가 강하게 임하는구나!'

착각 중에 착각이었다. 내 생각이 큰 착각이었다는 사실을 깨달은 것은 그날 밤이었다. 잠이 오지 않아 그 집사님의 말을 다시 생각할 기회를 가졌다.

'목사님이 결혼 주례를 하면 왜 이렇게 눈물이 날까요?'

이 말을 생각하고 있을 때 내 안에 계신 주님이 내게 물으셨다.

'결혼 주례가 정말 은혜로웠다면 그 집사가 네게 목사님이 결혼 주례를 하면 정말 은혜가 된다고 했을 것이다. 그런데 그 집사는 그에게 왜 눈물이 날까요라고 했다. 왜 그랬을지 생각해 보렴.'

그때에야 나는 그 말을 깨달을 수 있었다.

'아하! 집사님이 무엇인가 나에게 꼭 하고 싶은 말이 있으셨구나!'

주례했던 내 모습을 결혼식 처음부터 끝까지 되돌아보았다. 내가 집례하는 결혼식은 결혼식이라기보다 장례식 같은 분위기가 흐르고 있었다. 장례식 때 부르던 찬송을 부른 것도 아니다. 장례식 때 하는 설교를 한 것도 아니다. 문제는 결혼식에 기쁨이 흐르는 것이 아니라 슬픔이 흐르고 있었기 때문이다. 어디에 문제가 있을까? 곰곰이 생각해 보니 내 마음에 가득한 슬픔과 어두움이 얼굴 표정과 음색을 통해서 회중에게 흘러 나가고 있었던 것이다.

나의 내면에 있던 염려와 슬픔 그리고 어두움은 마치 전염성이 강한 신종플루 바이러스와 같았다. 가지 많은 나무에 바람 잘 날 없다더니 꼭 그 말이 맞았다. 교인들의 염려거리가 하나 둘씩 내 마음에 쌓여 갔다. 그렇다 보니 늘 염려와 근심 걱정거리로 가득했고, 삶의 순간마다 근심과 걱정 거리를 묵상하며 어두움과 슬픔 속에서 살았다.

한 집사님의 근심거리가 해결되면 또 다른 권사님의 걱정거리가 생겼다. 이 권사님의 걱정거리가 해결되면 또 다른 성도님 가정에 염려거리가 끊임없이 나를 괴롭히기 시작했다. 대부분의 근심과 걱정거리는 첩첩이 쌓여 파도처럼 내게 밀려왔다.

슬퍼하는 자와 함께 슬퍼하고, 우는 자와 함께 울고, 염려하는 자와 함께 염려하는 것이 목회인 줄 알았다.

염려는 백해무익한 것이라고, 모든 염려를 다 주께 맡기라고, 심령의 근심은 뼈를 마르게 한다고 핏대를 올리며 설교하면서도 정작 나는 염려 속에 살았다. 되돌아보니 부끄럽기 짝이 없는 삶이었다. 항상 기뻐하고 범사에 감사하며 살라고 설교하면서도 나는 그렇게 살지 못했다. 오히려 그 반대로 살았다. 위선과 가식에 사로잡힌 목사였다. 지금도 그때만 생각하면 얼굴을 들 수가 없다. 어느덧 나는 염려와 슬픔이 습관이 되고, 체질이 되어 있었다.

어리석은 나는 염려가 하나님을 불신하는 삶인 것도 모르고 살았다. 역사를 주관하시는 분이 하나님이라는 사실을 나는 염려함으로 부인하고 살았던 것이다. 하나님의 전능하심도, 하나님의 지혜도, 하나님의 크신 사랑도 염려함으로 하나님의 모든 것을 부인하며 살고 있었다. 이 얼마나 병든 목사였던가? 그래도 하나님은 전능하신 분이라고, 하나님의 크신 사랑 때문에 우리는 소망 있다고 외쳤다. 이 얼마나 가증스럽고 위선에 사로잡힌 목사였는가? 부끄럽기만 하다.

염려 동생은 근심이고, 근심 동생은 걱정이고, 걱정 동생은 슬픔이고, 슬픔 동생은 어둠이다. 마음에 염려, 근심, 걱정, 슬픔, 어두움이 가득하니 내 얼굴은 항상 울고 넘는 박달재와 같았고, 비 내리는 호남선과 같아서 얼굴이 항상 척척하고 어두웠다. 얼굴이란 단어는 순수 한국말이다. 얼을 담고 있는 꼴을 얼굴이라고 한다. 얼굴은 마음 상태를 보여 주는 창문이다. 마음이 슬프고 어두우면 그대로 얼굴에 드러나기 때문이다.

그래도 이런 나를 하나님은 사랑하셨다. 나를 깨우치시기 위해 하나님은 "목사님이 결혼 주례를 하면 왜 이렇게 눈물이 날까요?"라고 말한 그 안수집사님을 통하여 나의 내면을 들여다보게 하셨다.

어느 날 아침이었다. 아침 식사를 하면서 KBS2TV '무엇이든 물어

보세요'를 시청하고 있었다. 간암 전문가가 나와서 간에 대해서 말하고 있었다. 간은 둔해서 간암 3기 정도 되어서야 오른쪽 갈비뼈 밑에 통증이 온다고 했다. 전문가의 말을 들은 순간 나는 두려움이 밀려왔다. 나도 가끔씩 오른쪽 갈비뼈 밑에 심한 통증이 오기 때문이었다.

그날의 모든 스케줄을 취소하고 동네에 있는 나한식 내과로 발걸음을 옮겼다. 원장 선생님이 물었다.

"어디가 불편해서 오셨습니까?"

"네, 아침에 한 프로그램에 간암 전문가가 나와서 오른쪽 갈비뼈 밑에 통증이 오면 간암 3기라고 하더군요. 제가 오른쪽 갈비뼈 밑에 가끔씩 통증이 심하게 옵니다."

"네, 얼굴색도 많이 안 좋군요."

가슴이 철렁 내려앉는 것이 아닌가?

원장님이 검사하라는 대로 다 했다. 원장님 부인이 방사선과 전문의였다. 오후 2시까지 초음파 찍어보자고 식사하지 말고 오라고 했다. 배가 고팠지만 참고 2시에 병원을 다시 찾았다. 초음파 검사가 시작되었다. 초음파 검사를 시작한 지 10분 정도 침묵이 무겁게 흘렀다. 불안했다. 침묵을 깨고 방사선과 전문의가 입을 열었다.

"통증이 오면 심했을 것 같습니다."

두려운 마음으로 대답했다.

"네, 그렇습니다. 간에 심각한 문제가 있습니까?"

"초음파상으로 간은 잘 모르겠습니다. 오른쪽 갈비뼈 밑에 통증의 원인은 쓸개에 돌 세 개가 있어서입니다."

"그러면 어떻게 해야 되나요?"

"네, 담낭 제거 수술을 해야 하지만 담낭 제거 수술을 하면 쓸개 빠진 사람이 되잖아요. 통증 원인이 염증이기 때문에 통증이 오면 약국(의약분업되기 전이었다.)에 가서 마이신을 하나 사서 드시면 될 것 같습니다."

오른쪽 갈비뼈 밑에 가끔씩 오는 통증이 간 문제 때문이 아니라는 것 때문에 안도할 수 있었다. 자주 오는 통증 때문에 불편할 때가 한두 번이 아니었다.

결국 쓸개를 제거하는 담낭 제거 수술을 받기 위해 병원에 입원하였다. 수술을 위한 검사를 하던 중에 간 수치가 높아 수술할 수 없다고 했다. 그때 간에 대해서 처음으로 안 좋다는 말을 들었다.

약물을 이용해 간 수치를 낮춘 후에 수술 받았다. 담낭 제거 수술을 받고 난 뒤 마취가 깨어난 순간 개복한 부분의 통증이 심하게 오기 시작했다. 신음하고 있을 때 수술을 집도했던 의사 선생님이 왔다.

"목사님, 수술받으시느라 수고 많이 하셨습니다."

"아닙니다. 저야 가만히 누워 있었을 뿐인데 선생님께서 애 많이 쓰셨습니다."

의사 선생님은 심각한 얼굴로 내게 이렇게 말했다.

"목사님, 뚜껑을 열고 보니 쓸개는 아무것도 아니고 간이 심각했습니다. 염증이 심하고 간이 많이 부어 있는 상태입니다. 이대로 가면 간경화로 갑니다. 간을 잘 치료해야 될 것 같아서 왔습니다. 통증이 심하면 간호사에게 말씀해 주십시오. 진통제를 놔 드리겠습니다."

의사 선생님 말을 듣고 보니 마음이 두렵기도 하고, 무겁기도 했다. 그런데 또 한편으로 생각해 보니 참 우스웠다.

'쓸개 빠진 놈아! 간땡이 부은 놈아!' 바로 그 사람이 나였기 때문이다.

옛 어른들이 근심 걱정 끼치는 자기 자녀들에게 하는 말이 생각이 났다.

"저 놈은 내 애를 다 녹인 놈이다."

"너 때문에 내 애가 다 썩어 문드러졌다."

걱정 때문에 썩어 문드러진 애가 무엇일까? 녹아버린 애가 무엇일까? 알아보니 쓸개를 한문으로 담(膽)이라고 하고 순수 우리나라 말로는 애라고 했다.

근심 걱정 때문에 애간장 다 녹는다는 말을 들어 보았을 것이다. 바로 나를 두고 하는 말이었다. 담낭 제거 수술을 통해 장기 하나가 이미 사라졌다. 애뿐 아니라 간도 심각한 상황이었다. 장도 망가질 대로 망가져 있었다.

한 권사님이 나를 데리고 용하다는 무안에 있는 한약방을 데리고 가셨다. 호랑이처럼 무섭게 다그치는 권사님의 뜨거운 사랑에 이끌려 간 것이다. 원장님은 여러 가지 검사를 하였다. 그리고 내게 이렇게 말했다.

"목사님은 장이 너무 나빠지셨습니다. 커피, 탄산음료, 날 것은 피하십시오. 너무 찬 물도 삼가십시오."

약보다 장에 해로운 음식을 주의하라고 하셨다. 그때까지만 해도 탄산음료를 마시면 바로 WC(water closet/화장실) 회장이 인터뷰 요청을 하였다. 장이 나쁘니 변도 좋지 않았고 항상 피곤했다. 그리고 큰 것을 처리하기 위해 하루에 세 번씩 WC를 찾았다. 하루에 세 끼의 밥을 먹으니 모든 사람이 다 하루 세 번씩 WC를 찾는 줄 알았다. 얼마나 무식한 목사였던가? 지금 생각해 보니 너무 모른 것이 많은 목사였음을 고백한다.

간에 염증이 심하고 많이 부어 있다는 의사 선생님의 말이 항상 내 뇌리를 떠나지 않았다. 장은 줄줄 하고, 쓸개는 이미 사라진지 오래고, 이제 다음은 간인가? 간이 끝나면 내 인생은 끝나는데 생명의 위협을 느꼈다.

애간장이 왜 망가졌을까? 곰곰이 생각해 보았다. 그런데 그것은 바로 내 내면에 염려, 근심, 슬픔 때문이었다.

목사의 염려와 근심 걱정거리들은 모두 교인들의 것이었다. 이것을 안고 살아야 목회를 제대로 하는 것인 줄 알았다. 참으로 어리석은 생각이었다.

내면에 부정적인 정서들은 나의 몸만 망가뜨린 것이 아니었다. 가정까지 망가뜨리고 있었다. 내면에 부정적인 정서로 가득하다 보니 기쁨이 없고 슬픔과 어두운 기색 속에 하루하루 살아야 했다. 이 모습을 보고 사는 아내는 긴장 속에 하루하루를 보내야 했고 계속 긴장 속에 있다 보니 증상은 있는데 원인은 없는 병에 사로잡혀 있었다.

아내와 아이들이 집에서 즐겁게 놀다가도 내가 집에 들어가기만 하면 집안 분위기는 어두움으로 채워졌고, 아내와 아이들은 다 자기 방으로 들어가 버렸다. 천국을 보여 주어야 할 나는 슬픔과 어두움으로 얼룩진 지옥을 보여 주고 있었던 것이다. 지금 생각해 보면 얼마나 어리석은 삶을 살았는지 부끄럽기 그지없다.

담낭 제거 수술을 집도했던 외과 의사로부터 간이 심각하다는 말을 듣고 퇴원한 나는 그때부터 이런 생각에 사로잡혀 있었다.

'담석증으로 쓸개 하나 제거되었는데, 이제 또 무슨 장기가 망가질까?'

큰 고민이 생겼다. 생명의 위협이 느껴졌다.

'이렇게 살다가는 내가 죽겠구나!'

내 안에 계신 주님은 내가 이렇게 사는 것을 원하지 않으셨다. 교우들의 근심거리들을 목회자가 다 품고 살라고 하지 않으셨다. 쉬지 말고 기도하라고 하셨다. 지체하지 말고 주님께 맡기라는 말일 것이다.

그리고 범사에 감사하라고 하셨고 항상 기뻐하라고 하시지 않았던가?

나는 목사였지만 신앙생활을 크게 잘못하고 있었다. '염려하지 말라. 염려는 이방인들이 하는 것이다'라고 해도 나는 청개구리처럼 염려하며 살았고, '모든 염려 주께 맡기라'고 해도 나는 염려를 품고 살아온 것이었다.

약 23년 전에 목포 제일중학교 앞에서 좌회전하는 내 차를 직진하는 4.5톤 덤프트럭이 브레이크를 밟는다는 것을 악셀레이터를 밟으며 그대로 받은 사고가 있었다. 그 사고로 나는 큰 중상(경추 2번 골절로 전신 마비)을 입었다. 그때의 사고 후유증으로 나는 지금도 3급 장애인이다. 사고로 많은 대가를 지불하고 난 후에 깨달은 것이 있다. 다름 아닌 교통사고의 원인이 바로 내면의 부정적인 정서였다는 것이다. 사고 나던 당시 염려, 근심, 걱정 그리고 슬픔이 내 머리를 온통 짓누르고 있었다. 운전은 본능으로 하고 있었고 내 머리와 생각은 온통 부정적인 생각들로 가득했다. 이것이 바로 운전 부주의로 이어졌고 결국 큰 사고로 이어진 것이다. 나만 고생한 것이 아니라, 다른 사람들까지 힘들게 만들었던 것이다. 사고 원인을 규명하는 현장 조사에서 가해자는 4.5톤 덤프트럭 운전사로 결론이 났지만 나만이 아는 사고 원인은 나의 내면의 부정적인 정서였다. 내면의 부정적인 정서의 재료는 성도들의 시련과 아픔들이었다.

그래서 하나님 앞에 엎드리기 시작했다.

'하나님! 내가 예수 거꾸로 믿었습니다. 하나님! 내가 예수 거꾸로 믿었습니다. 용서해 주세요. 하나님! 어떻게 하면 염려 안하며 살 수 있을까요? 가르쳐 주세요. 나 이제 염려 안하며 살고 싶어요. 이러다가 나 죽을 것 같아요. 하나님! 나 살려주세요.'

아무리 기도해도 뾰쪽한 수가 보이지 않았다.

'이제부터는 염려하지 말고 살아야지' 스스로 다짐해 보아도 그때뿐이었다. 체질화된 나는 자동으로 염려하면서 살고 있었다. 그때마다 나는 '하나님! 나 염려하지 않고 살아가게 해 주세요. 나 이러다가 죽겠습니다'라고 부르짖었고, 염려와 슬픔으로부터 벗어나려고 몸부림치고 있었다.

자유하게 하는 진리를 발견하다

복음의 확신에 사로잡혀 나도 개척할 수 있다는 확신을 가지고 개척교회를 시작했다. 시설 좋은 교회들이 주변에 많이 있지만 15평쯤 되는 예배당에 앉아 있는 한 영혼 한 영혼을 보면서 나는 다짐했다. 어느 교회에서 예배 드리는 것보다 더 행복하게 해 주고 싶었는데… .

그런데 성도들의 기도거리들이 하나 둘 씩 내면에 자리를 잡으면서 나도 모르는 사이에 천국이 아니라 온갖 것들이 심령을 짓누르고 있었다. 스트레스에 눌려 교통사고를 당했고 걸음걸이는 기우뚱거렸다. 행동은 부자유스러웠다. 가족들은 내면의 부정적인 정서들 때문에 항상 긴장하고 있었다. 심지어는 결혼 주례를 하는 내 모습에서 기쁨이라곤 찾아볼 수 없었다. 강단에 선 나는 천국이 아니었다. 행복한 궁전이라기보다 슬픔에 젖어 있는 비를 흠벅 맞고 홀로 서 있는 장닭과 같았다. 몸은 병들어 계속 망가지고 있었다.

'하나님! 나 이렇게 살다간 금방 죽을 것만 같습니다. 염려와 근심으로부터 나를 해방시켜 주세요. 제발 성도들 때문에 근심하지 않고 바울처럼 늘 감사하면서 기뻐하면서 목회하고 싶습니다. 나를 이 염려와 근심 그리고 슬픔의 쇠사슬에서 해방시켜 주시옵소서!'

날마다 몸부림치기 시작했다. 이렇게 사는 것이 하나님이 원하시는 삶도 아니었다. 가족을 긴장시키고, 교우들에게 천국을 보여 주기보다 비 내리는 호남선처럼 척척한 모습만 보여 주고 있으니 괴로웠다. 몸은 계속해서 망가지고 있는 것만 같았다.

'주여, 나를 이 고통에서 건져 주시옵소서!'

날마다 염려와 슬픔의 감옥에서 헤어 나오기 위해 몸부림치다가 창세기를 읽어 가는 중에 12장 1절과 2절을 읽게 되었다.

"여호와께서 아브람에게 이르시되 너는 너의 고향과 친척과 아버지의 집을 떠나 내가 네게 보여 줄 땅으로 가라 내가 너로 큰 민족을 이루고 네게 복을 주어 네 이름을 창대하게 하리니 너는 복이 될지라"(창 12:1-2).

수없이 읽고 또 읽었던 본문인데 그 날은 그 본문이 새롭게 보이기 시작했다. 창세기 12장 1절에서 "여호와께서 아브람에게 이르시되 너는 너의 본토 친척 아비 집을 떠나 내가 네게 지시할 땅으로 가라"고 명령하셨다.

창세기 12장 2절 상반 절을 보면 하나님의 말씀대로 아브라함이 친척 아비 집을 떠나가면

"내가 ① 너로 큰 민족을 이루고
② 네게 복을 주어
③ 네 이름을 창대케 하리니"라고 약속하셨다.

그리고 2절 하반 절에서는 이렇게 복을 더해 주신 이유를 말씀하신다. "너는 복이 될지라."

누구에게 복이 되는가? 창세가 12장 3절 하반 절을 보라. "모든 족속

이 너를 인하여 복을 얻을 것이니라"고 하신다.

하나님께서 아브라함을 부르신 이유가 무엇인가?

바로 땅의 모든 족속에서 복을 나누어 주는 자(÷)가 되게 하시는 것이었다. 땅의 모든 족속에게 복을 나누어주는 자(÷)가 되게 하시기 위해 하나님은 아브라함에게 더하기(+)를 하고 계신 것이 아닌가?

큰 민족을 이루어 주고, 더해서(+) 복을 주고, 더해서(+) 이름을 창대케 하겠다고 하신다. 하나님은 아브라함에게 나누기(÷)를 위해 더하기(+)를 하고 계셨다. 더하기(+)의 의미는 나누기(÷)에 있었다.

계속해서 창세기를 읽어 내려가면서 이해할 수 없는 장면을 목격했다.

"그 땅에 기근이 있으므로 아브람이 애굽에 우거하려 하여 그리로 내려갔으니 이는 그 땅에 기근이 심하였음이라"(창 12:10).

아브라함은 지금의 이라크 지역에서 시리아까지 올라갔다가 다시 한참을 내려오게 하셨다. 이루 말할 수 없는 고생을 통해서 가나안 땅에 도착했다. 당연히 풍년이 기다리고 있어야 하는데 기근이 기다리고 있었다. 그것도 심한 기근이었다.

'하나님 세상에 이럴 수가 있습니까? 이렇다면 누가 순종하겠습니까? 갈 바를 알지 못하였지만 오직 하나님 말씀 한 마디 믿고 여기까지 왔는데 기근이라니요. 이해가 안 됩니다.'

하나님이 하신 일들이 이해가 되지 않아 몇 년을 신음하며 지냈다. 그런데 성령님의 내적 조명을 통해 이 부분을 선명하게 깨달을 수 있었다.

창세기 12장에서부터 22장까지 아브라함과 그의 가정을 들여다보면 바람 잘 날이 없었다. 기근, 망명, 아내를 빼앗김, 롯과의 갈등과 결별, 롯을 구하기 위해 생사를 건 전투, 사래의 말을 듣고 하갈과 동침한 사건 때문에 아브라함을 향해 13년 간 침묵하신 하나님, 사래와 하갈의 갈등, 하갈과 이스마엘을 광야로 보내는 아픔….

아브라함을 만나시고 더하기(+)와 나누기(÷)를 약속하신 순간부터 하나님은 아브라함을 빼기(-)대학(창 12~22장)에 입학시키신 것이었다.

그리고 창세기 22장 1절과 2절에서 드디어 아브라함의 빼기(-)대학 졸업 시험 문제가 출제되었다.

"그 일 후에 하나님이 아브라함을 시험하시려고 그를 부르시되 아브라함아 하시니 그가 이르되 내가 여기 있나이다 여호와께서 이르시되 네 아들 네 사랑하는 독자 이삭을 데리고 모리아 땅으로 가서 내가 네게 일러 준 한 산 거기서 그를 번제로 드리라"(창 22:1-2).

아브라함은 아내와 상의하지 않았다. 지체하지도 않았다. 즉시 번제로 쓸 나무를 친히 준비하기 시작했다. 사흘 길을 묵묵히 흔들림이 없이 갔다.

시험을 치르는 모리아산으로 함께 올라가 보자. 그가 어떻게 시험을 치르고 있는지 그리고 몇 점이나 맞았는지 살펴보자.

"하나님이 그에게 지시하신 곳에 이른지라 이에 아브라함이 그곳에 단을 쌓고 나무를 벌여놓고 그 아들 이삭을 결박하여 단 나무위에 놓고 손을 내밀어 칼을 잡고 그 아들을 잡으려 하더니 여호와의 사자가 하늘에서부터 그를 불러 가라사대 아브라함아 아브라함아 하시는지라 아브라함이 가로되 내가 여기 있나이다 하매 사자가 가라사대 그 아이에게 네 손을 대지 말라 아무 일도 그에게 하지 말라 네가 네 아들 네 독자라도 내게 아끼지 아니하였으니 내가 이제야 네가 하나님을 경외하는 줄을 아노라 아브라함이 눈을 들어 살펴본즉 한 수양이 뒤에 있는데 뿔이 수풀에 걸렸는지라 아브라함이 가서 그 숫양을 가져다가 아들을 대신하여 번제로 드렸더라"(창 22:9-13).

아브라함은 이 시험을 치르면서 독생자를 주신 하나님의 사랑을 만났다. 독생자를 주신 하나님의 사랑을 만져 보고 느껴 봄으로 하나님의 측량할 수 없는 사랑을 절절히 느낄 수 있었다. 독생자를 주신 하나님의 사랑을 아브라함보다 더 잘 아는 사람은 없을 것이다.

이삭은 모리아산에서 자기를 대신해서 죽어 주는 어린양을 보았다. 그리고 그가 하나님의 독생자임을 알았다. 대속해 주신 사랑을 만난 것이다. 하나님이 하시는 일들은 하나도 버릴 것이 없었다.

아브라함이 빼기(-)대학에서 겪은 모든 사건들은 하나도 불필요한 것이 없었다. 이 모든 것들이 아브라함을 놀랍게 성숙시켰다. 하나님과 아브라함의 관계는 벗처럼 가까웠다. 하나님을 향하여 아브라함은 아까울 것이 없었다. 독생자 이삭을 아낌없이 드리는 아브라함의 모습에서 하나님은 이제 아브라함을 믿을 수 있었다. 합격이었다. 만점을 받은 것이다. 이때부터 아브라함에게 약속한 놀라운 복들이 쏟아지기 시작했다.

"이르시되 여호와께서 이르시기를 내가 나를 가리켜 맹세하노니 네가 이같이 행하여 네 아들 네 독자도 아끼지 아니하였은즉 내가 네게 큰 복을 주고 네 씨가 크게 번성하여 하늘의 별과 같고 바닷가의 모래와 같게 하리니 네 씨가 그 대적의 성문을 차지하리라 또 네 씨로 말미암아 천하 만민이 복을 받으리니 이는 네가 나의 말을 준행하였음이니라 하셨다 하니라"(창 22:16-18).

이것이 바로 빼기(-)대학 졸업 고사를 치른 후에 임한 곱하기(×)의 은혜인 것이다. 나는 아브라함을 믿음의 조상으로 세워 가시는 하나님의 손길(창 12~22장)을 통해서 염려와 슬픔의 감옥에서 벗어날 진리를 발견할 수 있었다.

"진리를 알지니 진리가 너를 자유케 하리라"

누구나 자녀를 낳으면 잘 키우고 싶어 한다. 그리고 자녀를 잘 기르기 위해 부모는 계획을 세우고 모든 것을 희생한다.

자녀를 키워 가는 과정이 있다. 어린이집(유치원)을 보내고, 초등학교를 보내고, 중학교와 고등학교를 보내고, 대학교와 대학원을 보내듯이 하나님도 당신의 자녀들을 키워 가시는 과정이 있었다.

아브라함을 보니 더하기(+)과정이 있었고, 빼기(-)과정이 있었고, 곱하기(×)과정이 있었고, 나누기(÷)과정이 있었다.

더하기(+)과정은 빼기(-)과정에 필요한 에너지를 공급하는 과정이었고, 빼기(-)과정은 곱하기(×)를 담는 그릇을 준비하는 과정이었다. 빼기(-)과정의 길이와 깊이에 따라 곱하기(×) 사이즈가 다름을 볼 수 있었다. 그리고 곱하기(×)의 큰 은혜는 그 속에 큰 사명이 있었다. 바로 나누기(÷) 사명이었다. 그러므로 더하기(+)하신 이유와 빼기(-)과정을 거친 이유와 곱하기(×)하신 이유는 바로 나누기(÷)를 위해서였다. 나누기(÷)의 삶에서 존재의 의미와 상급 그리고 면류관이 결정된다. 더하기(+)와 빼기(-)와 곱하기(×)는 하나님이 하신 일(은혜)이고 나누기(÷)는 우리가 하는 일(사명)이다. 인생은 나누기(÷)에서 결정되는 것이다.

더하기(+)은혜 ⇨ 빼기(-)대학 ⇨ 곱하기(×)은혜 ⇨ 나누기(÷)과정의 렌즈를 가지고 성경의 인물들을 살펴보라.

야곱의 경우를 보자. 야곱은 어머니의 사랑 속에서 자란다. 팥죽 한 그릇으로 장자 명분을 산다. 그리고 아버지에게서 장자의 축복을 받는다. 야곱은 이제 더하기(+)했으니 바로 곱하기(×)로 갈 줄 알았다. 그런데 하나님은 그를 라반 총장님이 충성하는 빼기(-)대학 머슴학과에 입학을 시키신다. 욕심으로 하면 야곱이 3급이라면 라반은 9단이었다. 속이는 기술로 치자면 야곱은 3급이지만 라반은 9단이었다. 야곱은 라반 총장님을 통해 자기 자신을 보게 된다. 빼기(-)대학을 혹독하게 치른 후에 곱하기(×)의 은혜를 부어 주시어 나누기(÷)하게 하셨다.

요셉의 경우를 보자. 아버지가 채색옷을 지어 입히며 남다른 더하기(+)를 한다. 하나님도 요셉에게 꿈을 통해 더하기(+)하신다. 해와 달과 열한 별들이 요셉에게 절을 하는 꿈이다. 하나님은 더하기(+)하신 후에 바로 요셉을 빼기(-)대학에 입학시키신다. 보디발 노예 대학이었다. 그리고 감옥 대학원을 거쳐 하나님은 요셉을 총리로 곱하기(×)하신다. 그리고 중동에 잡 족속의 주린 배를 채워 주는 나누기(÷)사역에 충실하게 하신다.

모세의 경우를 보자. 애굽의 궁에서 40년 동안 더하기하신 하나님은 빼기(-)대학으로 몰아내신다. 학교명은 미디안광야대학이다. 40년 동안 빼기 과정을 마치게 하신 하나님은 호렙산 떨기나무 불꽃 가운데서 모세를 부르시어 곱하기(×)하신다. 이스라엘을 출애굽시킬 지도자로 세우신 것이다. 모세에게 있어서 빼기(-)과정이 없었다면 곱하기(×)도 없었을 것이다. 모세에게 곱하기(×)의 의미는 모세를 위한 것이 아니라 이스라엘 백성들을 위함이었다. 바로 나누기(÷)를 위해서다. 이것이 바로 은혜의 공공성이다.

다윗의 경우를 보자. 양치는 목동 시절부터 다윗에게는 더하기(+)의 은혜가 컸다. 사무엘이 기름병을 취하여 기름을 부을 때 성령의 기름부음이 크게 임하였다. 골리앗을 쓰러뜨리는 승리를 맛보게 하셨다. 다윗은 만만이라는 찬사도 받게 하셨다. 더하기(+)의 극치를 달리고 있었다. 이런 다윗을 하나님은 바로 곱하기(×)하지 않으셨다. 빼기(-)대학에 보내신 것이다. 다윗이 입학한 빼기(-)대학은 사울이 총장님으로 계시는 사울대학이었다. 빼기(-)대학을 혹독하게 나온 다윗은 하나님의 때에 왕으로 곱하기(×)하신다. 그리고 구속 역사 속에 다윗의 나누기(÷)의 삶은 모든 그리스도인들에게 미치고 있다.

욥의 경우를 보자. 욥의 더하기(+)는 상상을 초월한 복이었다. 그런 욥을 하나님은 빼기(-)에 입학 시키신다. 욥이 들어간 빼기(-)대학은 견디기 힘든 과정을 거쳐야 했다. 이런 과정을 거치면서 욥은 이렇게 말한다.

"그러나 내가 가는 길을 그가 아시나니 그가 나를 단련하신 후에는 내가 순금 같이 되어 나오리라"(욥 23:10).

빼기(-)과정을 거친 욥에게 하나님은 곱하기(×)를 어떻게 하셨는가?

"여호와께서 욥의 말년에 욥에게 처음보다 더 복을 주시니 그가 양만 사천과 낙타 육천과 소 천 겨리와 암나귀 천을 두었고 또 아들 일곱과 딸 셋을 두었으며 그가 첫째 딸은 여미마라 이름하였고 둘째 딸은 긋시아라 이름하였고 셋째 딸은 게렌합북이라 이름하였으니 모든 땅에서 욥의 딸들처럼 아리따운 여자가 없었더라 그들의 아버지가 그들에게 그들의 오라비들처럼 기업을 주었더라 그 후에 욥이 백사십 년을 살며 아들과 손자 사 대를 보았고 욥이 늙어 나이가 차서 죽었더라"(욥 42:12-17).

욥의 고난은 죄 때문이 당한 고난이 아니었다. 그렇다면 욥이 당한 혹독한 고난의 의미가 무엇일까? 그것은 더 큰 곱하기를 담기 위한 그릇 준비 기간이었고 동시에 더 큰 나누기(÷)를 위해서였다. 그리고 욥의 나누기 사역은 오늘날까지 계속되고 있다. 까닭 없는 고난당한 자들에게 욥은 언제나 희망의 메시지로 나누기(÷)하고 있지 않은가?

바울의 경우를 보자. 예수님은 다메섹 도상에서 바울을 만나 주신다. 그리고 아나니아의 안수를 통해 성령을 부어 주신다. 더하기(+)하신 것이다.

바울은 더하기(+)의 은혜가 너무 커서 바로 나누기(÷)하러 복음을 들고 영혼을 찾아 나간다. 그런 바울을 하나님은 아라비아 광야로 몰아내신다. 그 후 길리기아 다소 고향으로 보낸다. 이 기간이 14년쯤 된다. 이 기간이 바로 바울에게 있어서 빼기 과정이었다. 바나바를 통해 하나님은 안디옥교회 사역자로 바울을 클로즈업시키신다. 곱하기(×)하신 것이다. 이때부터 바울의 본격적인 나누기(÷)사역이 시작된 것이다.

빼기(-)과정이 얼마나 큰 은혜인가?

사울 왕을 보라. 사울 왕은 더하기(+)와 곱하기(×)는 있는데 중간에 빼기(-)과정이 없다. 빼기(-)과정을 거치지 않으니 나누기(÷)를 할 수 있겠는가?

솔로몬을 보라. 솔로몬도 더하기(+)에서 바로 곱하기(×)로 간다. 빼기(-)과정이 없으니 다이아몬드로 시작한 솔로몬의 믿음이 돌멩이로 끝나고 만다.

이런 측면에서 보면 빼기(-)과정이 얼마나 큰 은혜요, 복인가?

욥의 빼기(-)과정을 거친 후에 했던 욥의 고백을 들어 보라.

"내가 주께 대하여 귀로 듣기만 하였사오나 이제는 눈으로 주를 뵈옵나이다"(욥 42:5).

대부분의 모든 성도들은 다양한 빼기(-)과정을 통해서 귀로 들었던 하나님을 눈으로 보게 된다. 더하기(+)와 곱하기(×)를 사람들은 좋아한다. 그러나 더하기(+)와 곱하기(×)는 교만하게 하는 위험 요소가 들어있다. 그러나 빼기(-)과정은 놀라운 성숙과 깊은 은혜를 체험하게 한다. 그리고 귀한 그릇으로 빚어 준다. 그러니 빼기(-)과정이 얼마나 큰 은혜요, 복인가?

바울이 예수님을 만나고 성령을 체험한 후에 바로 복음 들고 복음 전하러 나갔을 때 예수님은 그것을 허락하지 않으시고 바로 아라비아 광야와 길리기아 다소에 보내어 14년 동안 방치하듯이 하셨다. 이 기간이 빼기(-)과정이었는데 이 때 바울은 구약과 신약을 연결하는 가교 역할을 할 수 있는 신학자로 만드는 기간이었다. 바로 훌륭한 바울 신학이 정립된 시기였다. 이 기간이 없었다면 오늘날 우리는 수준 높은 바울서신을 볼 수 없었을 것이다.

바울뿐 아니라, 그리스도 안에 있는 모든 자들은 빼기(-)과정에 큰 뜻과 섭리가 들어 있다.

그렇다면 하나님이 요셉처럼, 모세처럼, 바울처럼, 다윗처럼, 욥처럼, 성도들을 빼기(-)대학에 입학시키셨을 때 목회자가 염려하고 슬퍼할 이유가 있는가? 없는가?

이 진리를 통해 염려와 근심의 올무로부터 해방받을 수 있었다. 나를 나 되게 하는 것이 바로 '-'과정이었다. '-'과정이 없었다면 나는 무미건조한 자가 되었을 것이다. '-'과정이 나를 기름지게 만들었고, 영향력을 증폭시켰으며, 견고하게 만들었다. 내 인생에 있어서 '-'는 복을 담는 그릇이었다.

'-'과정이 사람을 무너뜨리는 것이 아니라 세우는 것이다. '-'과정이 사람들을 허약하게 만드는 것이 아니라 강하게 만드는 것이다. '-'과정이 저주가 아니라 복이었다. '-'과정이 '+'와 '×'보다 더 큰 하나님의 사랑이요, 은혜인 것이다.

하나님은 이 진리를 통해 모든 목회자들의 염려와 슬픔의 올무로부터 해방시켜 주시기를 원하신다. 이 진리를 깨달은 후부터 내가 섬기는 사랑의 가족들이 '-'대학에 입학하면 '×'가 보이기 시작했다.

"아하, 하나님이 저 형제를 통해 귀한 일을 이루시려고 요셉과 바울을 입학 시킨 '-'대학에 입학을 시키시는구나!" 이런 생각이 절로 들기 시작했다. 나는 김석균 씨가 작곡한 '주님 손잡고 일어서세요'라는 노래를 자주 부른다.

> 왜 나만 겪는 고난이냐고 불평하지 마세요
> 고난의 뒤편에 있는 주님이 주실 은혜
> 미리 보면서 감사하세요
> 너무 견디기 힘든 지금 이 순간에도 주님이 일하고 계시잖아요
> 남들은 지쳐 앉아 있을지라도 당신만은 일어나세요
> 힘을 내세요 힘을 내세요 주님이 손잡고 계시잖아요
> 주님이 나와 함께함을 믿는다면
> 어떤 역경도 이길 수 있잖아요.

하나님이 당신의 자녀들을 기르시는 과정이 있음을 깨닫고 난 뒤 나는 나를 사로잡고 있던 염려, 근심, 걱정, 슬픔, 어두움의 먹구름으로 벗어나기 시작했다. 가시밭 마음이 옥토 마음으로 바뀐 것이다. 내 마음이 평강과 기쁨이 넘치는 옥토로 바뀌니 가정도 밝아지고, 교회도 밝아지기 시작했다.

사랑의교회를 방문한 사람들마다 교인들의 표정이 밝다고 한다. 이렇게 된 이유가 바로 내 마음에서부터 시작된 것이라는 생각을 떨쳐 버릴 수가 없다. 내 마음이 치유되는 순간부터 30배, 60배, 100배의 생산성이 교회에서 나타나고 있음을 나와 온 교우들이 경험하기 시작했다.

정필도 목사님이 쓰신 책 제목이 생각난다. '목사가 행복해야 교회가 행복해진다' 비단 목회자만이겠는가? '아빠가 행복해져야 가정이 행복해진다', '엄마가 행복해져야 가정이 행복해진다'는 말과 무엇이 다르겠는가?

하나님은 오늘도 내일도 '×'를 담기 위해 '-'대학에 당신의 자녀들을 많이 입학 시키신다. 귀한 그릇으로 그들을 빚어 가시기 위해 그리고 더 크고 놀라운 나누기를 위해 입학시키신다. 미국의 아이비리그 대학보다 더 좋은 대학에 입학시키신 것이다. '-'대학에서 귀로 듣던 하나님을 눈으로 보게 될 것이다. 세상을 거뜬히 이기고 환경을 초월해서 하나님의 나라를 누릴 수 있는 장수가 되어 졸업할 것이다. 그렇기 때문에 목회자는 근심하고 슬퍼할 이유가 없다. 왜냐하면 빼기 대학 광야학과가 은혜 중에 은혜요 복 중에 복이기에 행복이 무너질 수 없는 것이다. 시련의 골짜기라도 주님과 함께 걷는 길은 행복하다. 행복목회는 상황을 초월해서 가능한 것이다.

빼기 과정은 사람을 넘어뜨리는 것이 아니라 세우는 것이다.
빼기 과정은 사람들을 허약하게 만드는 것이 아니라 강하게 만든다.
이 과정은 저주가 아니라 복이 된다. 오히려 더하기와 곱하기보다
더 큰 하나님의 사랑이요 은혜라고 말할 수 있다.

Part 3
행복목회 로드맵

행복이라는 목회 철학을 실현하는 로드맵을 따라가 보자.
단순하고 뚜렷한 교회 비전을 세우고, 선명한 문장으로 사명을 정리하며,
천국을 누리고 천국를 나누는 자를 세우는 전략을 세우면
행복목회를 실현할 수 있다.

Chapter 1

성부와 성자와 성령님의 마음을 사로잡고 있는 것은
바로 토브(טוֹב)요, 샬롬(שָׁלוֹם)이다.
삼위일체 하나님은 이것을
온 인류에게 주고자 지금도 애쓰신다.

목회 철학

하나님은 우리의 목회 철학이 하나님의 마음과 같기를 원하신다.
우리를 향하신 하나님의 마음은 토브(טוב)다.

삼위일체 하나님은 태초부터 온 인류에게 주고 싶은 것이 있으셨다. 성부 하나님은 자신의 외아들을 십자가에서 몸이 찢기고 피를 쏟게 하면서까지 온 인류에게 주고 싶은 것이 있으셨다. 성자 예수님은 자신의 몸을 십자가에 내던지면서까지 온 인류에게 주고 싶은 것이 있으셨다. 성령 하나님은 지금도 종횡무진 뛰고 계신다. 도대체 온 인류에게 무엇을 주고 싶으신 것일까? 나는 이것을 목회 철학으로 붙잡아야 한다고 생각한다.

1부에서 행복목회의 당위성을 밝히면서 행복목회의 두 가지 키워드로 토브(טוב)와 샬롬(שלום)을 말한 바 있다. 즉 성부 하나님은 인간이 잃어버린 토브(טוב)와 샬롬(שלום)을 회복해 주기 위해서 구원 계획을 세우셨고, 성자 예수님은 하나님의 소원인 토브(טוב)와 샬롬(שלום)을 회복해 주기 위해 죄와 저주의 값을 십자가에서 치르셨으며, 오순절에 임하신 성령 하나님은 오늘도 성부 하나님의 소원과 성자 예수님이 징계를 받으심으로 회복해 놓은 토브(טוב)와 샬롬(שלום)을 우리에게 적용하는 사역을 하고 계신 것이다.

이와 같이 성부와 성자와 성령님의 마음을 사로잡고 있는 것은 바로 토브(טוב)와 샬롬(שלום)이다. 삼위일체 하나님은 이것을 온 인류에게 주고 싶어 지금도 몸부림치고 계신다. 여기서 토브(טוב)와 샬롬(שלום)을 신학적으로 표현하면 죄 사함이요, 구원이요, 하나님의 나라다. 이것을 누구나 느끼기 쉽고, 누리기 쉽고, 전하기 쉬운 한국인들의 언어로 표현해 보자면 행복(하나님의 나라)을 주시기 위해 지금도 몸부림치고 계신 것이다.

그렇다면 오늘날 목회자들이 붙들어야 할 목회 철학이 무엇일까? 바로 삼위일체 하나님이 그렇게 주고자 원하시는 것이어야 한다고 확신한다.

하나님의 동역자라면 하나님이 온 인류에게 그토록 주고 싶어 하시는 그것을 붙잡고 달려가야 하지 않겠는가? 하나님의 마음에 있는 불을 내 가슴에 담고 달려가야 하지 않겠는가? 그 불이 무엇인가? 그것은 온 인류의 구원이고, 하나님의 나라이며 행복(טוב)이다.

그리스도의 일꾼이라면 그리스도가 온 인류에게 무엇을 주려고 자신의 몸을 제물로 드리셨는가를 알고 그것을 주기 위해 몸부림치는 자가 되어야 한다. 예수님의 제자인 복음의 일꾼들은 예수님과 같은 마음, 같은 뜻을 품고 달려가야 한다. 그것이 무엇이어야 하겠는가? 바로 하나님의 나라요, 샬롬이요, 행복(טוב)이다.

성령님은 지금도 쉬지 않고 땅 끝을 향하고 계신다. 당신의 동역자들을 순교의 제물로 삼으면서 멈추지 않고 달려가고 계신다. 그렇다면 성령받은 성령님의 일꾼이라면 어떤 철학에 사로잡혀 순교를 각오하고서라도 달려가야 하겠는가? 그것이 바로 하나님의 나라다. 토브(טוֹב)와 샬롬(שָׁלוֹם)이다. 행복인 것이다.

목회 철학의 중요성

나는 목회 철학이 목회에 있어서 가장 중요하다고 생각한다. 왜냐하면 확고한 철학이 있을 때 좌로나 우로나 치우치지 않을 수 있고, 목회 철학이 반듯하게 정립이 되어야 반듯한 목회를 할 수 있기 때문이다.

목회에서 목회 철학이 중요한 또 하나의 이유는 목회 철학은 목회 사역에 분명한 조준점이 되기 때문이다. 목회 철학이 없다는 것은 조준점이 없다는 것과 다를 바가 하나도 없다. 그런데 불행하게도 집회를 인도하기 위해 많은 교회를 다니면서 알게 된 사실은 대부분의 목회자들이 분명한 목회 철학이 없이 목회를 하고 있다는 것이었다. 조준점이 없다 보니 목회를 왜 하는지, 설교를 왜 하는지, 기도회를 왜 인도하는지 모른다. 교육이 왜 필요한지, 성도의 교제가 왜 필요한지 더더욱 모른다. 남이 하니까 그냥 하고 있을 뿐이다. 그러니 사역의 풍성한 열매를 기대할 수 있겠는가? 오늘날 한국 교회가 이렇게 되는 가장 큰 원인은 목회 철학 부재 때문이다. 혹은 목회 철학이 있더라도 하나님의 마음과 다른 철학에 붙들려 있기 때문이다.

사람이 만든 목회 철학

소위 목회를 품위 있게 한다는 분들을 보면 자신의 목회 철학을 자신 있게 소개한다.

"저는 목회 철학은 '물'입니다. 계곡에서 흐르는 물은 바위를 만나면 돌아가고, 웅덩이를 만나면 채워질 때까지 기다렸다가 갑니다. 저는 목회를 이렇게 물처럼 합니다. 목회가 더딘 것 같았지만 오히려 그것이 문제와 갈등 없이 빠른 것 같습니다."

듣기에 참 좋아 보였다.

"저의 목회 철학은 '손수건'입니다. 다른 사람의 이마에 흐르는 땀을 닦아 주고, 흘리는 눈물을 닦아 주고, 죄와 허물 그리고 상처를 닦아 주는 목회를 하고 싶어서입니다."

이런 철학을 들을 때마다 '나도 이렇게 목회해야지'하면서 감동이 되었다.

"제자 훈련 목회 철학을 가지고 목회하고 있습니다."

이런 철학을 들을 때마다 '나도 이렇게 목회해야지'하면서 다짐도 했다.

목회 철학에 감동을 받은 나도 멋진 목회 철학을 정립해야겠다고 생각했다. 그리고 가장 성경적인 목회 철학을 정립하고 싶었다.

그러던 중 창세기를 읽다가 큰 감동과 깨달음을 얻었다.

"내가 너로 큰 민족을 이루고 네게 복을 주어 네 이름을 창대하게 하리니 너는 복이 될지라"(창 12:2).

하나님이 아브라함에게 다양한 은혜를 주신 이유와 목적이 있었다. 그것은 땅의 모든 족속에게 "복이 되라"는 사명이었다. 그런데 이 약속과 사명은 이삭에게도 동일하게 주셨고, 야곱에게도 동일하게 주셨고, 갈라디아서 3장 13절과 14절에 보니 그리스도 안에 있는 모든 신자에게 주신 은혜요 사명이었다.

'아하, 이 말씀을 나의 목회 철학으로 삼아야겠구나!'

누구에게나 복이 되라는 말씀을 듣기 좋고 적용하기 좋은 언어로 만들었다. 그것이 '디딤돌'이었다. 그 후 나는 '디딤돌'이라는 철학에 사로잡혔다. 이 철학대로 살려고 몸부림치며 살았다. 실제 이 디딤돌 철학도 목회에 약간은 도움이 되었다.

사람이 만든 철학의 한계

몇 년이 지난 후에 내 안에 계신 성령님은 성경을 통해 목회 철학을 보는 새로운 눈을 열어 주셨다. '물', '손수건', '제자 훈련', '디딤돌'은 목적 철학이 아니라 방법 철학이었다. 그렇기 때문에 이러한 것들은 목회의 분명한 조준점이 되지 못했다. 목적 가치에 사로잡히기보다 수단 가치에 목숨을 걸고 있었으니 이 얼마나 어리석은 일인가?

하나님이 원하시는 목회 철학을 보는 눈이 열리다

내가 만든 목회 철학의 한계를 깨닫고 나니 아브라함에게 하셨던 말씀이 새롭게 눈에 들어오는 것이 아닌가?

하나님은 아브라함과 믿음의 후손인 우리 모두가 땅의 모든 족속에게 복이 되기를 원하셨는데, 여기서 말하는 복이 바로 토브(טוֹב) 개념이요, 샬롬(שָׁלוֹם) 개념이요, 하나님의 나라 개념임을 깨닫게 된 것이다.

삼위일체 하나님이 온 인류에게 주고 싶어 몸부림치는 것이 신학적으로는 하나님의 나라요, 이것을 히브리어로 표현하면 토브(טוב)요, 샬롬(שלום)이며 행복임을 깨닫게 된 것이다. 하나님이 진정으로 바라시는 하나님의 목회 철학을 보는 눈이 열리게 된 것이다.

하나님이 그리스도의 일꾼들과 성령의 사람들 모두의 목회 철학이 행복(טוב)이 되기를 원하신다는 사실을 깨닫는 순간부터 이 철학(טוב 행복)이 나를 불타게 했다. 행복목회 철학이 나를 행복하게 했다. 이 철학이 나를 신 나게 했다. 이 철학이 나의 설교에 복음의 불을 붙였다. 이 철학이 나로 하여금 땅의 모든 족속에게 샬롬이 되고, 하나님의 나라가 되고, 행복(טוב)이 되기 위해서 뛰게 할 뿐 아니라 지치지 않게 했다.

아니, 더 정확하게 이야기한다면 내가 행복목회 철학을 안고 뛰는 것이 아니라 하나님이 내 마음에 성령으로 부어 주신 '행복(טוב)'이라는 목회 철학이 나를 행복한 목회 사역으로 춤추게 하였던 것이다.

한국의 꽤 많은 교회들을 방문하며 집회를 인도하면서 나는 여러 목회자들과 교제하는 은총을 얻었다. 그리고 그 목회자들 가운데 행복목회 철학을 가지고 목회하는 소수의 목회자들을 만날 수 있었다. 그들은 한결같이 목회가 행복하다고 했다. 목회가 즐겁다고 했다. 실제로 그분들이 목회하는 사역 현장을 살펴본 결과 그들이 섬기는 교회가 밝고 기쁨이 넘쳐 나는 것을 보았다. 하나님의 나라를 마음껏 누리는 하나님의 가족 공동체의 모습을 보았다.

나는 오늘날 목회자에게 가장 필요한 것은 남들이 우러러 볼만한 학력이나 남다른 외모, 달란트가 아니라 철학임을 확신한다. 온 인류에게 행복을 주고 싶어 몸부림치시는 하나님의 마음(행복)이 가슴에 불타고 있어야 함을 믿는다. 이 가슴으로 사람을 대하니 사람이 따를 수밖에 없고, 이 가슴으로 설교하니 설교를 듣는 청중은 하나님의 나라에 잠길 수밖에 없는 것이다.

하나님은 당신의 목회 철학이 하나님의 마음과 같기를 원하신다. 우리를 향하신 하나님의 마음은 일편단심 하나님의 나라다. 토브(טוב)요, 샬롬(שלום)이다. 행복인 것이다. 이것을 주기 위해 삼위 하나님은 수천 년의 구속 역사를 이끌어 오셨다. 이와 같은 불타는 하나님의 마음이 성령의 사람들이 붙잡아야 할 목회 철학인 것이다.

하나님은 행복의 열쇠를 우리의 손에 들려 주셨다. 이것이 복음의 일꾼의 자부심이다. 하나님의 나라 즉 토브와 샬롬의 문을 열어 줄 열쇠가 바로 우리의 손에 있고, 우리의 가슴에 있고, 우리의 입술에 있다.

행복목회 철학이 우리를 신 나게 하고 우리를 행복하게 하고 우리를 춤추게 할 것이다. 그리고 우리를 만나는 모든 사람들을 신 나게 만들 것이다. 행복하게 할 것이다. 춤추게 할 것이다.

한 걸음 더 나아가 우리를 통해, 신 나고 행복한 자들을 통해서 또 다른 사람들이 하나님의 나라를 경험하게 될 것이다. 신 나게 될 것이다. 행복하게 될 것이다. 복음 안에서 춤추게 될 것이다.

하나님의 나라와 샬롬과 행복이 땅 끝까지 번져 나가게 될 것이다.

나에게는 철학이 없습니다

누군가가 나에게 당신의 철학이 무엇이냐고 물으면 "나에게는 철학이 없습니다"라고 대답한다. 왜냐하면 "누구든지 나를 따라오려거든 자기를 부인하고 제 십자가를 지고 나를 따르라"고 하셨기 때문이다. 예수님 앞에서 우리 자신이 부인되기 때문이다. 자기 철학, 자기 생각,

자기 식이 다 부인되기 때문이다.

성경을 보면 하나님의 철학이 예수님의 철학이 되고, 예수님의 철학이 성령님의 철학이 되고, 성령님의 철학이 성령의 기름부음을 받아 예수 그리스도와 하나 된 모든 이들의 철학이 된 것을 보게 된다. 하나님의 철학은 행복(샬롬, 하나님의 나라)이었다. 예수님도 하나님의 철학을 가슴에 품고 이 땅에 오셔서 우리의 온전한 행복을 위하여 십자가를 지셨다. 성령님도 하나님과 예수님의 철학을 가슴에 품고 이 땅에 오셔서 광야와 같이 메마르고 삭막한 인생을 기름지고, 행복한 인생으로 회복시켜 가고 계신다.

그러므로 하나님의 철학이 나의 철학이며, 예수님의 철학이 나의 철학이며, 성령님의 철학이 오직 나의 철학일 뿐이다. 그래서 누가 나에게 철학이 무엇이냐고 물으면 한 마디로 '행복'이라고 말한다. "나는 행복을 누리며 행복을 나누기 위해 삽니다"라고 말한다.

철학이란 세상을 사는 분명한 이유와 목적에 기반을 두어야 한다. 그렇기 때문에 하나님의 불타는 소원이 우리의 철학이요, 우리의 꿈이 되어야 한다. 설교를 하든지, 제자 훈련을 하든지, 부흥회를 인도하든지, 기도회를 인도하든지 우리의 마음에 불타는 소원은 오직 우리에게 붙여 준 영혼들을 행복(천국)을 누리고 행복(천국)을 나누는 자로 세워 하나님을 행복하게 해 드리는 것이어야 한다. 우리가 밥을 먹고, 잠을 자고, 건강을 관리하고, 계속해서 연구를 게을리하지 않는 것도 우리에게 붙여 준 영혼들을 행복(구원)을 누리며 행복(구원)을 나누는 자로 세워 하나님을 행복하게 하는 데 있어야 하지 않겠는가?

이런 목회 철학을 가지고 사역한다면 하나님도 행복해하실 것이고, 우리를 만난 모든 성도들도 행복해할 것이다. 나의 목회 철학은 신학적으로 하나님의 나라요, 성경 말씀으로는 토브요 샬롬이요, 선교학적, 실천신학적 적용 언어로 '행복'이다. 이 목회 철학은 특정인만 소유하는 것이 아니다. 복음의 일꾼이라면, 성령의 사람이라면 같은 마음, 같은 뜻, 같은 철학을 가져야 하지 않겠는가?

입만 열면 예수요, 성경 말씀이요, 십자가인데 가슴에 행복을 주고 싶어 몸부림치는 하나님의 마음(목회 철학)이 없다면 그 메시지는 허공에만 맴도는 메아리일 뿐이다. 이런 측면에서 목회 철학은 목회의 생명이다.

행복목회 철학이 나를 행복하게 했다. 나를 미치게 했다. 나는 온 인류를 행복을 누리고 행복을 나누는 자로 세우는 데 내 목숨을 주어도 아깝지 않다. 왜냐하면 이것이 나의 삶의 이유이기 때문이다. '행복'이란 목회 철학만 생각하면 가슴이 뛴다. 예수님의 부르심을 받고, 성령의 기름부음을 받은 모든 사역자들이 한결같이 토브(행복 טוב)라는 목회 철학에 미치면 좋겠다.

Chapter 2

하나님의 마음은
땅의 모든 족속을 향해 있었다.
하나님은 아담이 범죄하기 전에 누렸던 행복을
땅의 모든 족속에게 회복시켜 주고 싶으셨다.

비전

하나님은 인간을 창조하신 후 "생육하고 번성하여 땅에 충만하라"고 명령하셨다.
이것이 하나님의 비전이며 우리 미래의 모습이다.
이 비전은 세계 복음화의 모습으로 우리가 이루어야 할 사명이다.

비전은 철학에서 나온다. 하나님의 비전도 하나님의 철학에서 나온다. 그렇다면 하나님의 철학에서 나온 하나님의 비전은 무엇일까?

아담에게 주신 하나님의 비전

하나님이 아담에게 주신 복 가운데 세 가지 명령이 있다. 그것은 생육하고 번성하여 땅에 충만하라는 것과 땅을 정복하라는 것과 움직이는 모든 생물을 다스리라는 것이었다.

"하나님이 그들에게 복을 주시며 하나님이 그들에게 이르시되 생육하고 번성하여 땅에 충만하라, 땅을 정복하라, 바다의 물고기와 하늘의 새와 땅에 움직이는 모든 생물을 다스리라 하시니라"(창 1:28).

이 중에서 하나님의 비전이 드러나는 명령은 무엇일까?

우선 "바다의 물고기와 하늘의 새와 땅에 움직이는 모든 생물을 다스리라"는 명령은 아담과 그 후손들에게 왕권을 부여하는 복이다. "땅을 정복하라"는 명령은 창조된 피조물을 가지고 문화와 문명을 발전시키라는 특권을 인간에게 부여하신 것이다. 이 복 때문에 인간은 지하자원을 개발하고, 하나님이 숨겨 놓으신 다양한 에너지들을 개발하여 활용하게 된다.

마지막으로 "생육하고 번성하여 땅에 충만하라"는 명령이 하나님이 창조하신 세상에서 행복을 누리는 백성으로 충만해지기를 바라시는 하나님의 철학에서 나온 비전이다. 하나님의 비전이란 하나님의 철학이 이루어질 미래의 현실이다. 하나님은 아담과 하와를 통해 하나님의 사랑에 겨워 행복을 누리는 자들로 온 세상이 가득해지는 미래의 현실을 미리 보시고 아담과 하와에게 비전을 이루라고 명령하셨다.

동시에 하나님의 비전은 아담의 사명이기도 했다. 생육을 통한 번성으로 행복이 땅에 충만하게 하는 것이 아담의 사명인 것이다. 그리고 이것은 하나님이 아담에게 주신 복 중의 복이었다.

아브라함에게 주신 하나님의 비전

아담의 범죄로 말미암아 죄의 늪에서 가장 비참한 모습으로 허우적대고 있는 인간에게 하나님은 잃어버린 행복을 회복시켜 주시기 위해 여인의 후손을 보내 주겠다고 약속하셨다. 그리고 약속한 메시아를 여인의 후손으로 보내기 위해 갈대아 우르에 살고 있던 아브라함을 부르셨다. 그 아브라함에게 하나님은 비전을 주셨다.

"여호와께서 아브람에게 이르시되 너는 너의 고향과 친척과 아버지의 집을 떠나 내가 네게 보여 줄 땅으로 가라 내가 너로 큰 민족을 이루고 네게 복을 주어 네 이름을 창대하게 하리니 너는 복이 될지라 너를 축복하는 자에게는 내가 복을 내리고 너를 저주하는 자에게는 내가 저주하리니 땅의 모든 족속이 너로 말미암아 복을 얻을 것이라 하신지라"(창 12:1-3).

아브라함을 부르시고 그에게 특별한 은혜를 주신 이유는 그만을 위한 것이 아니라 땅의 모든 족속을 위해서였다.

"땅의 모든 족속이 너로 말미암아 복을 얻을 것이라."

하나님의 마음은 땅의 모든 족속을 향해 있었다. 하나님은 아담이 범죄하기 전에 누렸던 행복을 땅의 모든 족속에게 회복시켜 주고 싶으셨다. 이것이 하나님의 비전이며, 이 비전을 아브라함에게 주신 것이다.

야곱에게 주신 하나님의 비전

"또 본즉 여호와께서 그 위에 서서 이르시되 나는 여호와니 너의 조부 아브라함의 하나님이요 이삭의 하나님이라 네가 누워 있는 땅을 내가 너와 네 자손에게 주리니 네 자손이 땅의 티끌같이 되어 네가 서쪽과 동쪽과 북쪽과 남쪽으로 퍼져 나갈지며 땅의 모든 족속이 너와 네 자손으로 말미암아 복을 받으리라 내가 너와 함께 있어 네가 어디로 가든지 너를 지키며 너를 이끌어 이 땅으로 돌아오게 할지라 내가 네게 허락한 것을 다 이루기까지 너를 떠나지 아니하리라 하신지라"(창 28:13-15).

하나님은 아브라함에게 주신 비전을 야곱에게 동일하게 주셨다.

"땅의 모든 족속이 너와 네 자손으로 말미암아 복을 받으리라." 그리고 한 걸음 더 나아가 다음과 같이 놀라운 약속을 하셨다.

"내가 너와 함께 있어 네가 어디로 가든지 너를 지키며 너를 이끌어 이 땅으로 돌아오게 할지라 내가 네게 허락한 것을 다 이루기까지 너를 떠나지 아니하리라 하신지라"(창 28:15).

이 말씀은 읽으면 읽을수록 가슴이 뛴다. 야곱에게 주신 하나님의 비전을 하나님이 이루실 때까지 야곱을 떠나지 않겠다고 하신다. 이 말씀의 의미가 무엇이겠는가? 바로 하나님이 그 일을 이루시겠다는 굳은 의지의 표현인 것이다.

많은 사람 중에 천에 하나, 만에 하나 뽑아 주신 것만도 감사한데, 영광스러운 하나님의 비전을 말씀해 주시고 그 비전을 너와 네 후손을 통해서 반드시 이루겠다고 약속하시니 얼마나 큰 은혜요, 영광이겠는가? 뿐만 아니라 이 비전과 약속은 아브라함과 야곱에게만 주신 것이 아니다. 복음 안에 있는 모든 그리스도인들에게 준 비전이며 약속인 것이다.

나는 이 말씀의 은혜를 몸소 누린 증인이다. 나는 어머니를 통해 복음을 알게 되었다. 어머니는 일찍 남편을 여의고 우리 육남매를 키우시면서 신앙생활을 열심히 하셨다. 하나님은 과부인 어머니에게 긍휼을 베푸시고 야곱에게 주신 비전을 동일하게 허락하셨다. "땅의 모든 족속이 너와 네 자손으로 말미암아 복을 받으리라"는 말씀 가운데서 내가 세워졌고, 복의 근원으로 자라나 목회자가 되고 목포사랑의교회를 세우는 열매를 이루셨다.

하나님은 아담을 통해 행복을 누리는 백성이 땅에 충만해지기를 원하셨다. 행복을 잃고, 죄와 저주의 바다에 빠져 허우적대는 땅의 모든 족속이 아브라함과 야곱 그리고 그 후손들을 통해 구원받아 행복을 누리는 백성으로 온 땅이 가득해지기를 원하셨다. 이처럼 땅의 모든 족속이 하나님의 품으로 돌아와 천국을 누리게 되는 것이 바로 하나님의 비전이다.

제자들에게 주신 예수님의 비전

때가 차매 하나님의 비전을 이루기 위해 하나님의 아들 예수 그리스도가 육신을 입고 등장하신다. 그는 하나님의 비전을 이루기 위해 십자가를 지신다. 땅의 모든 족속을 구원하여 하나님의 품에 안겨 주기 위해 제자들을 세우신다. 그리고 그들에게 비전과 사명을 주신다.

"그러므로 너희는 가서 모든 민족을 제자로 삼아 아버지와 아들과 성령의 이름으로 세례를 베풀고 내가 너희에게 분부한 모든 것을 가르쳐 지키게 하라 볼지어다 내가 세상 끝 날까지 너희와 항상 함께 있으리라 하시니라"(마 28:19-20).

예수님은 "모든 족속으로 제자 삼으라"는 비전과 사명을 열두 제자에게 주셨다. 열두 제자는 예수님의 사역을 이어 받을 교회였다. 그러므로 열두 제자에게 주신 예수님의 비전과 사명은 곧 교회에게 주신 비전과 사명이요, 동시에 우리에게 주신 비전과 사명이다.

성부 하나님의 비전과 예수님의 비전을 이 땅의 교회를 통해 이루기 위해 오신 성령님의 비전도 동일함을 볼 수 있다.

"오직 성령이 너희에게 임하시면 너희가 권능을 받고 예루살렘과 온 유대와 사마리아와 땅 끝까지 이르러 내 증인이 되리라 하시니라"(행 1:8).

"예루살렘과 온 유대와 사마리아와 땅 끝까지 이르러"라는 말씀은

"땅의 모든 족속으로"라는 말씀과 같은 의미이다. 이와 같이 하나님의 비전은 "땅의 모든 족속"이 구원받고 하나님의 나라를 누리는 것이다. 또한 예수님의 비전은 성부 하나님의 비전과 동일하게 "모든 족속"이 구원받고, 하나님의 품에서 하나님의 나라를 누림으로 하나님을 영화롭게 하는 것이다.

성령님의 비전은 성부 하나님의 비전과 성자 예수님의 비전과 동일하다. "땅 끝까지 이르러" 하나님의 사랑을 전하고, 예수님의 십자가 복음을 전하여 구원받게 하고, 하나님 안에서 천국을 누림으로 하나님을 영화롭게 하는 것이다. 그렇다면 우리의 비전은 무엇이어야 하겠는가? 바로 죄로 말미암아 모든 것을 잃어버린 땅의 모든 족속을 구원하여 하나님의 품 안에서 천국을 누리게 하는 것이다.

성부 하나님의 비전이 곧 성자 예수님의 비전이요, 성자 예수님의 비전이 곧 성령 하나님의 비전이며, 성령 하나님의 비전이 곧 교회의 비전이요, 교회의 비전은 곧 우리의 비전이다.

비전 선언문

이 비전을 가장 짧은 문장으로 표현하면 '세계 복음화'다. 이것을 하나님의 비전을 이룰 모든 자들의 마음에 와 닿는 문장으로 바꾸어 표현하여 선언문을 작성할 필요가 있다. 비전 선언문은 하나님의 비전을 그리스도인 모두가 공유할 수 있고, 깊이 느낄 수 있으며, 적용할 수 있는 것이어야 한다. 우리 모두가 품어야 할 비전 선언문은 다음과 같다.

"하나님의 비전은 각 나라와 족속을 하나님을 행복하게 하는 행복자들로 세우는 것이다."

이것이 하나님의 비전이요, 성자 예수님의 비전이요, 성령님의 비전이요, 교회의 비전이 된다. 그리스도인들은 이 비전을 위해 살고 이 비전을 위해 죽는다.

성삼위 하나님은 각 나라와 족속이 하나님의 나라를 누릴 미래를 바라보며 그것을 위해 뛰신다. 오늘도 삼위 하나님은 미래에 이루어질 비전을 위해 쉬지 않으신다. 그렇다면 오늘날 우리는 무엇을 위해 뛰어야 하겠는가? 하나님의 비전을 위해 살고, 이 비전을 위해 죽어야 하지 않겠는가? 이것이 이 땅에서 우리가 사는 이유이다.

공적 비전과 사적 비전

비전이란 '세계 복음화'로서 "하나님의 비전은 각 나라와 족속을 하나님을 행복하게 하는 행복자들로 세우는 것이다"라고 했다. 이 비전은 성부, 성자, 성령의 비전이며 우리 모두가 함께 이루어야 할 비전이다. 이것을 나는 공적 비전 혹은 대(大) 비전이라고 부른다. 이 공적 비전 중에서도 각자가 이루어야 할 비전을 사적 비전이라고 한다. 정필도 목사님의 예를 들어 보자.

정필도 목사님은 초등학교 시절 은혜받고 성령 체험한 후에 하나님을 기쁘게 해 드리고 싶은 마음이 생겼다. '하나님이 무엇을 가장 기뻐하실까?'를 생각하며 기도하고 성경을 보다가 깨달은 것이 전도였다. 그래서 그는 뜻을 세웠다. '하나님, 제가 대한민국 백성을 다 구원하고 싶습니다. 제가 대한민국 사람을 구원하기 위해 목사가 되어야겠습니다.'

그렇게 뜻을 정한 후 그는 대한민국 백성을 다 구원하는 목사가 되기 위해 일등 목사가 되어야겠다고 생각했고, 일등 목사가 되기 위해 공부를 열심히 해야겠다고 다짐했으며, 그것을 이루기 위해 기도하고 공부에 매진했다고 한다. 이렇듯 은혜는 비전을 만들어 내고 비전은 열정을 만들어 낸다. 세계 복음화의 공적 비전을 이루기 위해 정필도 목사님은 자신이 이룰 몫으로 민족 복음화의 비전을 품었다. 공적 비전을 이루기 위해 사적 비전의 설정은 반드시 필요하다.

어떤 목사님은 공적 비전을 이루기 위한 사적 비전으로 153비전을 가슴에 품었다. 153비전이란 평생 1만 명을 구원하여, 5천 명을 지역 지도자로 세우고, 세계를 뒤흔드는 글로벌 리더로 3명을 세우겠다는 비전이다. '하나님, 153비전을 꼭 이루어 주소서!'라고 수십 년간 기도했다. 그리고 지금은 그 비전이 열매를 맺고 있다.

이와 같이 모든 그리스도인들은 하나님의 공적 비전을 이루기 위해 자신이 감당해야 할 몫으로 사적 비전을 세워야 한다.

사적 비전을 세우면 열정이 생긴다. 그리고 모든 에너지가 그 비전을 이루기 위해 모아진다. 특히 목회자는 평생에 걸쳐 이루어야 할 비전을 세우고 기도해야 한다. 복음의 일꾼들은 공적 비전을 이루기 위해 반드시 사적 비전을 세워 놓고 뛰어가야 한다.

하나님의 공적 비전을 이루기 위해 부름받은 교회는 교회가 감당할 비전의 몫을 정해야 한다. 어떤 교회는 공적 비전을 이루기 위한 사적 비전으로 1만 명의 셀 리더를 세우고 1천 명의 선교사를 파송하는 1만 1천 교회 비전을 세우고 기도하며 나아간다.

단순하고 선명한 교회 비전을 정하고, 교회의 모든 에너지를 그곳에 집중시키며 달려간 교회와 그렇지 못한 교회는 사역의 열매가 다를 수밖에 없다.

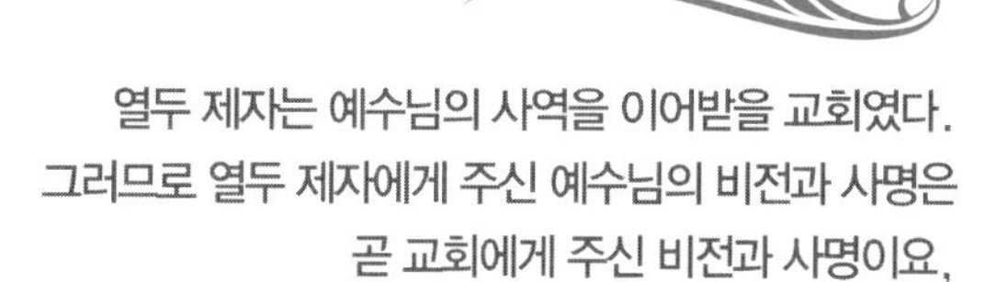

열두 제자는 예수님의 사역을 이어받을 교회였다.
그러므로 열두 제자에게 주신 예수님의 비전과 사명은
곧 교회에게 주신 비전과 사명이요,
동시에 우리에게 주신 비전과 사명이다.

Chapter 3

성령님은 광야와 같은 자들을 거듭나게 하여 아름다운
밭과 숲으로 회복시켜 가신다. 이것이 바로 성령님의 사명이다.
십자가를 통한 예수님의 구원의 복음을 듣고 땅 끝까지 전하게 하시는,
증인으로 세워 가시는 것이 성령님의 사명이다.

사명

예수님은 하나님의 비전을 이루시기 위해 이 땅에 오셨고, 십자가를 감당하셨다. 또한 성령님은 우리가 구원과 행복을 누리는 행복자로 세우기 위해 오셨다. 우리는 그 구원과 행복을 이 세상에 전하는 증언자가 되어야 한다. 그것이 우리의 사명이다.

예수님의 사명, 십자가

각 나라와 족속을 행복자들로 세우는 하나님의 비전을 이루는 것이 예수님의 비전이었다. 이 비전을 이루기 위해 이 땅에 오신 예수님은 이렇게 말씀하셨다.

"인자가 온 것은 섬김을 받으려 함이 아니라 도리어 섬기려 하고 자기 목숨을 많은 사람의 대속물로 주려 함이니라"(마 20:28).

영이신 하나님이 죄 값을 치르기 위해 여인의 후손으로 마리아의 태를 빌려 혈과 육을 입으셔야 했던 이유도 바로 대속 제물이 되시기 위해서였다. 피 흘림이 없는 사함은 없기에(히 9:22) 그 피를 흘리시기 위해 인간의 몸을 입고 이 땅에 오신 것이다.

"그가 찔림은 우리의 허물 때문이요 그가 상함은 우리의 죄악 때문이라 그가 징계를 받으므로 우리는 평화를 누리고 그가 채찍에 맞으므로 우리는 나음을 받았도다 우리는 다 양 같아서 그릇 행하여 각기 제 길로 갔거늘 여호와께서는 우리 모두의 죄악을 그에게 담당시키셨도다"(사 53:5-6).

하나님의 비전을 이루기 위해 오신 예수님의 사명은 십자가의 구속이었다.

성령님의 사명

하나님의 비전을 이루기 위한 예수님의 사명이 십자가의 구속이라면 성령님이 이루실 사명은 무엇일까?

첫째, 거듭나게 하시는 일이다

"예수께서 대답하여 이르시되 진실로 진실로 네게 이르노니 사람이 거듭나지 아니하면 하나님의 나라를 볼 수 없느니라 니고데모가 이르되 사람이 늙으면 어떻게 날 수 있사옵나이까 두 번째 모태에 들어갔다가 날 수 있사옵나이까 예수께서 대답하시되 진실로 진실로 네게 이르노니 사람이 물과 성령으로 나지 아니하면 하나님의 나라에 들어갈 수 없느니라 육으로 난 것은 육이요 영으로 난 것은 영이니 내가 네게 거듭나야 하겠다 하는 말을 놀랍게 여기지 말라 바람이 임의로 불매 네가 그 소리는 들어도 어디서 와서 어디로 가는지 알지 못하나니 성령으로 난 사람도 다 그러하니라"(요 3:3-8).

성령님의 사명은 구원받아야 할 대상들에게 십자가 복음을 적용시켜 거듭나게 하시는 것이다.

둘째, 천국을 누리게 하신다

성령님은 하나님의 아들로 거듭난 자들이 천국을 누리게 하신다.

"하나님의 나라는 먹는 것과 마시는 것이 아니요 오직 성령 안에 있는 의와 평강과 희락이라"(롬 14:17).

성령님은 우리로 하여금 구원을 누리게 하신다. 땅의 모든 족속을 구원하여 하나님의 품에서 행복을 누리게 함으로 하나님을 영화롭게 할 자로 세워 가는 것이 성령님의 사명인 것이다. 즉 '각 나라와 족속을 하나님을 행복하게 하는 행복자들로 세우는 것'이 성령님의 사명이다.

셋째, 하나님의 비전을 이룰 영향력 있는 자로 회복시켜 가신다

거듭나게 한 영혼들을 멋지게 세워 가시는 일이 성령님의 사명이다.

"마침내 위에서부터 영을 우리에게 부어 주시리니 광야가 아름다운 밭이 되며 아름다운 밭을 숲으로 여기게 되리라"(사 32:15).

성령님의 사역은 거듭난 영혼들을 하나님의 비전을 이룰 아름다운 밭으로 회복시켜 가시는 일이다. 더 나아가 성령님의 사역은 아름다운 밭 수준에 머무르지 않고 숲으로 회복시켜 가신다. 여기서 숲이 가진 의미는 아름다운 밭보다 더 큰 영향력을 지닌다. 아름다운 밭은 한 가정을 행복하게 할 수 있지만, 숲은 지역과 도시를 행복하게 할 수 있다. 비가 내리면 숲은 그 비를 저장해 두었다가 서서히 시내를 통해 흘려보냄으로써 수많은 사람들에게 생활용수를 공급하고 농작물에 생명을 공급한다. 뿐만 아니라, 숲은 생명과도 같은 산소를 생산하여 산소가 필요한 모든 피조물에게 공급한다.

이처럼 성령님은 광야와 같은 자들을 거듭나게 하여 아름다운 밭과 숲으로 회복시켜 가신다. 이것이 바로 성령님의 사명이다.

넷째, 하나님의 비전을 이룰 증인으로 세워 가신다

"오직 성령이 너희에게 임하시면 너희가 권능을 받고 예루살렘과 온 유대와 사마리아와 땅 끝까지 이르러 내 증인이 되리라 하시니라" (행 1:8).

성령님은 거듭나게 하시고, 거듭난 영혼들로 하여금 하나님의 나라를 누리게 하시고, 아름다운 밭과 숲으로 회복시켜 결국 "예루살렘과 온 유대와 사마리아와 땅 끝까지 이르러 내 증인이" 되게 하신다. 이것이 바로 성령님의 사명이다. 십자가를 통한 예수님의 구원의 복음을 들고 땅 끝까지 전하게 하시는 증인으로 세워 가시는 것이 성령님의 사명이다.

교회에 부여된 사명

하나님의 비전을 이루기 위해 성부 하나님은 구원을 계획하시고, 성자 예수님은 십자가에서 자신을 화목 제물로 드려 구속의 사명을 감당하시고, 성령 하나님은 거듭나게 하사 천국을 누리게 하고 증인으로 세워 가시는 사명을 이루어 가신다. 그렇다면 성령님이 교회에 부여해 주신 사명은 무엇일까?

"그가 증언하러 왔으니 곧 빛에 대하여 증언하고 모든 사람이 자기로 말미암아 믿게 하려 함이라"(요 1:7).

이 말씀에서 볼 수 있듯이 증언이 없으면 사람들이 믿을 수 없다. 그래서 “그들이 믿지 아니하는 이를 어찌 부르리요 듣지도 못한 이를 어찌 믿으리요 전파하는 자가 없이 어찌 들으리요”(롬 10:14)라고 하신 것이다.

증언 사역 없이 복음을 들을 수도 없고, 듣지 못한 복음을 믿을 수도 없다. 즉 증언을 통해 구원이 이루어지는 것이다. 이것이 교회가 존재하는 이유이자 사명이다.

그리고 이 귀한 사명을 감당하는 영광스러운 일에 하나님은 교회와 함께하고 싶어 하신다. 왜 그럴까? 사람은 사랑할수록 보고 싶고, 주고 싶고, 함께하고 싶어 한다. 좋은 일, 행복한 일일수록 더욱 함께하고 싶어 한다. 마찬가지로 하나님도 우리를 사랑하시기에 좋고 행복한 일은 우리와 함께하고 싶어 하신다.

하나님은 궂은 일, 괴로운 일(심판과 진노)에는 함께하라고 하지 않으신다. 그러나 사람을 살리고, 복되게 하는 일은 교회와 함께하고 싶어 하신다. 그러한 증언 사역을 위해 시대마다 사람을 부르시고, 교회를 세우셨다. 하나님은 이 영광스러운 구원 사역을 함께하시기 위해 증언자로 교회를 세우신 것이다.

사람 낚는 어부가 되는 베드로의 사명

예수님은 베드로를 처음 부르실 때 “말씀하시되 나를 따라오라 내가 너희를 사람을 낚는 어부가 되게 하리라”(마 4:19)고 하셨다. 이것은 사람을 구원할 자로 만들어 가시겠다는 뜻이다.

예수님은 말씀하신 대로 양육과 훈련을 통해 베드로를 사람을 구원할 자로 다듬으셨다. 그리고 십자가에서 우리의 죄를 구속하시고 부활하신 후 승천하시기 전 갈릴리 해변에 있는 베드로를 찾아가신다. 예수님은 베드로에게 물으셨다. "네가 나를 사랑하느냐?" 베드로가 대답했다. "네, 내가 주님을 사랑합니다." 그러자 예수님은 "내 양을 먹이라"는 사명을 그에게 주셨다.

이것은 마태복음 4장에서 베드로를 부르실 때 하셨던 "사람을 낚는 어부가 되게 하리라"는 말씀보다 더 업그레이드 된 사명이다. 즉 사람을 구원할 뿐만 아니라, 구원한 양들을 자신과 동일하게 사명을 감당할 자로 양육하고 훈련하며 이끌어 가라는 말씀인 것이다.

땅의 모든 족속이 하나님 안에서 행복을 누림으로 하나님을 영화롭게 하는 자들로 세워지도록 하기 위해서는 사람을 구원하는 사역이 예수님이 다시 오실 때까지 계속 이어져야 하며, 그 구체적인 방법이 양을 먹이는 사역(양육), 양을 치는 사역(훈련)이다.

실제로 교회 역사를 보면 베드로를 중심으로 한 제자들의 끊임없는 복음 전파 사역과, 복음 전파를 통해 구원받은 자들의 끊임없는 양육과 훈련 사역을 통해 하나님의 나라가 확장되었다.

모든 족속을 제자로 삼는 우리의 사명

그렇다면 우리의 사명은 무엇일까? 베드로에게 주신 "내 양을 먹이라", "내 양을 치라"는 사역이 우리의 사명이 된다. 마태복음 28장의 말씀은 우리가 잘 아는 지상대사명이다.

"그러므로 너희는 가서 모든 민족을 제자로 삼아 아버지와 아들과 성령의 이름으로 세례를 베풀고 내가 너희에게 분부한 모든 것을 가르쳐 지키게 하라 볼지어다 내가 세상 끝 날까지 너희와 항상 함께 있으리라 하시니라"(마 28:19).

모든 민족으로 제자 삼아야 할 사람은 누구인가? 예수님의 눈앞에 있는 열두 제자뿐인가? 아니면 우리 모두를 포함한 교회인가? 예수님의 눈앞에서 예수님의 말을 직접 듣고 있었던 열두 제자가 이 명령을 받은 대상이라고 가정해 보자. 그리고 열두 제자와 교회의 관계를 생각해 보자. 성령님은 에베소서를 통해 열두 제자와 교회의 관계를 이렇게 설명하고 있다.

"너희는 사도들과 선지자들의 터 위에 세우심을 입은 자라 그리스도 예수께서 친히 모퉁잇돌이 되셨느니라 그의 안에서 건물마다 서로 연결하여 주 안에서 성전이 되어 가고 너희도 성령 안에서 하나님이 거하실 처소가 되기 위하여 그리스도 예수 안에서 함께 지어져 가느니라"(엡 2:20-22).

교회의 머리는 예수 그리스도이시고, 터는 열두 제자와 선지자들이며, 우리는 그 터 위에 서로 연결되어 주님이 내주하시는 성전이 된다. 그러므로 예수님과 열두 제자와 우리는 분리해서 생각할 수 없다. 이 명령을 예수님의 눈앞에 있는 열두 제자에게 주었다고 해도 그 명령은 곧 우리에게 주신 것이 된다. 오순절 성령 강림을 통해 세워진 교회를 보라. 예수님의 눈앞에 있었던 열두 제자뿐 아니라, 모든 신자들이 어떻게 살았는지 보라.

"그들이 날마다 성전에 있든지 집에 있든지 예수는 그리스도라고 가르치기와 전도하기를 그치지 아니하니라"(행 5:42).

스데반 집사는 복음을 위해 순교의 제물이 되면서도 기뻐했다. 비단 스데반뿐이겠는가? 하나님의 비전에 사로잡혀 복음을 전하다가 순교의 제물이 된 신자들은 지금까지 계속되고 있다. 예수님은 오늘도 성경을 통해 이렇게 말씀하신다.

"또 이르시되 너희는 온 천하에 다니며 만민에게 복음을 전파하라" (막 16:15).

이와 같이 하나님은 베드로에게 주셨던 "사람을 낚는 어부가 되라"는 사명을 우리에게도 동일하게 주신다. 예수님의 양을 먹이라고 하신다. 예수님의 양을 치라고 하신다. 이것은 사명이지만 가장 영광스러운 복이고 자랑스러운 사역이다.

하나님의 비전인 세계 복음화를 가슴에 품고 영혼을 살리고, 영혼을 복되게 하는 사명자로 우리를 부르셨다. 하나님은 모든 족속으로 제자를 삼으라고 하신다. 열두 제자에게 주셨던 대사명을 우리에게도 주신다. 영혼을 구원하여 복되게 세워 가라고 하신다. 하나님의 비전을 품고 또 다른 사람들을 살리고 재생산이 가능한 제자로 삼으라고 하신다. 하나님은 바울처럼 우리를 쓰시기 원하신다. 베드로처럼 쓰시기 원하신다. 이 얼마나 영광스럽고 기쁜 일인가?

비전과 사명에 붙잡힌 인생

사람을 멋지게 만드는 것이 있다면 그것은 하나님이 주신 사명이다. 아브라함, 야곱, 모세, 다윗, 베드로, 바울, 스데반 등 성경에 나오는 모든 인물들을 보라. 인생의 부가 가치가 바뀌고 영향력이 달라진 것은 그들의 탁월한 지혜나 재능에 따른 것이 아니었다. 그들을 가장 존귀하고 아름답게 만들었던 것은 바로 하나님의 부르심이었고, 그 부르심에 순종하는 삶이었으며, 사명에 반응하는 그들의 헌신과 충성이었다.

하나님은 우리를 사랑하신다. 그리고 우리를 향해 놀라운 계획을 가지고 계신다. 지금 우리의 처지가 별 볼일 없게 보일지라도 그렇다. 아브라함을 부르실 때 그의 처지를 보라. 일흔다섯 살이 된 아브라함은 자식이 없었다. 참으로 초라하기 그지없었다. 야곱을 부르시고 그에게 사명을 주실 때 그의 처지를 보라. 형이 무서워 도망가다가 노숙하는 현장이었다.

하나님이 부르시고 사명을 주실 때는 모두가 초라했다. 이렇게 시작은 미약했으나 나중은 심히 창대해졌다. 그것은 그들이 위대해서가 아니었다. 하나님의 부르심과 그들의 순종, 그리고 그들에게 주어진 사명과 충성이 놀라운 결과를 일으킨 것이다.

하나님의 부르심과 사명은 우리를 멋지게 만들 것이다. 하나님이 주신 사명, 왕 같은 제사장, 복음의 일꾼, 영혼을 살리고 복되게 하는 사역을 통해 하나님의 비전을 이루어 가게 하시고, 우리를 역사의 주역으로 세울 것이다. 또한 우리의 삶을 가장 아름답게 빛나는 별로 만들 것이다.

하나님은 비전과 사명에 사로잡힌 사람들을 통해 세상을 변화시키신다. 노아, 아브라함, 요셉, 여호수아, 다윗, 다니엘, 예수님의 열두 제자, 바울 등은 모두 역사에 길이 남는 하나님의 사람들이었다. 이들은 바로 하나님의 비전과 사명에 사로잡힌 자들이었으며, 하나님의 비전을 이루기 위해 초지일관 달려간 사명자들이었다. 그들은 세상을 변화시켰으며 시대를 변화시켰다.

하나님은 지금 우리에게 그러한 기회를 주고 계신다. 이 시대를 변화시킬 역사의 주역으로 우리를 지목하여 부르셨다. 그리고 왕 같은 제사장, 복음의 제사장 직분자라고 말씀하신다. 쉬운 말로 하면 선교사인 것이다.

가장 가치 있고 귀한 사명을 외면하고 하나님이 주신 부스러기 은혜에 취해 살아가는 이들이 우리 주변에는 많다. 그러나 우리는 하나님이 주신 시간, 달란트, 건강과 물질을 하나님의 비전을 위해 사용해야 한다. 수단 가치나 도구 가치에 인생이 붙잡히면 인생 자체를 도둑질 당하게 된다. 반면 목적 가치에 사로잡혀 한 걸음 한 걸음씩 가다 보면 하나님이 함께하시고 우리를 통해 놀라운 일들을 행하신다.

"비전과 사명을 떠난 성공은 성공이 아니다. 비전과 사명에 붙잡혀 사는 인생은 실패가 없다."

행복을 설파하는 사명 선언문

하나님의 비전을 이룰 사명은 단순하면서도 선명한 문장으로 정리해야 한다. 그리할 때 하나님이 우리에게 주신 사명을 효과적으로 수행할 수 있을 뿐만 아니라, 그것을 다른 사람들과 쉽게 나누고 공유할 수 있다.

"찬송하게 하려 함이니라"(사 43:21).

"다 하나님의 영광을 위하여 하라"(고전 10:31).

"땅의 모든 족속이…복을 받으리라"(창 28:14).

"사람을 낚는 어부가 되게 하리라"(마 4:19).

"내 양을 먹이라"(요 21:15).

"내 양을 치라"(요 21:16).

"모든 민족을 제자로 삼아라"(마 28:19).

"너는 복이 될지라"(창 12:2).

"증인이 되리라"(행 1:8).

이 성경 말씀들을 모으면 사명 선언문이 나온다.

먼저 "땅의 모든 족속에게 복이 되라"는 말씀은 만나는 모든 사람들에게 십자가 복음을 통해서 복을 주라는 말이고, 예수의 생명, 토브와 샬롬을 주라는 말이다.

"사람을 낚는 어부가 되라"는 말씀은 십자가 복음을 보여 주고 들려주어서 죽은 영혼을 구원하라는 것이다.

"내 양을 먹이라"는 말씀은 잃어버린 양을 찾아내어 복음을 먹이고, 영혼의 양식을 먹여 주어 그들로 하여금 행복을 누리게 하라는 것이다.

"내 양을 치라"는 말씀은 행복을 누릴 뿐만 아니라, 그들을 잘 훈련하여 또 다른 사람들에게 행복을 나누어 주는 존재로 이끌어 가라는 것이다.

"모든 족속으로 제자를 삼으라"는 말씀은 십자가 복음을 전해 주어 구원을 받게 한 후 행복을 누릴 자로 세워 그도 다른 영혼을 살리고 복되게 하는 존재로 세워 가라는 것이다.

이 모든 내용을 포함한 사명 선언문을 작성해 보자. 다시 말하지만 사명 선언문은 너무 길어도 안 되고 어려워도 안 된다. 그리고 너무 신학적인 표현이어도 안 된다. 사명 선언문은 누구나 함께 공유할 수 있고 적용할 수 있기 위해 단순하면서도 선명한 문장이어야 한다.

이러한 말씀들을 종합하여 한 문장으로 만들면 다음과 같다.

"나는 하나님의 영광을 위하여 십자가 복음을 보여 주고 들려줌으로써 죽은 영혼을 살린다. 그들에게 영혼의 양식을 먹임으로 행복을 누리게 하고, 잘 훈련하여 그들도 우리와 마찬가지로 다른 사람을 구원하여 행복자로 세워 가게 하기 위해, 또 우리가 만나는 모든 사람들에게 복이 되는 삶을 살기 위해 산다."

이를 아주 짧은 문장으로 요약해 보면 이렇게 된다.

"나는 하나님의 영광을 위하여 행복을 누리며 행복을 나누기 위해 산다."

여기서 말하는 행복은 십자가 복음을 통해서만 누릴 수 있는 구원이고, 하나님의 나라이다.

우리는 행복을 누림으로써 십자가 복음을 구원받아야 할 대상에게 보여 주고 들려줄 수 있다. 그리고 우리 안에 계신 예수님을 보여 줄 수 있다. 행복은 우리가 다른 영혼을 살리고, 그들 또한 행복을 누리면서 다른 영혼을 살리며 하나님의 나라를 누리도록 하기 위해 가장 중요하다.

우리가 이 땅에 존재해야 할 이유는 바로 행복을 나누기 위해서이다. 땅의 모든 족속에게 복이 되고, 생명이 되고, 천국이 되기 위해 우리는 행복을 누리며 천국을 살아야 한다. 그리할 때 구원받아야 할 사람들이 복음을 보게 될 것이다.

하나님은 언제 가장 기뻐하시며 영광을 받으시는가? 그것은 우리가 천국을 누리고 나누는 삶을 통해 잃은 양들이 하나님의 품으로 돌아올 때다. 이를 위해 우리는 이 땅에 존재하는 것이다. 행복의 삶은 성령의 기름 부음을 받은 모든 이들이 가져야 할 사명이 된다. 우리 모두는 같은 마음, 같은 뜻, 같은 비전, 같은 사명을 가지고 함께 뛰는 성령의 공동체다.

Chapter 4

목회에 있어서
제자상은 목회의 조준점이다.
제자상이 없는 목회는 조준점 없이
아무 데나 총을 쏘는 것과 같다.

제자상

목회자는 하나님을 기쁘시게 할 작품을 만드는 조각가다.
그래서 투박한 바위 속에서 선명한 제자상을 볼 수 있는 안목을 가지고 사역을 해야 한다.
궁극적으로 세워야 할 제자는 하나님의 나라를 온전히 행복하게 누리는 자다.

인재는 가난한 집에서 나오기도 하고 부유한 집에서 나오기도 한다. 순기능 가정에서 나오기도 하고 역기능 가정에서 나오기도 한다. 그러나 인재를 키워 낸 부모들에게는 놀라운 공통점이 있었다. 사는 상황이 다르고 문화가 달라도 그들에게는 너나할 것 없이 공통된 점이 있었다.

그것은 바로 자녀들에 대한 인재상을 가지고 있었다는 점이다. 어떤 자녀로 키우겠다는 분명하고 선명한 상을 인재상이라고 하는데, 그들은 바로 이 인재상을 가지고 자녀를 양육했다는 것이다.

분명하고 선명한 인재상을 가지고 자녀를 키우는 부모와 인재상이 없는 부모는 여러 면에서 큰 차이를 보인다. 선명한 인재상을 가지고 있는 부모는 자녀 양육의 모든 에너지를 그 인재상에 집중하게 된다. 그리고 그 인재상을 향하여 쉼 없이 달려간다. 이 세상의 소리에 쉽게 휩쓸리지 않는다. 그러나 인재상이 없는 부모는 자녀를 어떻게 키우겠다는 목표가 없기 때문에 좌우로 흔들리고, 자주 휩쓸린다.

분명한 목표 없이 자녀를 기르는 부모가 얼마나 어리석게 보이는가? 그런데 목회에 있어서도 선명하고 분명한 제자상 없이 목회하고 있는 목회자가 있다. 인재상 없이 자녀를 양육하는 부모와 같이 이 얼마나 안타까운 일인지 모른다. 당신은 어떠한가? 하나님이 맡겨 주신 양들을 어떤 제자로 키워야겠다는 분명하고 선명한 제자상을 갖고 있는가?

세계에서 가장 아름다운 조각상을 꼽으라고 한다면 피렌체의 아카데미아 미술관에 있는 미켈란 젤로의 〈다윗상〉을 꼽을 수 있다. 〈다윗상〉은 1501년에 피렌체 대성당의 지도자들이 의뢰해서 26세의 미켈란 젤로가 3년 만에 완성한 것이다. 수많은 사람들이 이 조각상을 보기 위해 피렌체의 아카데미아 미술관을 찾는다.

미켈란 젤로가 〈다윗상〉을 조각한 재료에 대해 전해 오는 재미있는 사연이 있다. 〈다윗상〉의 재료는 6미터에 가까운 거대한 대리석이었다. 그런데 이 대리석은 당시 피렌체파 대리석 조각가인 두치오(Duccio, 1418-1498)가 결이 좋지 않다는 이유로 대성당 작업장에 버린 것이었다. 그러나 두치오가 버린 6m의 바위 속에서 미켈란 젤로는 걸어 오는 다윗을 보았다. 그리고 3년의 고된 작업 끝에 그 위대한 〈다윗상〉이 탄생하였다. 상을 보는 눈이 있는 작가와 상을 보는 눈이 없는 작가의 차이는 이렇게 크게 드러나는 것이다.

이와 같이 모든 목회자는 작가와 같다. 하나님을 기쁘시게 해 드릴 작품을 만드는 작가다. 사람을 만드는 작가이기에 작가 중에 작가라고 할 수 있다. 그러나 내가 만난 대부분의 목회자들은 분명하고 선명한 상이 없었다. 하나님이 맡겨 주신 양들을 어떤 작품으로 세워 갈 것인가에 대한 분명한 제자상이 없었다. 참으로 안타까운 일이 아닐 수 없다.

하나님은 일흔다섯이 되도록 자식이 없는 아브라함을 땅의 모든 족속을 복되게 하는 믿음의 조상으로 세우겠다는 분명한 상을 가지고 아브라함을 세워 가셨다. 예수님은 밤새도록 한 마리의 고기도 잡지 못해 낙심 중에 있는 베드로를 3천 명 혹은 5천 명을 구원하는 사람 낚는 어부의 상을 가지고 가꾸어 가셨다.

마찬가지로 하나님으로부터 진정한 부르심을 받은 목회자라면, 미켈란 젤로가 바위 속에서 분명하고 선명한 〈다윗상〉을 보고 하루하루 성실하게 작품을 만들어가듯이 분명하고 선명한 제자상을 가지고 하루하루 사역해야 하는 것이 마땅하다.

제자상을 가지고 목회한 한국 교회의 두 거목

한국 교회 안에서 분명하고 선명한 제자상을 가지고 목회하셨던 두 분을 소개하고 싶다. 이분들은 저마다의 독특한 색깔을 가지고 계셨다. 한 분은 성령 운동하시는 분이요, 또 다른 한 분은 제자 훈련하시는 분이다. 바로 조용기 목사님과 고 옥한흠 목사님이시다.

나는 '만약 이 두 분이 한국 교회에 없었더라면 오늘의 한국 교회는 어떤 모습을 하고 있을까?' 하고 생각해 보곤 한다.

여의도순복음교회를 개척하신 조용기 목사님의 마음속에는 세계 복음화에 대한 하나님의 비전이 불타고 있었다. 그리고 하나님의 비전을 이룰 자들을 어떻게 세워 갈 것인가에 대한 분명한 제자상을 가지고 사역에 집중하셨다. 그 제자상은 다름 아닌 오중복음을 근거로 한 삼박자축복을 누리는 자로 세우는 것이었다.

조용기 목사님이 하셨던 모든 설교, 모든 강의, 성령 운동, 기도 운동이 모두 여기에 집중되어 있었다. 조용기 목사님의 영향을 받은 제자 목사님들도 조용기 목사님이 가진 그 제자상을 그대로 가지고 목회했다. 모든 설교나 성령 운동이나 기도 운동이 오중복음을 통한 삼박자 축복을 누리는 자로 세우는 데 초점을 두었다. 그 결과 짧은 시간에 괄목할 만한 교회를 이루고 교단을 부흥하게 했음을 부인할 수 없다.

또 한 분은 고 옥한흠 목사님이시다. 옥한흠 목사님의 가슴에는 모든 족속으로 제자 삼으라는 예수님의 비전이 불타고 있었다. 이 비전을 이루기 위해서 예수님이 맡기신 영혼들을 어떤 모습으로 세워 갈까에 대한 분명하고 선명한 제자상을 가지고 목회하셨다. 그것은 바로 담임목사와 함께 그리스도의 몸을 세워 갈 수 있는 예수 그리스도의 형상을 닮는 평신도 지도자로 세우는 것이었다.

옥한흠 목사님이 중요하게 여기셨던 대각성 전도 운동이나, 설교 사역, 제자 훈련, 사역 훈련, 순장 훈련 등 교회의 모든 사역이 담임목사와 함께 그리스도의 몸을 세워 갈 그리스도의 형상을 닮은 평신도 지도자를 세우는 데 집중되어 있었다.

옥한흠 목사님의 영향을 받은 수많은 목사님들이 옥한흠 목사님과 똑같은 비전과 제자상을 가지고 대각성 전도 운동을 일으키고, 설교 사역에 집중하며, 제자 훈련 사역에 집중하였다. 그 결과 각 지역마다 평신도 지도자들이 일어나 건강한 교회가 세워지고 큰 부흥을 경험하게 된 것이다. 이처럼 제자상이 목회에 주는 영향력은 실로 놀랍다.

나는 하루 세끼 밥을 먹기 어려운 시절, 병이 들어도 병원에 가서 치료받을 여건이 안 되는 분들이 대부분이던 시절에 조용기 목사님의 제자상은 선교학적인 측면에서 대단한 제자상이었다고 생각한다.

복음을 들을 대상들의 상황에 가장 적합한 복음을 제시하고 그 복을 누리도록 하는 제자상이었기 때문이다. 물론 조용기 목사님에게도 허물은 있다. 사람은 신이 아니기에 완벽할 수는 없다. 누구에게나 다 단점이 있고 장점이 있다. 하지만 조용기 목사님을 생각할 때마다 빵의 복음이 필요한 시절, 치유의 복음이 필요한 시절, 소망의 복음이 필요한 시절에 가장 적합한 제자상을 제시하며 그것을 복음으로 누리게 하는 데 초점을 맞춘 것에 대해 놀라움을 금치 못한다.

사람들의 먹고사는 문제가 어느 정도 해결되었다. 한국 교회의 큰 부흥기를 지나면서 많은 사람들이 교회에 몰려들었을 때 옥한흠 목사님은 제자 훈련을 외치기 시작했다. 당시에 교회의 모든 사역은 교역자의 전유물이 되어 있었고 평신도는 소비자였을 뿐이다.

이 상황에서 옥한흠 목사님은 '그리스도의 형상을 닮은 재생산이 가능한 평신도 지도자를 세워야 한다'는 제자상에 대한 불붙는 열정을 가지고 외쳤다. 그리고 '그리스도의 몸을 함께 세워 갈 제자로 평신도를 깨워야 한다'는 불붙은 외침은 제2의 종교개혁이라 할 만큼 획기적인 전환을 가져왔다.

제자상은 목회의 조준점이다

목회에 있어서 제자상은 목회의 조준점이다. 제자상이 없는 목회는 조준점 없이 아무 데나 총을 쏘는 것과 무엇이 다르겠는가? 목회에 있어서 목회 철학 다음으로 중요한 것이 제자상이다.

당신의 제자상은 무엇인가? 당신에게 맡겨 준 양들을 어떤 작품으로 세워 가고 싶은가? 그것을 단순명료하게 정리하라. 그것이 제자상이다.

이제 한국은 많이 달라졌다. 큰 경제성장을 이뤘다. 그런데도 우리 사회는 더 밝아지기보다 어두워져 간다. 이혼과 자살률은 세계 최고이고, 우울증 환자와 게임, 알코올, 마약 중독자들은 하루가 멀다 하고 늘어만 간다. 서울의 1인 가구수가 4인 가구수보다 더 많고, 고독사로 인하여 쥐도 새도 모르게 비참한 죽음을 맞이하는 사람도 계속 늘어만 간다. 이러한 때 교회는 무엇을 가지고 그들에게 접근할 것인가를 연구하지 않으면 안 된다. 사회학적으로 선교학적으로 업그레이드된 제자상을 구축할 때가 되었다.

목사 선교사가 해야 할 역할

복음의 제사장 직분을 수행함에 있어 목사 선교사와 평신도 선교사의 역할을 정확히 구분해 주는 성경은 에베소서 4장 11, 12절 말씀이다.

"그가 어떤 사람은 사도로, 어떤 사람은 선지자로, 어떤 사람은 복음 전하는 자로, 어떤 사람은 목사와 교사로 삼으셨으니 이는 성도를 온전하게 하여 봉사의 일을 하게 하며 그리스도의 몸을 세우려 하심이라"(엡 4:11-12).

사도, 선지자, 복음 전하는 자, 목사, 교사, 이들의 사역의 공통분모가 있다. 그것은 말씀 사역이다. 오늘날 이들의 역할을 맡고 있는 자들이 누구라고 생각하는가? 대부분의 학자들은 이들을 정규 신학을 졸업하고 강도할 수 있는 고시를 거친 후에 목사로 안수받은 자(목사, 선교사, 교수)들이라고 말한다. 바로 목사 선교사들을 말하는 것이다. 그렇다면 봉사의 일을 하며 그리스도의 몸을 세워 가는 사역을 해야 하는 자들은 누구인가? 그들은 바로 평신도 선교사들이다.

이처럼 목회자나 평신도의 역할이 구분되어 있지만 이들은 모두 동일한 목표를 향해 사역하고 있다. 그 목표는 그리스도의 몸(교회와 하나님의 나라)을 세우는 데 있다. 즉 평신도 선교사의 역할은 봉사의 일을 하며 그리스도의 몸을 세우는 일이며, 목사 선교사의 역할은 평신도들을 그리스도의 몸을 세워 갈 수 있도록 온전하게 하는 일이다.

온전(καταρτισμός)케 함의 의미

목사 선교사의 역할은 그리스도의 몸을 세워 갈 수 있도록 온전하게 하는 일인데, 이 '온전케'라는 헬라어 카탈티스모스(καταρτισμός)란 말은 완전케 함의 명사로서 완벽한 설치를 뜻한다. 그런데 이 온전(καταρτισμός 카탈티스모스)이란 명사는 마태복음 4장 21절의 '깁는'이라는 단어와 같은 단어이다.

"거기서 더 가시다가 다른 두 형제 곧 세베대의 아들 야고보와 그의 형제 요한이 그의 아버지 세베대와 함께 배에서 그물 깁는(καταρτίζω 카탈티조) 것을 보시고 부르시니"(마 4:21).

'깁는'이라는 단어의 동사 카탈티조(καταρτίζω)는 '완전히 완성하다', '맞추다', '수리하다'라는 뜻을 갖고 있는데, 성도를 온전케 세우기 원하는 목회자라면 이 카탈티조(καταρτίζω)라는 단어를 깊이 연구할 필요가 있다.

원래 이 단어는 해부학에서 쓰는 단어다. 신체의 모든 부분이 분리되어 있는 상태 즉 뼈는 탈골 되고, 힘줄과 근육은 해체되고, 오장육부가 모두 망가지고, 머리뿐 아니라 피부의 솜털까지도 완전히 뽑힌 상태에서 신체의 모든 뼈와 근육, 오장육부, 신경과 피부 조직, 이빨과 솜털까지 맞추어 가는 것을 말하는 단어이다.

그래서 마태복음에서는 카탈티조(καταρτίζω)라는 단어는 실오라기까지 분리되어 해체된 그물을 수리하여 온전케 함으로 정상적인 기능을 할 수 있는 그물로 완성시켜 가는 의미로 사용되고 있다.

그렇다면 목회자가 카탈티조(καταρτίζω)함으로 카탈티스모스(καταρτισμός)를 이루어 가야 할 부분이 무엇일까?

에베소서 4장 13절부터 15절까지를 보면 알 수 있다.

"우리가 다 하나님의 아들을 믿는 것과 아는 일에 하나가 되어 온전한 사람을 이루어 그리스도의 장성한 분량이 충만한 데까지 이르리니 이는 우리가 이제부터 어린아이가 되지 아니하여 사람의 속임수와 간사한 유혹에 빠져 온갖 교훈의 풍조에 밀려 요동하지 않게 하려 함이라 오직 사랑 안에서 참된 것을 하여 범사에 그에게까지 자랄지라 그는 머리니 곧 그리스도라"(엡 4:13-15).

온전함의 목표는 그리스도다. 즉 그리스도의 장성한 분량이 충만한 데까지 이르는 것이다. 로마서 8장 29절을 보라.

"하나님이 미리 아신 자들을 또한 그 아들의 형상을 본받게 하기 위하여 미리 정하셨으니 이는 그로 많은 형제 중에서 맏아들이 되게 하려 하심이니라"(롬 8:29).

사도 바울의 제자상을 엿볼 수 있는 갈라디아서 4장 19절을 보라. 바울이 무엇을 위해 사역하는가?

"나의 자녀들아 너희 속에 그리스도의 형상을 이루기까지 다시 너희를 위하여 해산하는 수고를 하노니"(갈 4:19).

그리스도의 형상에 대한 바른 이해

에베소서 4장 13절을 자세히 보라.

"우리가 다 하나님의 아들을 믿는 것과 아는 일에 하나가 되어 온전한 사람을 이루어 그리스도의 장성한 분량이 충만한 데까지 이르리니"(엡 4:13).

온전한 사람을 이루어 그리스도의 장성한 분량이 충만한 데까지 이르는 일에 대하여 살펴보자. 믿는 것은 신앙적인 요소다. 그리고 아는 일은 지적인 요소다. 그렇다면 여기에 인격적인 요소와 정적인 요소는 포함될까 안 될까를 생각해 보라.

한국 교회는 그리스도의 장성한 분량이 충만한 데까지 이르는 일에 대하여 윤리적이고 의지적인 면에 너무 집중되어 있다. 예수님의 형상에 대하여 아는 요소, 믿는 요소, 정적인 요소, 의지적인 요소를 균형 있게 지향해야 된다고 필자는 생각한다. 특히 감성을 중시하는 포스트모던 시대에 가장 중요하게 생각해야 할 정적인 면을 간과해서는 안 될 것이다.

그런데 한국 교회는 예수님의 형상을 윤리적이고 의지적인 면만을 강조하고 그 부분만을 닮으라고 외쳤다. 감성이 움직이지 않으면 의지가 움직일 수 없는데, 이렇다 보니 이끄는 자나 이끌림을 받는 자가 모두 다 힘겨워진다. 어둡고 우울하다. 차갑고 경직되어 있다. 교회는 천국을 세상에 보여 주는 공동체의 모습이 되지 못했다.

십자가 구속과 오순절 성령 강림을 통해 세워질 교회 기능에 대해서 이사야 56장 7절 말씀을 통해서 이렇게 말씀하고 계신다.

"내가 곧 그들을 나의 성산으로 인도하여 기도하는 내 집에서 그들을 기쁘게 할 것이며 그들의 번제와 희생을 나의 제단에서 기꺼이 받게 되리니 이는 내 집은 만민이 기도하는 집이라 일컬음이 될 것임이라"(사 56:7).

많은 영혼들을 기도하는 나의 성산으로 인도하여 그들을 기쁘게 할 것이라고 약속하고 계신다. 여기서 말하는 기쁘게 하시겠다는 약속은 감성적인 영역을 의미하는 것일까? 아니면 전인적 회복을 의미하는 것일까?

우리가 닮아 가야 할 그리스도의 형상은 지정의를 갖춘 전인격적인 형상이다. 우리가 본받아야 할 예수 그리스도의 형상을 복음서를 통해서 자세히 보여 주고 있다. 예수님은 완전한 하나님이 완전한 인간이 되셨다. 그리고 그는 완전한 인간으로 사셨다. 인간이 겪을 굶주림, 피곤, 위험, 핍박, 배신, 외면, 희롱, 능욕, 채찍에 맞음 그리고 가장 견디기 힘든 십자가를 지셨다.

때로는 가슴 아파할 때도 있었고 때로는 울 때도 있었다. 그러나 불행하지는 않았다. 그는 걸어 다니는 행복한 궁전이었다. 예수님은 걸어 다니는 천국이셨다. 완전한 인간으로 이 땅에 사셨지만 하나님의 아들로서 당당한 빛으로, 기쁨으로, 천국으로 사셨다. 예수님 안에 기쁨이 있었고, 그 기쁨을 온 인류에게 주어 충만한 기쁨 가운데 살기를 원하셨다. 이것이 바로 우리가 본받아야 할 그리스도의 형상인 것이다.

그리스도의 제자는 하나님의 기쁨을 충만히 누리고 그 기쁨을 온 인류에게 주고 싶어 몸부림치는 삶을 사는 것이다. 이것이 그리스도의 형상을 닮은 제자인 것이다.

성경을 주신 목적 - ἐξαρτίζω אֶשֶׁר

성경을 기록해 준 목적에 대해 성경은 이렇게 이야기한다.

"모든 성경은 하나님의 감동으로 된 것으로 교훈과 책망과 바르게 함과 의로 교육하기에 유익하니 이는 하나님의 사람으로 온전하게 하며(καταρτισμός 완전히 갖추다) 모든 선한 일을 행할 능력을 갖추게 하려 함이라"(딤후 3:16-17).

성경을 기록해서 우리 손에 들려 준 목적이 하나님의 사람으로 온전하게 하려 함이라고 말씀하시고 계신다. 여기서 온전하게 하는 부분이 무엇일까? 성경을 기록해서 우리 손에 들려 준 목적이 윤리적 온전함을 위해서였을까? 아니면 전인격적 온전과 더불어 전인적 회복을 의미하는 것일까? 대부분의 사람들은 이 말씀을 윤리적이나 의지적 성숙으로 이해한다. 그러나 신명기 10장 13절을 보라.

"내가 오늘 네 행복을 위하여 네게 명하는 여호와의 명령과 규례를 지킬 것이 아니냐"(신 10:13).

여호와의 명령과 규례를 주신 이유가 무엇인가? "…네 행복(טוֹב 토브)을 위하여…"이다. 죄로 말미암아 무너져 내린 토브를 회복해 주기 위해 여호와의 명령과 규례를 주었다고 말씀하고 계신다.

성경에 '행복'으로 번역된 단어가 또 하나 있다. 신명기 33장 29절이다. "…너는 행복(אֶשֶׁר 에쉐르)한 사람이로다…." 여기에 나온 행복(אֶשֶׁר 에쉐르)이라는 단어가 시편 1편 1절에 나온다.

"복(אֶשֶׁר 에쉐르) 있는 사람은 악인들의 꾀를 따르지 아니하며 죄인들의 길에 서지 아니하며 오만한 자들의 자리에 앉지 아니하고 오직 여호와의 율법을 즐거워하여 그의 율법을 주야로 묵상하는도다 그는 시냇가에 심은 나무가 철을 따라 열매를 맺으며 그 잎사귀가 마르지 아니함 같으니 그가 하는 모든 일이 다 형통하리로다"(시 1:1-3).

무엇이 행복(אֶשֶׁר 에쉐르)을 만들어 가는가? 여호와의 율법이다. 바로 성경이다. 성경은 죄로 무너져 내린 행복을 회복시키는 매뉴얼인 것이다.

이사야 53장 5절은 메시야가 샬롬을 회복해 주실 샬롬의 왕으로 오셔서 채찍에 맞으시고 십자가에 양손과 발에 못 박힘을 받으심으로 징계를 받으시는 이유에 대해 이렇게 말씀하고 있다.

"그가 찔림은 우리의 허물 때문이요 그가 상함은 우리의 죄악 때문이라 그가 징계를 받으므로 우리는 평화를 누리고 그가 채찍에 맞으므로 우리는 나음을 받았도다"(사 53:5).

찔림을 받으심, 징계를 받으심, 상하심, 채찍에 맞으심 모두가 샬롬을 회복하기 위해 당하신 고난이다. 이 말씀 중에 "…우리는 나음을 받았도다…"라는 말씀을 육체적인 치료만을 의미하는 것일까? 아니면 전인적인 회복을 의미하는 것일까?

혹자는 '온전'의 개념을 성숙이라고도 하고 또 어떤 이는 세계 복음화를 이루는 완전한 소명자로 세워 가는 것을 말하기도 한다고 한다. 하지만 카탈티조(καταρτίζω)함으로 카탈티스모스(καταρτισμός)를 이루어 가야 할 부분은 이 모든 것을 포함해서 죄로 망가진 토브(טוֹב 행복)의 회복과 죄로 무너져 내린 샬롬(שָׁלוֹם 완전, 행복, 건강, 평화, 안전, 번영, 평온)의 회복에 두고 있음을 보게 된다.

예수님이 채찍에 맞음으로 나음을 얻었다는 의미와 교회로 인도하여 그들을 기쁘게 하겠다는 의미나 성경을 기록해 주어 온전하게 하겠다는 의미는 모두 토브 회복, 에쉐르 회복, 샬롬 회복에 있는 것이다. 바로 이것은 범죄하기 전에 아담과 하와가 누렸던 토브요, 샬롬이요, 하나님의 나라다. 샬롬 회복이란 관계, 인격, 환경 모두를 포함한다. 그러므로 목회자들의 사역의 조준점은 영혼을 구원하여 하나님의 나라를 누리는 자로 세우는 데 있어야 한다.

모든 말씀 사역자들이 카탈티조(καταρτίζω)함으로 카탈티스모스(καταρτισμός)를 이루어야 할 부분은 그리스도의 전인격적인 형상이며, 토브 회복이다. 샬롬 회복이다. 즉 하나님의 나라를 살게 하는 것이다. 한국 교회는 이것을 강조해야 한다. 시간과 공간을 초월해서 예수님처럼 살게 만드는 것이 제자상이 되어야 한다. 예수님은 시간과 공간을 초월해서 하나님의 나라를 사셨다. 이것을 본받도록 해야 한다. 예수님은 인간의 옷을 입고도 행복하셨다. 십자가를 지는 고통을 능히 이기게 했던 에너지도 예수님 안에 있는 기쁨이었다고 나는 생각한다. 예수님은 모든 그리스도인들이 걸어 다니는 천국이 되기를 원하신다. 움직이는 토브가 되기를 원하신다. 하나님의 나라를 살기를 바라신다. 그리고 그 하나님의 나라가 온 땅에 번져 나가기를 원하신 것이다.

오늘날 교회의 상황은 어떤가?

"예수 믿으면 구원받습니다"라고 전한다. 예수 믿는다는 신앙고백이 확실하다고 인정되면 세례를 베푼다. 세례받은 자들에게 신앙이 자라야 된다고 가르친다. 그리고 봉사하고 헌신하라고 가르친다. 어느 정도 신앙생활을 잘하는 자들에게 직분을 임명한다. 때가 되면 중직자로 세운다. 그런데 세월이 흐를수록 기쁨이 사라지고 무기력해진 직분자들이 많아지는 것을 교회 안에서 쉽게 볼 수 있다.

순회선교단의 김용희 선교사님의 말이 생각난다. 여러 교회의 초청을 받아 말씀을 전하러 가면 인삼 뿌리를 보고 1년 근인지, 3년 근인지, 10년 근인지 알 수 있는 인삼장사와 같이, 예수님 때문에 행복해하고 즐겁게 신앙생활을 하는 자들을 보면 '아하, 저분은 2년 근 인가보다!', 얼굴이 약간 어둡고 근심의 주름이 보이면 '아하, 저 분은 7년 근쯤 되었나 보다. 아마 남자니까 안수집사쯤 된가 보다', 얼굴이 더 어둡고 근심의 주름이 더 있는 자들을 보면 '아하, 저 분은 20년 근 인가 보다. 남자니까 장로님인가 보다. 여자이니까 권사님인가 보다'라는 생각이 든다고 한다. 그런데 신기한 것은 대부분의 선교사님 생각이 적중했다고 한다. 충격을 받은 선교사님은 깊이 고민하게 되었다고 한다.

'왜 그럴까? 무엇이 문제일까? 예수 믿고 신앙생활을 오래할수록 왜 얼굴이 더 어두워 보일까? 왜 더 행복하지 않아 보일까?'

그가 내린 결론이다. 십자가 복음이 거짓이든지 아니면 그 사람의 믿음이 거짓이든지, 둘 중에 하나라는 것이다. 나도 이 말에 동의한다. 내가 목회하면서 고민했던 문제이기도 했기 때문이다.

대부분 예수 믿은 지 1년에서 2년 된 신자들이 기쁨이 있고 행복해한다. 그리고 신앙의 연조가 거듭될수록 어두워지고 기쁨이 사라지면서 첫사랑을 그리워한다. 왜 그럴까? 그것은 죄인이 구세주를 만난 기쁨은 누렸지만 예수님과 동행하는 기쁨은 전혀 누리고 있지 못하기 때문이다. 이렇게 된 원인은 목사 선교사에게 그 책임이 있다. 제자상이 없거나 아주 잘못되었기 때문이다.

교회 안에 핵심 단어들을 보라. 믿음, 사랑, 구원 등 대부분 추상적인 단어이거나 많은 내용을 담고 있는 단어들이다.

누군가에게 "예수님 믿으면 구원받습니다"라고 했을 때 "믿음이 뭔가요? 무엇이 믿음이죠?" 혹은 "구원이 뭔가요? 무엇이 구원이죠?"라고 하면 확신 있게 대답할 수 있는 그리스도인이 얼마나 있을까? 아마도 대부분 얼버무리게 될 것이다. 한국의 그리스도인들을 무시해서가 아니다. 현실이 그렇다는 것이다.

왜 그럴까? 무엇이 문제일까? 그 이유는 여기에 있다. "예수 믿으면 구원받습니다"라고 가르쳤지만 구원이 무엇이고, 받은 구원을 어떻게 누리는 것인지에 대해서는 가르치지 않았기 때문이다.

신앙 성숙은 강조하고, 봉사와 헌신은 강조했지만, 구원을 어떻게 누리고 하나님의 나라를 어떻게 누리는 것에 대해서는 구체적으로 가르치지 않았기 때문이다. 그러다 보니 신앙의 연수가 거듭될수록 얼굴이 어두워지고 주름살이 늘어날 수밖에 없다. 현실이 이렇다 보니 교회 분위기도 어둡고, 차갑고, 그늘져 있지 않는가?

하나님이 우리에게 그렇게 주고 싶어 하시는 것이 무엇인가? 토브요, 에쉐르요, 샬롬이다. 이것을 회복해 주기 위해 예수님은 십자가를 지셨다. 성령님은 이것을 우리에게 적용시켜 누리게 하시려고 교회를 세우시고, 성경을 기록해 주시고, 영적 지도자들을 세워 지금도 일하고 계신다. 많은 영혼들에게 하나님의 나라를 누리게 하시려고….

오늘날 교회 영적 지도자들은 교인들에게 무거운 짐만 지워 주고 있는 바리새인들과 같지 않는가? 구원은 하나님의 나라를 누리는 것이 아닌가? 구원은 바로 토브를 누리는 것이 아닌가? 에쉐르를 누리는 것이 아닌가? 샬롬을 누리는 것이 아닌가?

올바른 제자상 정립

말씀 사역자들이 집중해야 할 제자상이 무엇인가? 토브를 온전히 누리게 하는 것이 아니겠는가? 에쉐르를 온전히 누리게 하는 것이 아니겠는가? 샬롬을 온전히 누리게 하는 것이 아니겠는가? 하나님의 나라를 온전히 누리는 자로 세우는 것이 아니겠는가?

오늘날 예수님을 영접함으로 하나님의 가족이 된 천국 백성이 천국을 누리고 있는가? 아니다. 어떻게 보면 이 부분이 한국 교회의 가장 약한 부분이다. 이렇게 된 데에는 말씀 사역자들의 책임이 크다. 예수님의 윤리적인 부분에만 초점을 두고 사역하다 보니 아예 예수 닮는 것을 포기해 버린 자들이 교회 안에 의외로 많아졌다. 성자는 참회록을 쓴다는 말이 있듯이, 성숙된 신자들이 예수님을 닮아 가기 위해 노력하면 노력할수록 더욱더 예수님의 모습과 다른 자신의 모습을 발견하고 죄책감에 눌려 사는 경우가 많게 되었다.

그리고 어떤 교회는 봉사와 사역, 그리고 헌신에 초점을 두다 보니 성도들이 사역에 지쳐 사역에 부담이 없는 대형교회에 숨어서 신앙생활함으로 무기력해진 자들도 많다. 이 모든 부정적인 결과는 성경대로 사역하지 않았기 때문에 생기는 결과이다.

"예수 믿으면 구원받습니다"라고는 외치지만 어떻게 구원(천국)을 누릴 것인가는 가르쳐 주지 않는다. 아니 가르치려고도 하지 않는다. 구원(천국)을 누리도록 가르치는 제자 훈련 교재는 어디에도 없다.

재생산을 위해 훈련하는 교회도 많고, 예수 닮은 인격자로 세우기 위해 목숨 걸고 훈련하는 교회들은 있지만 천국을 누리고 천국을 나누는 자로 세우는 교회는 많지 않다. 이것이 한국 교회의 진짜 문제가 아닐까?

성경이 말씀한 대로 토브와 샬롬 회복에 목회의 초점을 두고 사역해야 한다. 카탈티조(καταρτίζω)함으로 카탈티스모스(καταρτισμός)를 이루어야 할 부분은 바로 하나님의 나라를 온전히 누리는 자로 세우는 것이다. 생명을 얻게 하고 더 풍성히 얻을 수 있도록 세우는 것이다. 이것이 목회자가 해야 할 사역인 것이다.

오늘날 말씀 사역자들이 가져야 할 제자상은 무엇일까? 신학적으로 표현하면 이렇다.

"하나님의 비전인 세계 복음화를 이룰 천국을 누리고 천국을 나누는 자로 세우는 것이다."

선교학 및 실천신학 측면에서 적용 언어를 사용하여 표현하면 이렇다.

"하나님의 비전인 세계 복음화를 이룰 행복을 누리고 행복을 나누는 자로 세우는 것이다."

이것이 이 시대 목회자들이 가져야 할 제자상이다. 이것이 목회의 조준점이다. 오직 행복을 누리고 행복을 나누는 자로 세우기 위해 전도 운동을 일으키고, 설교하고, 제자 훈련하고, 뛰어가 보라. 놀라운 일들이 교회 안에 일어날 것이다. 평신도 선교사들이 행복해지면 전도는 자연스럽게 이루어질 것이며 교회는 날로 성장하게 될 것이다.

Chapter 5

예수님은 제자들로 하여금 자신을 닮아
하나님의 나라를 누리고 나누는 삶을 살도록
세워 가기 위해 세 가지 사역에 집중하셨다.
그것은 전파하시고, 가르치시고, 치유하시는 사역이다.

전략

예수님의 사명을 가슴에 품고 예수님의 전략으로 목회를 해 나가야 한다.
예수님의 전략은 사람을 세우는 것이었다. 예수님을 닮은
제자들을 키워 모든 족속을 복음화시키는 것이 가장 중요한 사역이다.

비전과 사명은 철학에서 나온다. 여기서 비전은 미래에 이루어질 실상을 말하고, 사명은 비전을 이룰 역동성을 제공한다. 그리고 전략은 이 비전에 도달하게 하는 구체적인 계획이요 로드맵이다. 즉 비전은 방향이고, 사명은 동력이고, 전략은 로드맵인 것이다. 그런데 전략 없는 비전은 허상에 불과하다. 전략 없는 사명 선언문도 구호에 불과하다. 전략이 없다면 비전과 사명을 온전히 이룰 수 없는 것이다.

그러므로 목회자라면 하나님이 온 인류에게 자신의 외아들을 십자가에 내어 주시면서까지 주고 싶어 하셨던 행복을 철학으로 삼고 성삼위 하나님이 이루시고 싶은 미래의 실상을 자신의 비전으로 삼고 달려가야 한다. 그리고 예수님과 성령님의 사명을 가슴에 품고 예수님의

전략으로 나아가야 한다. 예수님의 전략을 선교학적 측면에서 목회 대상에게 효과적으로 적용할 수 있는 전략으로 만들어 적용하는 것이 목회자의 지혜이다.

지금부터는 성경을 통해 깨달은 예수님의 전략들과 다양한 목회 현장을 방문하여 얻게 된 정보, 그리고 건강한 목회 사역으로 선한 영향력을 끼쳤던 분들을 유심히 살피며 배웠던 것들을 나누어 보려 한다. 이 책에서 말하는 전략은 실제 목회 현장에 적용해 보고 풍성한 열매를 거두었던 내용들임을 밝힌다.

하나님의 비전을 이루기 위한 예수님의 전략

모든 족속으로 제자 삼는 세계 복음화의 비전을 이루기 위해 예수님은 조직을 만들거나 법을 만들거나 글을 쓰거나 건물을 짓지 않으셨다. 예수님의 대안은 사람이었다. 예수님의 전략은 사람을 세우는 것이었다. 열두 제자를 선택하시고 그들에게 집중하셨다. 자신을 닮은 재생산이 가능한 제자를 세우는 데 집중하셨다. 모든 족속을 복음화하기 위한 예수님의 전략은 마태복음 4장에 잘 나타나 있다.

"예수께서 온 갈릴리에 두루 다니사 그들의 회당에서 가르치시며 천국 복음을 전파하시며 백성 중의 모든 병과 모든 약한 것을 고치시니"(마 4:23).

예수님은 제자들로 하여금 자신을 닮아 하나님의 나라를 누리고 나누는 삶을 살도록 세워 가기 위해 세 가지 사역에 집중하셨다. 그것은 전파하시고, 가르치시고, 치유하시는 사역이다. 이것이 예수님의 전략이다. 즉 모든 족속을 제자로 세우기 위한 예수님의 전략은 복음을 전파하여 영혼을 구원하는 일이고, 구원한 영혼을 재생산이 가능한 제자로 세워 가기 위해 가르치시는 훈련 사역이며, 하나님의 나라를 누리며 나눌 자로 세우기 위해 치유하시는 사역이었다. 이처럼 전파하고 가르치고 치유하는 사역을 일컬어 예수님의 삼대 사역이라 한다.

사도행전에 나타난 사도들의 사역을 보면 예수님의 삼대 사역에 집중되어 있음을 알 수 있다. 그들은 복음을 전파하는 일에 목숨을 바치고 가르치는 사역에 집중하였다. 그리고 치유하는 사역은 복음서에 이어 사도행전에서도 계속되었다. 그 결과 교회는 든든히 서 갔고 땅 끝을 향해 힘 있게 전진해 나갔다.

나는 전파하고 가르치며 치유하는 예수님의 삼대 사역에 근거하여 섬기는 교회의 전략을 수립했다.

첫째, 예수님의 삼대 사역이 이루어지는 예배

둘째, 예수님의 삼대 사역이 이루어지는 설교

셋째, 예수님의 삼대 사역이 이루어지는 훈련

넷째, 예수님의 삼대 사역이 이루어지는 소그룹

다섯째, 예수님의 삼대 사역을 효과적으로 이루기 위한 전도

여섯째, 예수님의 삼대 사역을 효과적으로 이루기 위한 행정

목회자들 사이에서 떠도는 일반적인 이야기가 있다. 설교를 잘하면 교회가 부흥하고, 심방을 잘하면 교회가 따뜻해지고, 행정을 잘하면 교회가 평안해지고, 제자 훈련을 잘하면 교회가 저력 있어진다는 말이다. 이 이야기는 많은 목회자들의 경험에서 나온 이야기임에 틀림없다. 나는 예수님의 삼대 사역을 중심으로 전략을 수립하면서 이 말을

마음에 새겨 두었다.

먼저 예배와 설교는 영혼을 구원하는 그물 역할을 한다. 나는 성도들이 정성을 다해 어렵게 초청해 온 영혼들을 잘 낚을 수 있도록 예배와 설교가 디자인되어야 한다고 생각했다. 그래서 예배를 가장 중요하게 생각하고 예배를 디자인하며 집례한다. 반드시 예배와 설교를 통해서 거듭나는 일이 일어날 때 하나님이 기뻐하실 것이기 때문이다.

예배를 통해서 거듭난 갓난아기 같은 영혼들을 양육하는 기관이 소그룹이다. 소그룹 사역은 예배와 설교만큼이나 중요하다. 왜냐하면 소그룹 사역이 약하면 어렵게 낚은 영혼들을 잘 양육하지 못하여 다 잃어버릴 수 있기 때문이다.

효과적인 소그룹 사역을 위해 소그룹 리더를 잘 세우는 것 또한 중요한데, 건강한 소그룹 리더들을 세우는 방법이 바로 훈련 사역이다. 한 걸음 더 나아가 소그룹 리더들이 계속해서 성령 충만한 상태를 유지하고 사역에 필요한 정보를 제공하며 그들을 끊임없이 격려하기 위해 진행해야 할 것이 소그룹 사역자 훈련이다.

예수님의 삼대 사역이 예배와 설교, 소그룹 사역을 통해 잘 이루어지면 교회는 행복해진다. 교회가 천국을 누리는 공동체로 회복되면 자연히 성장하게 된다. 기업은 생산과 관리만 잘 이루어지면 성장한다. 교회도 마찬가지다. 전도와 양육과 훈련이 잘 이루어지면 교회는 반드시 성장하게 되어 있다. 개척교회든 기성 교회든 시골 교회든 도시 교회든 반드시 성장한다. 왜냐하면 예수님이 성령으로 우리와 함께 계시고, 복음 외에는 행복의 답이 없으며, 세상에서 행복을 줄 기관은 교회밖에 없기 때문이다. 어느 교회든 하나님의 비전을 이루기 위해 예수님의 전략을 성실히 수행하기만 하면 된다.

1) 예배

예배는 누구를 위해 드리는가? 예배를 받으실 분은 누구인가? 예배는 하나님을 위해 드린다. 그리고 예배를 받으실 분도 하나님이시다. 그렇다면 우리가 좋아하는 것을 드려야 할까? 아니면 하나님이 좋아하시는 것을 드려야 할까? 예배는 하나님이 좋아하시는 것을 드려야 한다. 그렇다면 하나님이 가장 기뻐하시고 좋아하시는 것이 무엇일까?

죽은 영혼이 거듭나는 예배

목자 되신 하나님의 관심은 우리 안에 있는 아흔아홉 마리보다 잃어버린 한 마리 양에게 집중되어 있다. 아흔아홉 마리 양들이 모여 수준 높은 찬양을 드리며 세련되게 디자인된 예배를 드리는 것을 하나님이 기뻐하실까? 물론 그 예배도 하나님은 기쁘게 받으실 것이다. 그러나 하나님의 마음은 잃어버린 한 영혼에게 가 있다는 사실을 기억해야 한다.

나는 교회를 개척하고 등록한 새가족이 없는 주일이면 마음이 너무 아파서 그날 점심을 금식하였다. 하나님이 가장 기뻐하신 영혼을 드리지 못한 죄를 회개하는 마음과 다음 주일에는 꼭 주님의 손에 올려 드릴 영혼이 있기를 기도하는 마음으로 금식한 것이다.

목회자는 매 주일마다 잃은 양을 찾아오도록 전도를 강조하고 잃은 양을 찾아오는 문화를 교회 안에서 형성해 나가야 한다. 동시에 불신자들이 교회에 와서 예배를 드릴 때 거부감 없이 드릴 수 있고, 그 예배를 통해서 하나님의 크신 사랑을 느낄 수 있는 예배를 드리기 위해 노력해야 한다.

탕자가 돌아오는 예배

하나님이 기뻐 받으시는 예배는 구원받은 신자가 죄 가운데 빠져 방황하다가 회개하고 돌아오는 예배다.

내 어머니는 마흔둘에 혼자가 되셨다. 육남매를 바라보며 평생을 사셨다. 자신의 생명과도 같은 육남매 중에 어머니가 가장 사랑하고 의지했던 장남이 교통사고로 죽었다. 아들을 먼저 보낸 어머니는 명절 때마다 얼굴에 기쁨이 없으셨다. 어머니는 언제나 죽은 아들을 생각하고 계셨다. 눈앞에 있는 자식들은 눈에 보이지도 않은 듯했다. 어머니께 장남의 죽음은 그토록 큰 고통이셨던 것이다.

나는 하나님의 마음도 마찬가지라고 생각한다. 잃은 양만 생각하고 계실 것이다. 탕자만 생각하고 계실 것이다. 잃어버린 탕자가 돌아올 때면 하나님은 기뻐 춤을 추실 것이다. 이처럼 하나님이 가장 기뻐하시고 좋아하시는 예배는 탕자가 돌아오는 예배다. 그러므로 탕자의 회심이 이루어지도록 예배를 디자인해 가는 것이 무엇보다 중요하다.

병든 영혼이 회복되는 예배

하나님은 죄악에 사로잡혀 마귀가 좋아하는 일만 하던 자가 회개하여 바로 일어서는 모습을 보실 때도 기뻐하신다. 병든 영혼이 예배를 통해 회복될 때 기뻐하시고 영광을 받으시는 것이다. 예배를 통해 하나님과의 관계가 회복되고, 부부 관계가 회복되고, 자신과의 관계가 회복되고, 이웃과의 관계가 회복될 때 하나님은 기뻐하신다. 왜냐하면 우리는 하나님의 자녀이고 하나님은 우리의 아버지이시기 때문이다.

예수님이 전파하시고 가르치시고 치유하신 목적도 바로 회복에 있었다. 예수님의 삼대 사역이 이루어진 곳에는 반드시 치유와 회복이 일어난다. 이런 치유와 회복이 있는 예배를 하나님은 기뻐 받으신다.

원수의 목전에서 베푼 진수성찬 예배

예배는 원수에 목전에서 차려 주신 진수성찬이다.

"주께서 내 원수의 목전에서 내게 상을 차려 주시고 기름을 내 머리에 부으셨으니 내 잔이 넘치나이다"(시 23:5).

예배란 전투에 나갈 병사들을 위해 하나님이 차려 주신 밥상이다. 세상에 나가 죄와 싸우고, 마귀와의 싸움에서 이기고, 그들에게 억류되어 있는 영혼들을 구출하기 위해서 베푸신 밥상인 것이다. 밥상이 부실하면 전투에 나가서 원기왕성하게 싸울 수 없다. 그렇기 때문에 예배는 영적 영양소가 풍부하지 않으면 안 된다. 예배는 세상을 이길 말씀의 만나와 성령의 기름 부으심이 충만해야 한다.

효과적인 예배를 위한 세부 전략

예배는 하나님을 위하여, 구원받아야 할 예비 신자를 위하여, 그리고 기존 신자를 위하여 준비된다. 죽은 영혼이 거듭나는 예배, 탕자가 돌아오는 예배, 병든 신자가 회복되는 예배, 선교 현장에 나가 승리하기 위해 진수성찬이 차려지는 예배가 되기 위해서는 몇 가지 중요한 요소들이 있다.

① 예배 중보 기도팀

목회자는 주일이 되기 전에 설교를 잘하기 위해 만반의 준비를 한다. 그러나 항상 설교 준비를 방해하는 여러 상황들이 생긴다. 신경 쓰이는 전화가 걸려 오기도 하고, 스트레스가 생기는 만남이 불시에 생기기도 한다. 게다가 아내와 다투기라도 하면 주일날 강단에 서는 것이 두렵기까지 하다. 이렇듯 한 편의 설교가 만들어지기까지 갖가지 사선을 넘나든다.

그런데 신기한 것은 예배를 드리다 보면 성령님이 우리 마음을 어루만져 주셔서 위로와 격려를 경험하고 목회자의 부족한 설교를 통해 온 성도들을 은혜 가운데로 인도한다는 것이다. 이러한 경험을 통해 설교는 목회자가 하는 것이 아니라 그 안에 있는 성령님이 하시는 것임을 다시 한번 깨닫게 된다.

여기서 중요한 역할을 하는 것이 있다. 그것은 바로 성도들의 중보 기도이다. 성도들이 목회자를 위해 중보 기도를 하는 것이 설교의 파워이자 예배의 파워가 된다. 설교는 결코 설교자가 유능해서 잘하는 것이 아니다. 그래서 나는 설교자보다 중보 기도하는 분들을 훨씬 존경한다.

나 자신을 돌아보면 부족한 것이 너무나 많고 감히 설교단에 설 수 없는 자라는 생각이 든다. 중보 기도팀이 없다면 나는 허수아비에 불과할 것이다. 하지만 엄청난 중보 기도로 인해 지금도 예수님의 보혈의 능력이 폭포수처럼 넘쳐흘러 은혜의 샘물을 이룬다.

② 시설 행정과 배치 행정

'예수님은 사람을 키우는 데 집중하셨는데 왜 교회는 건물 짓기에

열을 올리는가?'라고 비판하는 이들이 많다. 하지만 교회는 반드시 건물이 필요하다. 그 이유는 효과적인 예배와 지역과 민족을 살리고 열방을 이끌어 갈 지도자를 세우는 일에 시설이 필요하기 때문이다. 소프트웨어를 위해 하드웨어가 필요하듯이 교회도 마찬가지다.

내가 섬기는 교회가 예배당과 교육관을 복합 건물로 지을 때 아는 목사님과 전화로 이런 이야기를 나눈 적이 있었다.

"예배당 짓는다면서요?"

"네, 그렇습니다."

"예배당 지으려고 하지 말고 교회를 세우려고 하세요."

"목사님, 예배당 짓는 것이 목적이 아니라 영혼을 구원하고 제자를 세우는 것이 목적입니다."

"허허, 예배당 지으려고 하지 말고 교회를 세우려고 하시라니까요!"

전화를 끊고 나서 나는 마음이 많이 아팠다. '누가 예배당 지으려고 목숨을 걸겠는가? 사람을 구원하고 재생산이 가능한 제자를 세우려는 소프트웨어를 돌리기 위해 하드웨어를 갖추려고 하는 것인데…' 하며 안타까워했다.

며칠 후 또 한 목사님을 만났다.

"예배당을 크게 짓는다면서요?"

"네, 그렇습니다."

"유럽 안 가보셨습니까? 대형교회들이 텅텅 비어 있습니다."

"네, 그렇군요. 한국 교회는 그렇게 되면 안 되겠지요."

"내일을 바라보고 건물을 지으세요. 저는 예배당 크게 짓지 않을 겁니다."

"목사님, 저는 이 건물 100년, 200년 사용하려고 짓지 않습니다. 20년,

30년만 제대로 사용해도 됩니다. 이 건물 이용해서 많은 영혼을 구원하여 지역과 민족을 살리고 열방을 이끌어 갈 지도자만 세우면 됩니다. 건물은 어차피 소모품이니까요."

나는 내 마음을 몰라 주는 이들의 말을 들으며 씁쓸했다. 처음 교회 건물을 지을 때 연건평 1,500평 정도를 예상했다. 그런데 건축을 하다 보니 3,393평이 되어 버렸다. 우리 교회가 감당할 수 있는 일이 아니었다. 오직 주님만을 신뢰함으로 하루하루 성실하게 설계하여 시공해 갔다. 예배당은 하나님을 기쁘게 하는 예배, 영혼을 살리고 치유하고 회복하는 예배를 드리기 위해 설계했다.

다양한 공연을 위한 준비실, 찬양대원들이 서는 자리와 앉는 자리, 음향을 조절하는 자리, 영상과 조명을 조절하는 자리, 악기 위치, 찬양 인도자가 서는 위치를 전부 고민한 가운데 설계했다. 강대상과 회중이 가까워야 하고 강대상 높이는 높지 않아야 한다는 등 시설 행정에 신경을 썼다. 이 모든 것은 효과적인 예배를 위한 시설의 뒷받침이었다.

시설 행정 다음으로 중요한 것은 배치 행정이다. 강대상의 위치와 의자 배열을 어떻게 하느냐는 매우 중요하다. 배치에 따라 사람에게 안정감을 주기도 하고 불안감을 주기도 하기 때문이다. 강대상과 회중이 앉는 자리가 멀면 멀수록 커뮤니케이션이 어렵다.

한국 교회는 공간 넓이는 달라도 배열 형태는 거의 똑같다. 그러나 나는 50명이 모여 예배하는 공간의 배치 형태와 1,000명이 모여 예배하는 공간의 배치 형태가 달라야 한다고 생각한다. 예배당 청소 상태와 정돈 상태도 배치 행정에 들어간다. 청소가 잘 되고 정돈 상태가 좋으면 사람은 안정감을 느낀다. 그러나 반대로 정리 정돈이 안 되어 있다면 어떨까? 아마도 직장 일에 시달리다가 집에 돌아온 남편이 청소

되지 않은 거실에 들어섰을 때의 기분과 같을 것이다. 세상에서 시달린 하나님의 자녀들이 교회에 왔을 때 청소와 정돈 상태가 엉망이라면 과연 마음의 안정을 얻을 수 있겠는가?

강단이 지저분하고 강대상 뒷벽은 요란한 플래카드가 걸려 있고, 마이크대와 보면대가 회중의 시야를 가리고 있다면 효과적인 예배를 드릴 수 있겠는가? 설교자와 회중 사이에는 마이크대, 보면대, 꽃꽂이 등이 있어서는 안 된다. 왜냐하면 그것이 커뮤니케이션을 막는 벽이 되기 때문이다.

또한 회중이 앉는 의자의 앞뒤 간격도 일정하게 맞춰져 있어야 하고, 의자의 줄도 반듯하게 맞춰져야 한다. 심지어 벽에 걸린 액자 하나도 좌우의 수평이 잘 맞아야 한다. 액자 하나라도 삐뚤어져 있어서는 안 된다. 왜냐하면 삐뚤어진 액자 하나 때문에 예배당 전체가 삐뚤어져 있는 느낌이 들기 때문이다. 이처럼 효과적인 예배를 드리기 위해서는 반드시 시설 행정과 잘 정돈된 배치 행정이 필요하다.

③ 다양한 계층을 수용할 수 있는 퓨전 예배

클래식 악기를 사용하여 예배 순서에 따라 전통적인 예배를 고집하는 교회는 젊은이들이 적은 편이나 대중음악 악기를 사용하여 단순한 순서에 따라 찬양과 기도를 하는 교회는 젊은이들이 많은 편이다. 이런 추세에 맞춰 포스트모던 시대에는 열린 예배를 드려야 한다고 강조하면서 대중음악, 전자악기 위주로만 설치하는 교회들이 늘고 있다. 이것은 매우 위험스러운 발상이다.

사람은 대중음악용 전자악기 소리만 들어서는 안 된다. 입으로 들어가는 음식도 편식하면 안 되듯이 귀로 듣는 악기 소리도 균형 있게 들어야 한다. 소리가 사람의 건강에 얼마나 큰 영향을 미치는지에 대해 혹자는 이렇게 말한다. 전자악기 소리를 2시간 정도 들으면 최소한 2시간 이상은 산책하며 머리를 식혀 주어야 한다. 왜 그럴까? 머리를 식혀 주어야 한다는 것은 귀로 듣는 전자악기 소리가 사람에게 끼치는 부정적인 영향이 크다는 것이다. 사람은 전자음악 악기소리만 들으면 안 된다는 의미다. 그러므로 전자음악 악기와 클래식 악기의 균형 있는 사용이 중요하다. 왜냐하면 모두가 놀라운 장점을 지니고 있기 때문이다.

클래식 악기는 사람을 정숙하게 만들어 준다. 반면에 대중음악 악기는 사람을 역동적이게 한다. 그러므로 통성 기도 배경 음악을 연주할 때 클래식 악기로 연주하면 기도가 살아나지 않는다. 오히려 대중음악 악기로 연주하면 기도가 살아난다. 그리고 클래식 악기는 깊은 맛이 있는 반면 대중음악 악기는 가볍기는 하지만 회중의 마음에 빨리 파고드는 장점이 있다.

이처럼 클래식 악기로 연주해야 하는 전통 음악은 깊은 맛을 더해 주고 예배를 더욱 품위 있게 만들어 주는 장점이 있다. 그리고 대중음악 악기는 회중의 마음을 빠른 시간에 하나님과 하나가 되게 해 주는 장점이 있다.

그러므로 교회는 전통과 현대를 아우르는 퓨전 형태를 취해야 한다고 생각한다. 전통을 중시하는 회중과 현대적이기를 원하는 회중을 모두 만족시킬 수 있는 예배를 드리기 위해서다. 젊은이들이라고 해서 모두 현대적인 스타일의 예배를 선호하는 것은 아니다. 물론 대부분은 템포가 빠르고 역동적인 예배를 좋아하기는 하지만 그중에 천주교 스타일의 정숙한 예배를 선호하는 경우도 있다. 그러므로 앞으로 교회의 예배는 전통의 장점과 현대의 장점을 충분히 살려 내는 퓨전 예배로 드릴 필요가 있다.

내가 섬기는 교회는 전통과 현대가 어우러지는 퓨전 예배로 드린다. 예배가 무게가 있으면서도 역동적이다. 악기는 클래식 악기와 대중음악 악기를 함께 사용한다. 곡에 따라 국악 악기도 사용한다.

전통을 중시하는 분들도, 현대적이기를 좋아하는 분들도 모두가 만족하는 예배를 드리고 있다. 예배가 한 편의 오페라나 뮤지컬 같다고 감탄한다. 어떤 분은 예배 시작부터 끝까지 감동과 은혜의 물결 속에서 헤어 나오지 못했다며 눈물을 훔치기도 했다. 이런 예배를 드릴 수 있는 데는 악기도 중요하지만 예배 때 부르는 찬양곡 선정이 중요한 몫을 차지한다.

④ 효과적인 찬양곡 선정

주일 낮 예배 시간에 부르는 찬양은 크게 하나님께 경배와 영광을 돌려드리는 영광송, 예수님의 보혈이 예배를 드리는 회중에게 충만히 임하도록 하는 보혈송이나 성령의 기름 부음을 위한 찬송이나 기도송, 설교 후 결단하는 데 도움이 되는 결단송, 폐회 전에 선교지로 나가는 회중들의 사명을 다시 한번 고취시키기 위한 파송송으로 나눌 수 있다.

*영광송

찬송가에 나온 경배송들은 현대인들의 마음을 사로잡아 하나님께 드리기에는 단점이 있다. 중학교 음악 교사로 수십 년 동안 학생들을 가르치고 있는 분의 이야기를 들은 적이 있다. 학생들에게 '레이디 가가'를 아느냐고 물었을 때는 호응이 좋았는데, 교과서에 있는 가곡을 부르자고 했더니 씁쓸한 표정을 짓더라는 것이다.

세대마다 음악에 대한 취향이 다르다. 찬송가 안에 실린 곡들은 대부분 수십 년에서 수백 년 전에 애창되었던 곡들이다. 그 곡들이 만들어질 당시부터 시작해서 수많은 세월 동안 많은 분들에게 사랑을 받았다. 물론 깊은 맛이 있는 대곡들이다. 하지만 음악에 대한 취향이 달라진 세대들에게 작곡 당시에 느꼈던 맛을 고스란히 느끼게 하기에는 한계가 있다.

하루는 아들과 함께 차를 타고 여러 시간을 달린 적이 있었다. 아들이 "아빠, 내가 정말 은혜로운 카세트테이프를 가지고 왔는데 한번 들어보실래요?"라고 하는 것이다. 그래서 아들이 건넨 테이프를 받아 카세트에 꽂았다. 한참을 듣고 있는데 노래 같지도 않게 들렸다. 복음성가인지 유행가인지 구분하기조차 어려웠다. 한참을 듣다 보니 속이 울렁거리는 것 같았다. 은혜가 되기보다 어지러웠다. 이번엔 내가 좋아하는 복음성가를 틀었다. 나는 참으로 은혜로웠다. 그런데 아들은 어느새 곯아떨어진 것이 아닌가. 그때 내가 깨달은 것이 있다. 내게 은혜로운 가락이 아들에게는 전혀 은혜롭지 않을 수 있다는 사실을 말이다.

시대마다 노래의 빠르기는 운송 수단의 속도와 비례했다. 일제 36년과 6·25 전쟁을 거친 세대를 통상 1세대라고 하는데, 이들의 운송 수단은 소달구지였다. 그래서 그 시대에 만들어진 대부분의 노래들은 소달구지를 타고 부르면 딱 맞는다. 1세대가 낳은 2세대는 완행열차 세대이다. 이들의 노래는 완행열차 타고 부르면 딱 맞다. 2세대가 낳은 3세대는 KTX 세대이다. 그래서 3세대가 부르는 노래를 가만히 들어 보면 엄청나게 빠르고 가사도 잘 들리지 않는다.

그래서 나는 청소년 집회를 인도할 때에는 그들의 취향에 맞춰 노래를 개사해 간다. 아이들 앞에서 랩으로 편곡한 노래를 불러 주면 배꼽이 빠져라 웃는다. 그런 다음 눈이 초롱초롱해져서 설교 말씀에 집중을 한다.

우리 교회에서 사용하는 영광송은 미국 LA에 있는 호프국제대학교(Hope International University) 예배 음악과 조성원 교수님이 편곡한 것을 사용한다. 우리 교회와 같은 영광송을 사용하는 교회는 남가주사랑의교회, 사랑의교회, 분당우리교회 등이 있다. 이 영광송은 전통과 현대를 잘 어우르는 퓨전 음악이며 찬양대와 회중이 어우러져 드릴 수 있도록 구성되어 있다. 오케스트라 악보까지 나와 있다. 회중의 눈높이에 잘 맞추어진 곡이다. 회중의 마음을 모아 하나님께 드리는 데 안성맞춤이다. 그만큼 곡이 장엄하면서도 산뜻하고 회중이 익히기에도 쉽다.

한 걸음 더 나아가 우리 교회 영광송은 회중의 마음을 사로잡아 온전히 하나님께 올릴 수 있는 가락과 가사가 들어 있다. 이것은 하나님과 회중의 마음을 하나로 묶어 준다.

내가 섬기는 교회와 남가주사랑의교회는 영광송을 선정하면 1년 정도 부른다. 매주 바꾸지 않기 때문이다. 1년을 불러도 질리지 않기 때문이다. 부를 때마다 감동이 있고 즐겁다. 사랑의교회는 '창조의 아버지'이라는 영광송을 마르고 닳도록 부르고 있다. 분당우리교회는 '지존하신 하나님'이라는 영광송을 10년쯤 부르고 있다. 아무리 불러도 질리지 않는다. 10년 동안 매주 불러도 부를 때마다 감동이 있다. 여기서 사용하는 영광송은 모두 조성원 교수님이 편곡한 곡들이다. 열방의 모든 교회가 예배의 시작과 함께 이 영광송을 불렀으면 좋겠다.

*보혈송(성령의 기름 부음송, 기도송)

예수님의 임재와 성령의 임재가 강한 예배가 드려지기를 원하는 마음으로 우리는 보혈송이나 성령의 기름 부음송을 부른다. 영광송 후에 부르는 보혈송은 사회자가 선택하여 담임목사의 허락을 받는다. 사회자가 과거에 크게 은혜를 체험했던 곡들 중에서 선정하도록 한다. 성령을 체험하고 하루 종일 부르며 기도했던 곡들을 부르게 되면 그때 받았던 은혜가 느껴지기도 하고 그 은혜의 파장이 회중에게 파도처럼 밀려올 수 있기 때문이다.

태릉을 지나 남양주로 들어서면 불암산이 나온다. 그 산 기슭에 천보산 민족 기도원이 있는데, 구국재단이다. 1년 365일 하루 세 번씩 예배를 드리며 나라를 위해 기도한다. 나는 이 기도원에 매년 두 번씩 집회를 인도하러 가는데, 벌써 15년이 넘었다. 화요일 오후 1시 집회는 팔순이 훨씬 넘은 우정제 권사(이사장)님이 찬송을 인도한다. 부르는 찬송은 15년 전이나 지금이나 한결같다. 항상 부르는 찬송이 "내 주의 보혈은", "할 수 있다 하신 이는", "나의 등 뒤에서"이다.

특히 이 중에서 "내 주의 보혈"은 우 권사님이 큰 은혜를 체험할 때 불렀던 찬송이라고 한다. 그런데 우 권사님이 이 찬송을 인도하면 온 회중들이 회개와 기도에 더 열을 올린다. 곳곳에서 통곡하는 이들이 많아지고 눈물 콧물 흘리며 기도를 드리는 것을 볼 수 있다. 이것이 은혜를 체험한 찬송의 힘이 아닐까?

사회자는 본인이 은혜를 체험한 찬송이 많아야 한다. 아무리 불러도 질리지 않고 부를수록 더 부르고 싶고 부를수록 힘이 솟아나는 찬송을 회중이 함께 부를 찬송으로 선택해야 하는 것이다.

영광송을 부른 후에 보혈송을 선택하는 이유는 보혈송을 많이 부를

수록 어두운 영의 세력이 물러가고 성령의 임재를 경험하게 되기 때문이다. 주일 낮 예배 같은 경우는 여러 곡을 부르지 않고 한 곡을 반복해서 부른다. 찬송을 많이 부르는 것도 중요하지만 어떤 찬송을 부르느냐가 더 중요하다.

성령의 기름 부음을 위한 기도회를 인도할 경우 예수님의 보혈송과 회개송을 부른 다음에 회개 기도를 드린다. 이후에 성령의 기름 부음송을 반복하여 부르고 나서 기도를 드리면 성령의 기름 부음이 파도처럼 밀려오는 것을 경험하게 될 것이다. 찬송하고 기도하는 만큼 성령의 기름 부음을 경험할 수 있다.

*결단송

설교 후에 부르는 찬송이나 복음성가가 결단송이다. 대부분의 설교자들은 기도로 설교를 마친다. 그런데 이런 형식으로 설교를 끝내면 설교 효과를 풍성히 거두기가 어렵다. 설교 효과를 제대로 거두려면 설교가 끝난 후에 반드시 설교 주제와 맞는 찬송이나 복음성가를 결단하는 마음으로 불러야 한다.

결단송을 부르는 시간에 성령님이 임재하여 회중의 각 심령들을 만지기 시작하신다. 결단송을 부르는 시간에 설교 말씀이 회중의 심령에 깊이 스며든다. 결단송을 부르면서 기도를 드리고 싶은 마음이 불처럼 일어난다. 결단송을 마친 후 회중은 머리 숙여 기도한다. 이때 설교 내용을 다시 한 번 더 요약해 주고 결단의 기도를 할 기회를 준다. 결단송과 결단 기도를 드리는 동안 머리로 임한 말씀이 가슴으로 내려온다. 회심이 이루어지고 성령님의 손길을 회중이 느끼게 되는 것이다. 결단의 기도가 끝난 후에 성도들의 얼굴 표정은 많이 밝아져 있을 것이다.

설교하는 시간이 말씀의 씨를 뿌리는 시간이라면 결단송을 부르고 결단 기도를 드리는 시간은 물을 주는 시간이다. 씨 뿌리고 물만 잘 주면 옥토가 된다. 그러면 자연스럽게 풍성한 열매를 거두게 될 것이다.

결단송은 설교자가 선택한다. 설교자가 큰 은혜를 경험했던 곡 중에서 설교 주제에 맞는 곡을 찾으면 된다. 결단송에 따라 설교 효과가 증폭될 수도 있고 감소될 수도 있기 때문에 대충 정해서는 안 된다. 적시타를 칠 수 있는 결단송을 선택하면 부실했던 설교도 놀랍게 살아난다. 결단송과 결단의 기도 시간은 보통 10분에서 20분 정도이다. 이 시간에 결단송을 부르고 설교 주제에 맞는 기도 제목을 주면서 함께 기도할 때 치유와 회복이 일어난다. 나는 개척부터 지금까지 결단송과 결단 기도를 통해 치유와 회복과 큰 부흥을 경험했다.

교회마다 설교 후에 결단송을 하고 결단 기도를 드리는 시간을 많이 가진다면 심령의 독기가 다 사라질 것이다. 쓴 뿌리들은 제거되고, 부정적인 정서들은 사라지며 교회가 행복한 공동체로 변하게 될 것이다.

⑤ 대표기도문 준비

대표기도를 잘하지 못하면 예배의 흐름이 끊길 수 있다. 길이 조정도 필요하고 문장의 어법이 잘 맞아야 하며, 너무 개인적인 기도로 흐르지 않도록 유의해야 한다.

대표기도는 개인기도와 다르다. 대표기도는 회중의 마음을 하나로 묶어서 하나님께 드리는 것이다. 그렇기 때문에 대표기도문은 문장이 길면 안 된다. 기도 제목도 은혜의 공공성에 맞게 잘 구성될 필요가 있다. 효과적인 대표기도를 위해 우선 기도 순서를 맡은 자가 기도하는 가운데 기도문을 작성하고, 이것을 담임목사가 기도하는 가운데 기도문을 다듬는다. 가령 장문을 단문으로 수정해 주거나 불필요하다고 생각되는 기도 제목은 삭제하고 그 주일에 꼭 드려야 할 기도 제목이 빠져 있으면 삽입해 준다. 이렇게 준비된 기도문에 담임목사가 사인을 한다. 검사의 의미가 아니라 기도자와 담임목사가 함께 만든 기도문이라는 의미에서 하는 것이다.

담임목사와 기도자가 함께 기도문을 만들어야 할 이유가 있다. 한국 교회는 우리에게 복음을 전해 준 선교사들이 가르쳐 준대로 한국 교회는 예배를 드리게 되었다. 그런데 한 가지 다른 점이 있는데 그것이 대표기도이다. 미국 교회는 교우들의 형편을 잘 아는 담임목사가 대표기도(미국에서는 목회기도라고 한다)를 한다. 그런데 한국에 온 선교사들은 한국어에 능숙하지 않으니 대표기도를 평신도에게 맡기는 것이다. 이것이 오늘날까지 한국 교회의 문화로 이어지고 있다. 그러므로 대표기도는 교우들의 형편을 아는 담임목사와 기도자가 함께 만드는 것이 바람직하다.

기도 순서를 맡은 자가 기도문에 따라 기도하니 떨림이 없다. 담임목사가 사인한 기도문이니 든든하다. 기도문에 따라 회중의 마음을 하나로 담아 올려 드린다. 대표 기도자와 회중이 한 마음이 되어 올리는 기도는 마치 합창과도 같고 예술적이며 감격스럽다. 대표기도는 예전 기도이기 때문에 정성스럽게 준비된 기도문에 따라 드려져야 한다.

⑥ 사회자와 설교자의 태도와 표정

사회자나 설교자는 단정한 태도와 자세를 갖추어야 한다. 주일 낮 예배 사회자는 교구를 담당한 목사님들이 한 달씩 번갈아 가며 한다.

사회자가 교체될 때마다 사회자와 예배 전 찬양 인도자 그리고 찬양대 지휘자와 반주자들이 리허설을 한다.

예배가 시작된 후에 사회는 거의 무언 사회로 예배 순서에 따라 물 흐르듯이 진행된다. 회중 찬송(보혈송)을 부를 때는 생기 있게 회중 찬양을 역동적으로 인도해야 한다. 회중 찬송을 인도하는 데 문제가 있으면 뮤직디렉터로 하여금 개인 지도를 받게 한다.

개선되지 않으면 사회자로 세우지 않는다. 왜냐하면 사회자의 태도와 자세와 표정, 그리고 영적 파워와 테크닉에 따라 예배가 좌우되기 때문이다.

가운을 입고 사회를 보거나 설교하는 경우에는 더욱 단정하게 입어야 한다. 가운이 흐트러져 있으면 성의 없이 예배를 드리는 것처럼 보이기 때문이다. 넥타이 색깔도 너무 튀지 않으면서도 산뜻한 무늬를 착용하는 것이 좋고, 바르게 매야 한다. 양복을 입고 사회를 보거나 설교하는 경우에는 반드시 양복 앞 단추 하나를 잠가야 한다. 양복 앞 단추를 잠그지 않으면 사람이 틀어져 보인다.

다음으로 중요한 것은 표정이다. 표정이 굳어 있거나 어두워서는 안 되고 밝아야 한다. 하나님의 나라가 사회자나 설교자의 표정을 통해 분출되어야 하는 것이다. 이렇듯 사회자나 설교자의 표정은 설교 내용만큼 중요하다. 왜냐하면 표정은 복음을 드러내는 전광판이기 때문이다. 사회자나 설교자가 강단에 서 있을 때 마치 예수님 앞에 서 있는 듯한 느낌을 회중이 받을 수 있다면 최고의 사회자요 설교자일 것이다.

예배는 사회자와 설교자의 표정이 결정한다고 해도 과언이 아니다. 설교자의 내면에 춤추고 있는 행복이 흘러나와야 한다. 기쁜 소식을 전하는 설교자의 입에서 기쁨이 흐르지 않는다면 위선에 가깝다. 복음을 전하는 자의 표정에서 복음을 볼 수 없다면 거짓이 아니겠는가? 사회자와 설교자의 표정은 예배의 생명과 같다. 모든 순서가 부실해도 사회자와 설교자의 표정이 천국이라면 예배는 승리할 수 있다. 그러나 모든 순서가 정교하게 잘 준비되어 있어도 사회자와 설교자의 표정이 굳어 있거나 어둡다면 예배가 엉망이 되기 쉽다.

2) 설교

교회사가 레오날드 스위트는 설교자를 '스토리 닥터'라고 말한다. 설교자의 역할에 대해 잘 지적한 말이다.

세계보건기구(WHO)에서 정한 건강의 정의를 보면, 신체적, 정신적, 사회적(관계, 환경)으로 병이나 허약이 없는 안녕(Wellbeing)의 상태라고 되어 있다. 그런데 실제적으로 그런 건강의 상태에 있는 사람들이 전혀 행복하지 못함을 발견했다. 결국 건강의 정의가 불충분하다는 것을 깨닫고 1997년에 학자들이 모여 또다시 연구한 끝에 두 가지를 보충했다. 추가한 부분이 영적인 것과 역동적인 상태였다. 이에 따라 결정된 건강의 정의는 이렇게 된다.

'건강이란 영적, 신체적, 정신적, 사회적(관계, 환경)으로 병이나 허약이 없는 안녕의 역동적(분명한 목적과 열정) 상태이다.'

예수님은 예배와 설교를 통해 가르치시고 전파하시고 치유하시는 사역을 하신다. 설교자라면 예수님의 삼대 사역이 바로 설교를 통해 이루어지고 있다는 것을 경험했을 것이다. 설교를 통해 예수님은 성령 안에서 영적으로, 신체적으로, 정신적으로, 관계적으로 치유하고 계신다. 이를 경험하면 관계와 환경이 회복된다. 즉 설교를 통해 예수님은 수많은 영혼들의 다양한 부분들을 치유하고 계신 것이다. 그러므로 설교가 약하면 교회는 전반적으로 허약해지거나 병들 수밖에 없다.

이런 의미에서 목사는 설교의 달인이 되어야 한다. 설교가 살아야 역동성 있는 목회를 할 수 있다. 설교가 살아야 전도 운동을 펼칠 수 있다. 설교가 살아야 제자 훈련도 할 수 있다. 목회자의 리더십은 설교의 파워에서 나온다. 그러면 어떻게 설교를 잘할 수 있을까?

설교 철학

설교 철학은 성령 설교다. 성령 설교란 주어진 본문을 통해 저자의 의도를 바로 해석하여 오늘을 사는 청중에게 적절하게 적용시켜 주고, 성령의 기름 부음 속에서 이루어지는 강해 설교를 말한다. 이와 같은 성령 설교를 주장한 학자는 총신대학교 권성수 교수님이다. 그러나 성령 설교의 원조는 바울이라 할 수 있다.

"이는 우리 복음이 너희에게 말로만 이른 것이 아니라 또한 능력과 성령과 큰 확신으로 된 것임이라 우리가 너희 가운데서 너희를 위하여 어떤 사람이 된 것은 너희가 아는 바와 같으니라"(살전 1:5).

이처럼 성령 설교란 성경을 풀어 성령으로 변화시키는 BEST(Bible Exposition Spirit Transformation) 설교다. 다시 말해 성령 설교란 성령의 능력과 큰 확신으로 복음을 전하여 청중으로 하여금 예수님을 닮게 하는 설교인 것이다. 나는 이러한 성령 설교를 나의 설교 철학으로 삼고 지금까지 설교하고 있다.

성령 설교의 철학 위에서 어떻게 복음을 전달할 것인가에 대한 방법론은 다양하다. 성령 설교 철학의 바탕 위에서 본문의 의도를 파악하고 핵심 명제를 정한 뒤 그것을 다양하게 강조하는 방법을 택한다. 그 방법으로는 연역법, 귀납법, 단어의 집중적인 해석 등이 있다. 이와 같이 성령 설교의 철학 위에서 다양한 방법으로 설교하는 설교자는 매주 신선한 설교를 할 수 있다.

전달하는 방법을 선택하는 기준은 본문에 따라 정하는 것을 원칙으로 한다. 본문을 전달하는 데 있어서 어떤 방법으로 전달하는 것이 가장 효과적이겠는가를 생각해서 결정하면 된다.

내가 주로 사용하는 방법은 이야기 설교(storytelling sermon)이다. 그리고 가끔 적용이 가미된 이야기식 설교(narrative preaching)를 한다. 왜냐하면 포스트모던 시대에 가장 좋은 방법이기 때문이다.

권위를 인정하지 않는 포스트모던 시대의 청중은 설교자가 강단 위에서 아래를 향해 수직적으로 선포하는 설교를 잘 받아들이지 못한다. 설교자가 회중과 함께 말씀 앞에 서서 듣는다는 마음가짐으로 설득하지 않으면 안 되는 것이다. 이런 측면에서 이야기 설교와 이야기식 설교는 가장 이상적인 방법이다.

이야기 설교

우리가 살고 있는 포스트모더니즘 시대에 하나님의 말씀을 전하는 설교 사역은 심각한 도전에 직면해 있다. 그리고 그러한 도전은 무엇보다도 이 시대의 변화와 이 시대를 살아가는 청중의 변화를 일으켰으며 그로 인해 강단의 위기를 가져왔다. 따라서 설교자는 이러한 변화에 민감하게 대처하여 설교의 본질은 바꾸지 않되 방법론의 변화는 도모해서 효과적인 설교 사역을 왕성하게 일으켜야 한다.

이러한 변화의 시대에 전통적인 삼대지 설교만으로는 강단과 기독교를 이끌어 갈 수 없기에, 1971년 프레드 크래독(Fred B. Craddock)의 『권위 없는 자처럼』을 필두로 일단의 새로운 설교학 운동이 일어나게 되었다.

이전의 설교학이 수사학의 '문체' 부분에 초점을 맞춰 왔다면, 새 설교학은 수사학의 '배열' 부분에 초점을 맞춰 설교의 구조를 논의의 중심에 두고 연구하기 시작했다. 그러면서 새 설교학은 '이야기 설교',

'이야기식 설교', '현상학적 설교' 등 다양한 형태의 설교 방법론을 내놓기 시작했다.

'이야기 설교'를 주로 사용하는 이유는 다음과 같다.

① 이야기의 강력한 힘

이야기는 사람들에게 큰 영향을 준다. 이야기는 일반적으로 생각하는 것보다 훨씬 큰 힘을 가지고 있다. 이야기가 어린아이들에게만 호소력이 있는 것이 아니다. 이야기는 언어로 만들어질 수 있는 가장 섬세한 형태이며, 성인들에게도 막강한 영향력을 발휘할 수 있다. 성인들도 이야기에 쉽게 빠져들고 이야기를 통해 교훈을 얻고 감동을 받는다.

첫째, 청중으로 하여금 기대감을 고취시킨다

이야기는 독자나 청중으로 하여금 어떤 기대감을 고취시킨다. 이야기는 사람들로 하여금 단순하게 이야기가 전달해 주는 것 이상의 무언가에 대한 기대감을 갖게 만든다. 명제적인 진술이 지속될 때에는 사람들은 쉽게 집중력을 잃어버릴 수 있다. 그러나 그러한 명제적인 진술 중간에 효과적인 예화나 간증과 같은 이야기가 들어가면 청중은 관심을 갖고 집중하게 된다. 한 편의 이야기가 어떻게 전개되든지 상관없이 이야기가 시작될 때 사람들은 귀를 기울이며, 무엇이 일어날 것인지 기대하게 되는 것이다.

둘째, 이야기는 오랫동안 기억된다

이야기는 사람들의 기억 속에 쉽게 남고 오랫동안 기억된다. 사람들은 어린 시절에 읽거나 들었던 이야기를 생생하게 기억하고 있다. 수

십 년이 흘러도 그 이야기의 등장인물이 누구이며, 어떻게 줄거리가 전개되는지 기억한다. 이것이 바로 이야기가 가지는 놀라운 힘이다.

우리의 두뇌는 이야기의 흥미로운 등장인물과 그 인물들을 중심으로 펼쳐지는 이야기의 흐름을 통해서 이야기 자체를 그림처럼 기억한다. 단편적인 이야기들의 집합체가 아니라 이야기를 이루는 내용들이 모두 일정한 흐름을 좇아 마치 하나처럼 구성되어 있어서 그 흐름을 좇아 쉽게 기억하는 것이다. 이 두뇌의 작용으로 모든 청중은 언어를 통해 듣지만 그림으로 듣는 것을 저장한다. 이야기는 사람들의 인식 속에 하나의 그림으로 남아 명제적 진술의 나열보다 훨씬 더 오래 기억될 수 있다.

셋째, 청중의 지성과 감성을 자극하고 행동을 이끄는 힘이 있다

이야기는 그것을 듣는 청중의 지성과 감성을 자극하고 그들의 행동을 이끄는 힘을 가지고 있다. 이야기는 다른 어떤 종류의 글보다도 청중을 움직이게 하는 데 강력한 힘을 발휘한다. 이야기는 적어도 암묵적으로라도 인식과 의식을 발전시켜 주고, 우리가 그럴 마음만 있다면 더 크고 건강하고 궁극적으로 의미 있는 실재에 참여시켜 준다.

넷째, 이야기 속 인물과 동일시하며 삶을 반추하게 하는 힘이 있다

이야기는 말하는 사람과 듣는 사람을 하나로 만들어 주는 힘이 있다. 청중은 이야기를 통해서 설교자의 생각과 의도에 자신의 삶을 동일시할 뿐만 아니라, 이야기에 나오는 등장인물과 자신을 동일시한다. 이는 잘 구성된 이야기가 드라마나 영화로 상영되면 그곳에 등장하는 인물에 빠져서 자신과 동일시하는 것과 같은 경우라 할 수 있다.

조지 스트럽(George W. Stroup)은 "우리를 다른 사람들과 동일시하기 위해서, 또 우리가 어떤 사람이고, 왜 우리가 그런 사람으로 존재하는가를 설명하기 위해서는 개인의 역사를 해석하거나 열거하는 이야기로 말해야 한다"고 말한다. 설교를 통해 직설 어법으로 어떤 사실을 교훈하거나 전달하지 않아도 이야기의 동일시하는 현상을 통해 청중은 각자 자신의 삶을 반추하고 스스로 감정과 의지를 반영하게 된다. 이러한 동일시가 이야기가 가지는 또 하나의 놀라운 힘이다.

다섯째, 상처를 치유하는 능력을 가지고 있다

이야기 설교는 청중의 상처를 민감하게 건드리지 않고도 자연스럽게 그들을 치유하는 데 큰 도움을 준다. 청중은 이야기를 통해서 자신을 돌아보게 된다. 그리고 이야기 설교를 통해 들리는 하나님의 회복과 치유의 은혜와 그리스도의 복음을 통해서 자신들의 깊은 내면과 삶과 신앙의 문제를 해결받는 능력과 치유받는 능력을 경험하게 된다. 물론 설교를 통해서 청중을 변화시키시는 분은 성령 하나님이시지만, 이야기 설교는 전통적인 설교보다 간접적이면서 매우 효과적으로 청중을 치유하는 힘을 가지고 있다.

② 이야기를 좋아하는 회중의 속성

이야기 설교가 필요한 두 번째 이유는 바로 사람들이 이야기를 좋아하기 때문이다. 이야기는 남녀노소 가릴 것 없이 누구나 좋아한다. 어린아이들은 당연히 딱딱한 명제를 통한 진술보다 이야기를 훨씬 좋아한다. 이것은 성인들도 마찬가지다. 성인들도 흥미롭게 잘 구성된 이야기를 접할수록 더 많은 관심과 반응을 보인다.

사람들이 이야기를 좋아하는 이유는 무엇보다도 삶이 기승전결을 가진 내러티브이기 때문이다. 스토리텔링을 하는 설교자들은 삶의 내러티브적 성격에 주목한다. 모든 사람들은 내러티브적으로 살아가고 있으며, 자신만의 이야기를 가지고 있다. 개인의 삶과 모든 인간 존재는 그 자체가 이야기로 가득 찬 보물단지와 같다. 따라서 내러티브적으로 살아가는 사람들은 당연히 이야기를 좋아할 수밖에 없다. 이야기 자체가 곧 삶이기 때문이다.

청중은 일부러 집중하지 않아도 자연스럽게 관심이 가는 이야기에 몰입하게 된다. 이야기는 호소력이 있고 흥미가 있다. 따라서 이러한 이야기 구조를 사용하는 이야기 설교는 매우 흥미롭고 극적인 설교 형식이 될 수 있다.

③ 머리보다 가슴으로 받아들이는 포스트모던 시대

포스트모던 시대의 청중은 주로 머리보다 가슴으로 이해하고 받아들인다. 이성보다 감성이 중요한 시대이며, 논리적인 진술보다 감동을 울리는 화술이 더 효과적인 시대이다. 이런 시대에 이야기는 시대가 요청하는 중요한 발화 방식이라고 볼 수 있다. 왜냐하면 이야기는 가슴에 대고 말하기 때문이다.

④ 스토리텔링은 하나님의 설교 방법이다

실제로 성경은 많은 이야기들로 구성되어 있다. 제프리 아더스(Jeffrey D. Arthurs)는 성경의 60%가 내러티브로 구성되어 있다고 말했다. 성경은 창조부터 시작해서 종말에 이르기까지 거대한 이야기들로 이루어져 있고 그 이야기를 통해 의미가 부여되어 있다. 창세기 1장은 하나님이 이 세상을 창조하신 이야기가 기록되어 있다. 요한계시록은 이 세상의 마지막에 관련된 이야기들로 이루어져 있다. 성경은 명제적인 교훈들로 진리와 지혜를 제공하는 것이 아니라, 아담, 아벨, 에녹, 노아, 아브라함, 사라, 이삭, 야곱, 요셉, 모세, 다윗과 같은 위대한 사람들에 대한 이야기로 제시하고 있다. 성경이 이처럼 이야기들로 가득 차 있고, 하나님이 이야기라는 수단으로 자신의 뜻을 계시하신 이유는 이야기는 사람들로 하여금 생각하고, 느끼게 하고, 보게 하며, 결단하게 하는 하나의 장을 만들어 주기 때문이다.

이야기식 설교

사람들은 누구나 이야기를 좋아한다. 그리고 이처럼 이야기를 좋아하는 사회와 대화할 수 있는 좋은 방법은 바로 이야기이다. 이야기 설교는 이야기가 담겨 있는 설교를 말한다고 했다. 이제는 이야기식 설교에 대해 말해 보려 한다. 이야기식 설교란 이야기 구조를 가진 형태로 구성된 설교를 말한다.

① 플롯의 효과

이야기식 설교가 이 시대에 필요한 가장 중요한 이유는 바로 이야기의 구조(plot)가 가지고 있는 효과 때문이다. 이야기식 설교가 이야기 설교와 구별되는 이유는 바로 플롯이 있기 때문이다.

첫째, 플롯은 긴장을 유발시킨다

기승전결의 구조를 가진 플롯은 청중에게 긴장감을 유발한다. 플롯의 수사학적 기능은 긴장을 유발하는 것으로서, 아마도 이것이 가장 분명한 플롯의 기능일 것이다. 그리고 설교에서 이러한 긴장은 청중으로 하여금 설교에 집중하게 하고 플롯의 마지막 단계에 나타나는 결론을 기대하게 한다.

전통적인 설교의 주된 전개법인 연역적 설교는 시작하기도 전에 청중에게 미리 목적을 말해 버리기 때문에 설교가 전개되는 과정이 지루해질 수 있다. 그러나 이야기식 설교의 플롯은 마지막에 이르러서야 목적을 깨닫게 되기에 청중은 끝까지 긴장감을 가지고 설교자의 이야기에 귀를 기울이게 된다. 설교가 이야기 줄거리의 윤곽을 따라간다는 것은 설교의 중심 사상을 후반부에 위치시킨다는 뜻이지만, 이야기의 위기나 난국 때문에 파생되는 긴장감을 따라서 설교가 진행된다는 뜻이기도 하다.

이야기식 설교의 플롯이 효과적인 이유가 바로 여기에 있다. 플롯은 처음에 일반적으로 청중이 느낄 수 있는 안정과 평형을 깨뜨려서 긴장을 유발한다(기〈起〉, 갈등 유발). 그리고 그 긴장은 점차 고조되어 깊은 갈등(승〈承〉, 갈등 승화)으로 나타난다. 그리고 마지막 단계에 가까울수록 그 긴장은 더욱 커지지만 결국은 반전(전〈轉〉, 복음으로 갈등 전환)된 후 결론(결〈結〉, 갈등 해결)을 맺는다.

둘째, 플롯은 청중의 주의력을 집중시킨다

이야기식 설교의 플롯은 청중의 주의력을 집중시키고 그것을 오랜 시간 유지하게 만든다. 플롯은 이야기가 흥미로운 전개를 취하도록 만든다. 청중은 기본적으로 갈등이 깊어지고 결론이 늦게 날수록 더 흥미를 가지기 때문에 설교의 전개에 집중하게 된다. 갈등이 심화되면서 결과를 예측하고 기대하게 함으로써 흥미를 유발시키는 것이다. 일반적으로 사람들은 흥미가 없는 것에는 오랜 관심을 두지 않지만, 흥미가 생긴 대상에게는 높은 집중력을 보인다. 이런 면에서 이야기식 설교의 플롯은 주의력을 오랫동안 유지시킨다.

셋째, 플롯은 청중의 기대감을 상승, 충족시킨다

이야기식 설교의 플롯이 가지는 또 다른 효과는 바로 청중의 기대감을 높이고 그 기대를 충족시킨다는 점이다. 유진 로우리가 말한 이야기식 설교 플롯의 두 번째 단계인 모순 분석에서는 설교의 이유가 나타나기 때문에 청중은 문제가 어떻게 해결될 것인가에 대한 기대감을 갖게 된다. 그리고 플롯이 전개되면서 복음과 반전이 제시되는 단계를 거쳐 결론에 이르면 청중이 가지는 기대감을 완전히 해소시켜 준다. 귀납법적으로 배열된 설교를 통해서 청중은 긴장감과 아울러 마지막 단계에서 새로운 사실을 발견했다는 느낌을 갖게 된다. 그렇기 때문에 청중은 마치 한 편의 영화를 볼 때 느끼는 감정과 감정적인 순화를 한 편의 설교를 통해서도 느낄 수 있다.

넷째, 플롯은 청중의 참여를 유도한다

이야기식 설교의 플롯은 청중이 설교 과정에 참여하도록 만드는 놀라운 힘이 있다. 이것은 마치 잘 짜인 드라마나 영화를 보고 주인공과 감정을 일치시키고 나름의 평가를 내리는 것과 같다. 이야기식 설교의 플롯은 귀납적 구조를 가지는데, 이 구조는 청중이 스스로 메시지를 발견하도록 이끈다. 귀납적 흐름은 청중과의 대화를 유도한다. 그래서 플롯이 갖는 귀납적 설교는 강의라기보다는 활발한 대화에 더 가깝다.

청중은 귀납적인 흐름을 가지는 플롯을 통해 설교에 직접 참여하고 이야기에 직접 동참하며 스스로 메시지를 발견해 나간다.

다섯째, 플롯은 성경의 이미지를 생생하게 묘사한다

플롯은 성경의 이미지를 생생하게 묘사하는 데 효과적이며 그 이미지를 오랫동안 지속시켜 준다. 어떤 이미지를 느끼는 것은 보통 문체의 역할이라고 여겨져 왔다. 그래서 은유와 그림 언어 등을 통해 생생한 이미지를 만들어 설교의 효과를 높이려는 연구가 계속되었다. 그런데 문체뿐만 아니라 배열도 청중의 머리에 분명한 상이 맺히게 하고 생생한 이미지를 떠올리게 하는 효과가 있다. 문체를 통해서 아무리 생생하게 묘사하려 해도 연역적인 설교 흐름에서는 관심을 끌기에 부족하므로 구조를 통해서 청중에게 생생한 이미지를 전달해야 한다. 그런 면에서 이야기식 설교의 플롯은 청중의 머릿속에 정확한 이미지를 떠오르게 하고 그 전체 구조를 생생한 이미지로 기억하게 만든다.

② 효과적인 적용이 있는 플롯

나는 성경 본문에서 원 저자의 의도를 성도들에게 설명할 때 플롯을 자주 사용하여 하나님의 뜻을 흥미롭게 전하려 애썼다. 이야기식 설교를 주장한 설교학자들은 적용만큼은 성도에게 맡겨야 한다고 하지만 나는 그것이 비성경적이라고 생각한다. 적용이 없는 설교는 의미가 없기 때문이다. 한국 교회의 설교 문제 가운데 가장 큰 것은 적용이 너무 빈약하다는 데 있다. 성도들이 구체적으로 적용할 수 있도록 손에 꼭 쥐어 주어야 한다. 그렇게 해도 예배당 문을 나가는 순간 잊어버린다. 그러기에 설교의 성공은 적용에 달려 있다고 해도 과언이 아니다.

대부분 결론 부분에서 적용을 하지만 경우에 따라서는 혼합적 적용을 시도한다. 혼합적 적용이란 기승전결의 모든 단계에서 적용을 시도하는 것이다.

③ 이야기가 없어도 플롯으로 구성되면 이야기식 설교다

내가 이야기식 설교와 플롯에 대해 강조하면 많은 설교자들이 "어떻게 매주 설교를 이야기를 담아 구성하여 전달할 수 있느냐?"고 묻는다. 그러나 이야기가 하나도 없어도 기승전결의 플롯으로 구성하면 이야기식 설교가 된다. 고 옥한흠 목사님의 설교와 곽선희 목사님의 설교를 분석해 보면 기승전결의 플롯으로 구성된 이야기식 설교가 20% 이상 된다. 설교의 대가들은 이미 이야기식 설교를 하고 있었던 것이다.

파워풀한 설교의 비결

많은 목사님들이 내게 묻는다.

"어떻게 목사님처럼 가슴에 와 닿는 설교를 할 수 있을까요?"

"내가 항상 읽고 잘 아는 본문인데 목사님 입으로 풀어지니 그 맛이 다릅니다. 도대체 비결이 무엇입니까?"

나는 이 물음에 대한 대답을 제대로 하지 못했다. 내가 감성적이라서 그런지, 아니면 남다른 언변 실력 때문에 그런지, 아니면 다른 이유 때문인지 확실하지가 않았기 때문이다. 그 후 몇 년이 지나서야 깨닫게 되었는데, 그 원리는 아주 단순했다.

나는 구약이든 신약이든 성경 본문을 보는 렌즈가 있다. 하나님이 온 인류에게 몸부림치며 주고 싶은 것이 바로 토브요 샬롬이다. 하나님이 어떤 말씀을 하시든지 이것과 관계가 있기 때문에 그 렌즈를 끼고 성경을 본다. 그것은 '행복'이라는 렌즈다. 성경의 어느 구절도 행복과 관계없는 구절은 없다. 행복이라는 렌즈를 끼고 본문을 보면 하나님이 왜 이런 말씀을 주셨는지 복음적인 측면에서 선명하게 파악된다. 그리고 파악된 핵심 명제를 행복을 주고 싶어 하시는 하나님의 마음으로 전하는 것이다.

성경의 모든 본문을 행복 렌즈를 끼고 "왜?"라는 질문을 던져 보라. 가장 복음적으로 본문을 이해하게 될 것이다. 하나님의 마음에 사로잡힌 설교자는 어떤 본문이든지 복음적으로 외칠 수밖에 없다. 왜 그럴까? 어떤 심정으로 하나님이 이 말씀을 하시는지를 알면 하나님의 마음으로 가슴이 뜨거워지기 때문이다. 그 뜨거운 가슴을 가지고 하나님의 마음을 청중에게 전달하려고 몸부림치다 보면 청중이 그것을 느끼게 된다. 불타는 하나님의 마음으로 전하니 가슴에 와 닿을 수밖에 없지 않겠는가?

가슴에 와 닿는 설교를 하고 싶다면 하나님의 철학인 행복에 사로잡히라. 그리고 하나님의 마음을 전하려고 몸부림쳐 보라. 본문의 핵심 명제가 청중의 가슴에 안기게 될 것이다.

가장 파워풀한 설교는 설교자가 경험한 말씀을 전하는 것이다. 자기가 경험한 말씀보다 더 파워풀한 설교는 없다. 설교자 스스로가 경험한 진리보다 더 힘 있는 진리는 없는 것이다. 그러므로 파워풀한 설교를 하고 싶거든 하나님의 말씀에 순종하는 삶을 살아야 한다.

기도를 많이 해서 영적인 파워를 키워 가는 것도 중요하고, 성경을 깊이 읽고 묵상하고 설교 준비에 정성을 기울이는 것도 중요하며, 다양한 자료를 모아 정교하게 구성하는 것도 중요하다. 그러나 내가 삶에서 체험한 진리보다 강한 설교는 없다. 파워풀한 설교를 하고 싶다면 하나님의 말씀을 삶에 적용하는 삶이 풍성해져야 한다. 현대인들은 리포트형 설교를 원하지 않는다. 경험된 진리를 원한다.

나는 늘 신선한 설교에 주력했다. 그러다가 문득 반복 설교가 사람을 변화시킨다는 것을 발견하게 되었다. 우리는 신명기를 통해서 반복 설교가 가장 성경적인 설교라는 것을 알 수 있다. 모세가 출애굽 다음 세대에게 하는 설교가 신명기다. 신명기를 보면 같은 말씀을 계속 반복한다. 서신서도 마찬가지다. 성경 전체가 계속 반복해서 말씀을 전하고 있다. "평생에 듣던 말씀 또 들려주시오"라고 부르는 찬송가 가사처럼 사람을 변화시키는 설교는 반복 설교다.

나는 설교 준비를 할 때 항상 불신자가 듣는다고 생각하면서 준비한다. 그리고 이 설교를 통해 부목사들까지 은혜받지 못하면 안 된다는 생각 속에서 설교를 철저히 준비한다. 이처럼 설교를 준비할 때는 듣는 대상의 폭을 넓게 잡아야 한다.

강단의 위기는 곧 한국 교회의 위기이다. 교회 강단마다 불신자가 들어도 감동이 되고, 이교도가 들어도 감동이 되고, 신앙심이 깊은 자가 들어도 은혜가 되고, 초신자가 들어도 은혜가 되는 설교가 넘친다면 얼마나 좋을까?

예배와 설교는 교회 기능의 핵심이다. 하나님께 기쁨이 되고 모든 성도들이 행복해지는 예배가 되어야 한다. 하나님의 비전을 이루는 선교학적인 차원에서 예배와 설교는 영혼을 낚는 그물과 같은 역할을 한다. 이 부분이 약하면 그물 안의 물고기를 다 놓치게 된다. 한국 교회 목회자들이여, 하나님의 말씀을 전하는 사역에 목숨을 걸자!

3) 훈련

양육훈련 시스템을 가동하라

물레방아가 돌아가면 전기가 만들어지듯이 교회마다 양육훈련 시스템이 돌아가면 교회에 필요한 에너지가 만들어진다. 그러므로 어떤 훈련 시스템이든 가동되어야 한다.

훈련 시스템 가운데 제자 훈련 시스템을 한국 교회에 뿌리 내린 분은 옥한흠 목사님이다. 제자 훈련은 대각성전도집회를 통해 영혼들을 하나님께로 인도한다. 그런 다음 전도된 새가족은 다락방에서 양육하고, 제자 훈련과 사역 훈련을 통해서 소그룹 리더(순장)들을 세운다. 그리고 다락방을 섬기는 순장들을 담임목사가 가르친다. 이러한 제자 훈련의 영향을 받아 많은 교회들이 건강하게 성장했고, 지금도 성장하고 있다. 이런 측면에서 옥한흠 목사님은 하나님이 한국 교회에 주신 큰 선물이다.

옥한흠 목사님의 훈련 사역의 진정한 저력은 남가주사랑의교회를 보고 실감할 수 있었다. 남가주사랑의교회는 오정현 목사님이 개척한 교회이지만, 옥한흠 목사님의 제자 훈련 목회 사이클대로 움직이는 교회라고 해도 과언이 아니다. 담임목사가 공석인 가운데서도 대각성전도집회와 훈련 사역과 다락방 사역이 문제없이 진행되었다. 담임목사가 없는 시기였던 2년 동안 여러 번 집회를 인도하러 간 적이 있었는데, 놀라운 사실은 갈 때마다 예배 출석수가 현저하게 늘어나 있었다. 이것이 바로 제자 훈련을 하는 교회의 저력임을 깊이 느낄 수 있었다. 담임목사가 공석인 중에도 흔들림 없이 담임목사 청빙을 위해 기도하면서 교회로서의 역할을 감당해 가는 평신도 지도자들을 보면서 '아, 이 교회가 제자 훈련의 저력을 전 세계에 보여 주고 있구나!' 하는 생각이 들었다. 아마도 제자 훈련이라는 양육 시스템을 가동하지 않았다면 이런 모습은 나타나지 않았을 것이다.

집회 차 어느 교회에 갔을 때 목사님과 이런 대화를 나눈 적이 있다.

"목사님, 제자 훈련을 하셔야 합니다."

"이 지역에서 제자 훈련 해서 부흥하는 교회를 보지 못했습니다."

"이 지역에서 건강하게 부흥하는 ○○교회는 제자 훈련 하는 교회 아닙니까?"

"아, ○○교회는 목사님이 설교를 잘해서 교회가 부흥된 거지요."

"○○교회도 제자 훈련으로 교회가 건강하게 성장한 것 같던데요?"

"아닙니다. 그 교회는 예배가 뜨겁습니다. 블랙홀처럼 한 번 들어가면 나오지 못해요. 그래서 부흥된 교회입니다."

"○○교회도 제자 훈련으로 부흥된 것 같던데요?"

"아닙니다. 그 교회는 전도를 잘하는 분들이 많아서 부흥된 교회입니다."

나는 그분과 이야기를 나누며 안타까운 마음을 금할 수가 없었다. 제자 훈련은 예배와 설교와 전도 운동과 결코 분리될 수 없는 것이기 때문이다.

오늘날 한국 교회는 "○○하면 교회가 부흥된다고 하더라" 하면서 한쪽으로 휩쓸릴 때가 많다. 그러나 목회는 결코 한 가지만 잘한다고 해서 되는 것이 아니다. 목회는 시스템이다. 양육훈련 시스템을 반드시 갖추어 놓고 각 분야가 골고루 건강하게 돌아가야 한다.

양육훈련 시스템 구축하기

양육훈련 시스템을 가동하고 있는 대부분의 교회들은 다양한 훈련 교재를 쓰지 않는다. 거의 한 가지를 사용하는 경우가 많다. 그리고 그 과정을 마쳤을 때 졸업식을 한다.

그런데 졸업한 신자들을 보면 졸업이 마치 신앙 훈련의 모든 과정을 다 마친 것처럼 생각하는 것 같다. 그리고 제자대학 졸업장이 훈장이 되어 오히려 교만해질 때가 있다. 제자 훈련을 하는 목사님들의 공통된 고민거리는 제자 훈련을 받은 교인들이 몇 년 후면 시들시들해지고, 과연 훈련받은 사람이 맞나 의심이 간다는 것이다.

여러 교회들을 방문하면서 가장 이상적으로 제자 훈련 하는 교회를 발견했는데, 그 교회는 바로 김해동부교회(류인석 목사)이다. 고신교단에 소속된 교회인데, 주일 낮 예배에 750명가량 출석하고 있었다. 수백 명이 모이는 교회이지만 마치 한 가족 같았다. 담임목사는 아버지 같았고, 사모님은 어머니 같았고, 장로님들은 큰 형님들 같았고, 권사님들은 큰 누님들 같았다. 교인들의 표정은 한결같이 밝고 역동적이었다. 봉사하는 일에 모두가 기쁜 마음으로 헌신하고 있었고, 한 마음 한 뜻으로 주님의 비전을 이루기 위해 뛰었다.

어떻게 이런 행복한 교회의 모습을 갖출 수 있었을까 생각하며 그 원인을 찾아보았다.

첫째는 목사님의 마음에 기쁨과 평안이 있었다. 둘째는 양육훈련 시스템에 있었다. 이 교회는 제자 훈련 졸업이 없었다. 옥한흠 목사님이 만든 제자 훈련 교재를 가지고 훈련한 다음 계속해서 좋은 훈련 교재나 신앙 서적을 통해 중직자들과 매주 삶을 나누는 제자 훈련을 하고 있었다.

담임목사님은 매 주일 오전 6시부터 7시까지 장로님들과 함께 삶을 나누는 제자 훈련을 하고, 주일 낮 점심 후에 안수집사님들과 제자 훈련을 하고 있었다. 그리고 권사님들과 여신자들은 사모님이 맡아서 이끌고, 서리집사들은 부목사님이 맡아서 하고 있었다.

매주 담임목사님은 장로님들과 안수집사님들과 함께 삶을 나누는 훈련을 통해 관계가 깊어졌고, 제자 훈련 받는 장로님들과 안수집사님들은 섬기는 중직자로서 사역을 감당하게 되니 교회는 행복한 가족 공동체로 세워질 수밖에 없었다.

만약 지금 목회 상황이 여의치 않고 힘겨우면 거창한 제자 훈련을 하려고 애쓰지 말고 좋은 책 한 권을 선정해서 장로들에게 선물하고 한 달에 한 번씩이라도 함께 식사하며 이야기를 나누어 보라. 이것도 제자 훈련이다. 정기적으로 모여 삶을 나누고 기도하면서 그리스도의 형상을 닮아 가는 모든 과정이 제자 훈련이 아니겠는가? 성경을 많이 가르친다고 사람이 변하는 것이 아니다. 가르치는 것보다 더 효과적인 방법은 삶을 나누는 교제다.

아무리 경직된 교회라도 중직자들과의 만남을 통해 삶을 나누고 좋은 관계를 형성하면 행복한 목회를 할 수 있다. 정기적으로 모여 교회의 비전과 사명을 함께 나누고 기도하면서 모든 문제를 풀어 간다면 반드시 건강한 목회를 할 수 있을 것이다.

개성과 취향을 중시하는 다양성의 시대에 교회의 제자 훈련 교재와 방법은 너무 획일화되어 있다. 다양한 계층들이 구미에 따라 훈련받을 수 있도록 예수제자대학 내에 다양한 훈련 과정을 구축해 놓아야 한다. 대학 안에 다양한 학과가 있듯이 다양한 제자 훈련 과정을 개설해 놓아야 하는 것이다.

그런데 제자대학 안에 다양한 훈련 프로그램을 마련해 놓아야 할 진짜 이유가 있다. 첫째, 제자대학은 졸업이 있으면 안 된다. 다양한 훈련 프로그램을 개설해 놓으면 졸업자들이 졸업했다는 의식을 갖지 않게 된다. 둘째, 훈련 받은 후에 다른 훈련 과정에 참여하여 계속 훈련의 기회를 마련해 주어야 한다. 제자 훈련을 받고 나면 성경에 대한 목마름과 영적 갈증이 일어나기 때문에 교회에서 다양한 훈련 프로그램을 마련해 놓지 않으면 이단과 관련된 선교 단체에 잘못 빠지게 될 수 있다.

내가 섬기는 교회는 예수제자대학 안에 기본 과정으로 행복아카데미가 있다. 그 외에도 제자 훈련, 사역 훈련, 성경일독학교, 신구약성경파노라마, 결혼예비학교, 큐티학교, 부부행복학교, 독서클럽 등 다양한 훈련 프로그램을 마련해 진행하고 있다.

행복아카데미 훈련 교재의 필요성

오늘날 한국 교회 성도들은 하나님을 아버지라고 부르면서도 그분의 자녀답게 살지 못한다. 천국 백성이라고 말하면서도 천국을 누리지 못하는 것이다. 이러한 모순된 한국 교회의 현실을 보면서 절실히 깨달은 것이 하나 있다. 그것은 바로 한국 교회에 진짜 필요한 훈련은 구원을 누리는 훈련이며, 하나님의 나라를 누리는 훈련이라는 사실이다. 구원을 누리지 못하니까 구원을 나누지 못하고, 하나님의 나라를 누리지 못하니까 하나님의 나라를 나눌 수 없는 것이다.

각 나라와 족속을 하나님께로 인도하기 위해 우리 그리스도인들은 행복을 누리며 나누는 자로 살아야 한다. 그러므로 목회자의 성경적 제자상은 하나님의 비전인 세계 복음화를 이룰 행복자로 세우는 것이다. 이와 같은 제자들을 세워 가기 위해서는 하나님의 나라를 누리고 하나님의 나라를 나누는 행복아카데미 제자 훈련 교재가 절실히 필요하다.

제자 훈련 교재 내용도 중요하지만 방법도 중요하다. 포스트모던 시대의 훈련 방법은 기존의 시대와 접근법이 달라야 한다. 포스트모던 시대는 통제와 억압을 싫어한다. 이성적인 훈련보다는 감성적인 훈련을 원한다. 주입식 교육보다는 스스로 느끼고 경험하기를 원한다. 이러한 포스트모던 시대의 특성상 행복아카데미 교재는 큐티하듯이 스스로 공부하면서 진리를 깨닫고 결단하도록 만들어졌다. 그리고 깨달음과 결단을 삶에 적용한 후 적용을 위한 나눔의 시간을 가지는 것으로 훈련이 진행된다.

제자 훈련 교재를 행복아카데미라고 명칭한 몇 가지 이유가 있다. 첫째, 행복을 누리고 행복을 나누는 자로 세우는 조준점을 각인시켜 주기 위함이다. 둘째, 새가족이 추구하는 행복이라는 단어로 다가가서 그들을 자연스럽게 훈련에 참여시키기 위함이다. 셋째, 통제와 억압을 싫어하는 포스트모던 시대를 사는 이들에게 훈련에 대한 거부감을 줄이고 호감을 갖고 훈련에 참여하게 하기 위함이다.

이와 같이 행복아카데미 훈련 교재는 성도들이 그리스도의 형상을 닮아 가고 동시에 복음 안에서 행복을 누리며 자연스럽게 행복을 나누게 되어 재생산이 이루어짐으로써 하나님의 비전을 이 땅에 이루어 가는 데 핵심이 있다. 한마디로 행복아카데미 교재는 교회마다 행복한 공동체가 되어 세상에 천국을 보여 주는 빛이 되기를 소망하는 마음으로 만들어진 교재이다.

행복아카데미 훈련 교재의 키워드

① 대계명과 대사명

구원받은 사람들은 예수님을 통해, 성령님을 통해, 성경을 통해 하나님의 한량없는 사랑을 만난다. 계속해서 부으시는 하나님의 은혜 위에 은혜를 경험하게 되는 것이다. 하나님을 알게 될수록, 하나님의 사랑을 알수록 이런 고백이 뒤따른다. '이렇게 귀한 사랑을 받아 누리는데 나는 어떻게 하나님을 기쁘게 할 수 있을까?'이다. 이에 대한 답을 주려고 하나님이 우리에게 주신 것이 대계명과 대사명이다.

대계명은 "예수께서 이르시되 네 마음을 다하고 목숨을 다하고 뜻을 다하여 주 너의 하나님을 사랑하라 하셨으니 이것이 크고 첫째 되는 계명이요 둘째도 그와 같으니 네 이웃을 네 자신같이 사랑하라 하셨으니 이 두 계명이 온 율법과 선지자의 강령이니라"(마 22:37-40)이다.

대사명은 "그러므로 너희는 가서 모든 민족을 제자로 삼아 아버지와 아들과 성령의 이름으로 세례를 베풀고 내가 너희에게 분부한 모든 것을 가르쳐 지키게 하라 볼지어다 내가 세상 끝 날까지 너희와 항상 함께 있으리라 하시니라"(마 28:19-20)이다.

이 대계명과 대사명은 은혜를 입은 자들이 하나님을 기쁘시게 하는 원리로 우리에게 주신 것이다. 행복아카데미 교재는 대계명에 사로잡혀 어떻게 대사명을 이루어 갈 것인가에 대한 로드맵이며 구체화된 라이프스타일을 다루고 있다. 대계명과 대사명이 행복아카데미 교재의 키워드이다.

② 웨스트민스터 신앙고백 소요리문답 제1문과 답

행복아카데미 훈련 교재의 또 하나의 키워드는 개혁주의 신앙의 뿌리가 되는 웨스트민스터 신앙고백 소요리문답 제1문과 답이다.

제1문은 '사람의 제일 되는 목적이 무엇이뇨?'이고, 이에 대한 답은 '사람의 제일 되는 목적은 하나님을 영화롭게 하고 그와 더불어 영원토록 즐거워하는 것이다'이다.

우리를 향하신 하나님 아버지의 마음은 우리의 구원이며 하나님의 나라, 즉 행복에 있다. 예수님의 사명 선언문을 보라. "내가 온 것은 양으로 생명을 얻게 하고 더 풍성히 얻게 하려는 것이라"(요 10:10). 하나님의 명령과 규례를 우리에게 주신 이유도 "오늘날 너의 행복을 위하여"이다. 뿐만 아니라 하나님의 나라는 성령 안에서 의와 평강과 희락이다.

이처럼 하나님이 원하시는 것은 우리가 하나님으로 인해 즐거워하는 것이다. 즉 행복을 누리는 삶이다. 우리가 복음 안에서 행복을 누리며 살 때 하나님도 행복해하신다. 또한 행복을 누리는 삶은 복음을 전하는 가장 탁월한 삶의 형식이 된다. 우리는 말이 아니라 삶 자체로 복음을 전할 수 있어야 한다. 그럴 때 강한 회심의 역사가 일어난다.

하나님과 더불어 영원토록 즐거워하는 것과 하나님을 영화롭게 하는 것은 뗄 수 없는 동전의 양면과 같다. 하나님으로 인해 즐거워하는 자가 세상 사람들에게 천국을 나누어 줄 수 있을 것이고, 하나님에 의해 행복을 누리는 자가 많아질수록 하나님은 더욱 영광을 받으실 것이기 때문이다.

그동안 한국 교회는 하나님으로 더불어 즐거워하는 훈련은 시키지 않았다. 하나님을 영화롭게 하는 데만 훈련이 집중되어 있었던 것이다. 여기서 우리가 깊이 생각해야 할 문제가 있다. 하나님을 영화롭게 하는 삶을 산다고 자부하면 교만해지고, 반대로 본인이 하나님을 영화롭게 하는 삶을 살지 못하고 있다고 자책하면 낙심의 나락으로 떨어질 수 있다. 교만해져도 하나님으로 인해 즐거워할 수 없고, 낙심의 나락에 떨어져도 하나님으로 인해 즐거워할 수 없다. 결과적으로 예수님과 함께 사는 행복한 신앙생활을 하지 못하게 되고, 많은 사람들이 교회에 대한 매력을 잃어가게 되는 것이다.

예수님과 함께 사는 즐거움을 누리는 교회로 회복되지 않으면 교회는 희망이 없다. 하나님으로 인해 즐거워하는 천국 공동체로 회복되지 않으면 땅의 모든 족속에게 하나님의 나라가 흘러들어 갈 수 없다.

세상에서 행복을 줄 수 있는 곳은 오직 교회밖에 없다. 교회가 행복을 주지 않으면 어디에서도 그 행복을 찾을 수 없는데, 정작 교회는 하나님으로 더불어 즐거워하는 행복을 누리고 있지 못하다. 교회가 시급히 회복되어야 할 부분이 바로 하나님으로 더불어 천국을 누리는 삶이다.

이제까지 나온 훈련 교재들은 성숙과 재생산에 조준점이 맞추어져 있었다. 그렇다 보니 구원받은 자들이 구원을 누릴 줄 몰랐다. 행복아카데미 교재는 하나님의 영광을 위하여 행복을 누리며 나누는 멋진 행복자로 세우는 데 조준점이 있다. 하나님으로 더불어 영원토록 즐거워하는 삶이 하나님을 영화롭게 하는 삶이고, 하나님을 영화롭게 하는 삶이 바로 하나님으로 인해 영원토록 즐거워하는 삶이다. 하나님과 함께 즐거워하는 삶을 훈련함으로써 어두운 세상에 천국을 보여 주게 되고, 그 천국이 땅의 모든 족속으로 흘러들어 갈 때 하나님은 춤추실 것이다.

③ 그리스도의 정적인 형상

앞서 이야기한 바 있듯이 예수님의 정서적 이미지는 기쁨이었고, 그 기쁨을 우리에게 주시기 위해 모든 것을 희생하셨다. 그리고 항상 기뻐하라고 우리에게 말씀하신다.

그리스도의 정적인 형상을 강조해야 할 이유가 또 하나 있다. 그동안 그리스도의 형상을 닮게 하는 초점은 거의 윤리적이고 의지적인 부분에 맞추어져 있었다. 그러나 정적인 형상도 본받아야 할 중요한 이유가 있다. 그 이유는 '정'이 움직이지 않으면 의지가 움직이지 않기 때문이다.

심리학자로서 노벨경제학상을 받은 대니얼 카너먼(Daniel Kahneman)은 사람의 행동을 움직이는 것은 '지'가 아니라 '정'이라고 했다. 그러므로 감성 경영을 해야 한다고 주장했다. 의지를 움직이는 것은 '지'보다 '정'이 우선하기 때문에 지성 지수와 더불어 감성 지수를 간과해서는 안 된다는 것이다. 윤리적이며 의지적인 형상을 본받게 하기 위해서는 반드시 정이 움직여야 한다.

"그리스도의 장성한 분량이 충만한 데까지 이르리니"라는 그리스도의 전인격적인 형상을 개괄적으로 표현해 주는 곳은 갈라디아서 5장 말씀이다.

"오직 성령의 열매는 사랑과 희락과 화평과 오래 참음과 자비와 양선과 충성과 온유와 절제니 이 같은 것을 금지할 법이 없느니라"(갈 5:22-23).

예수님은 성령의 열매를 그대로 보여 주셨다. 그 가운데 예수님의 정적인 형상은 희락, 즉 기쁨이다. 예수님은 걸어 다니는 행복 궁전이셨다. 그리고 천국이셨다. 그래서 성령으로 충만하면 기쁨이 넘친다. 예수님으로 충만하면 기쁨이 넘친다. 그리스도인에게 있어서 기쁨 충만은 곧 성령 충만이요, 예수 충만인 것이다.

성령님은 오늘을 사는 그리스도인들이 행복해지기를 원하신다. 그리고 그 행복으로 인해 하나님의 나라가 확장되기를 바라신다.

행복아카데미 훈련 교재는 현대 교회를 예수님의 정적인 형상을 닮아 기쁨이 넘치는 초대 예루살렘 교회와 같은 정서적 이미지로 업그레이드 시키고자 한다. 이런 의미에서 행복아카데미 훈련 교재의 키워드는 그리스도의 정적인 형상 회복에 비중을 두고 있다.

행복아카데미 훈련 교재의 개요

1. 확신의 삶

1일 개강수련회 / 힐링 페스티벌

개요

1과 행복으로의 초대
2과 행복한 가정으로의 초대
3과 행복한 인생으로의 초대
4과 구원의 확신으로의 초대
5과 사죄의 확신으로의 초대
6과 기도 응답의 확신으로의 초대
7과 인도와 승리의 확신으로의 초대
8과 천국을 풍성히 누리는 참믿음으로의 초대

9과 성령 충만함으로의 초대

10과 행복한 신앙생활로의 초대

11과 날마다 예수님과 함께 사는 Quiet Time으로의 초대

12과 행복한 대그룹 교회와 소그룹 교회로의 초대

2. 회복의 삶

개요

1과 당신의 뇌 속의 신념 덩어리(소프트웨어)를 바꾸라

2과 회복을 원하시는 하나님

3과 회복을 위해 하나님은 외아들을 이 땅에 보내 주셨다

4과 회복을 위해 하나님은 회복의 영을 부어 주셨다

5과 회복을 위해 하나님은 교회를 세워 주셨다

6과 회복을 위해 하나님은 성경을 우리에게 주셨다

7과 회복을 위해 하나님은 영적 지도자를 세워 주셨다

8과 3차원을 지배하는 4차원의 에너지로 회복을 경험하라

9과 예배로 회복을 경험하라

10과 기도로 회복을 경험하라

11과 심고 거두는 원리로 풍성한 회복을 경험하라

12과 영혼을 살림으로 풍성한 회복을 경험하라

3. 행복의 삶

1일 기도 훈련 / PP트레이닝

개요

1과 행복을 위하여 성경적 역사관을 가지라

2과 행복을 위하여 병든 마음을 치유하라(1)

3과 행복을 위하여 병든 마음을 치유하라(2)

4과 행복을 위하여 병든 마음을 치유하라(3)

5과 행복을 위하여 사탄의 전략에 말려들지 마라

6과 행복을 위하여 하나님, 자신, 이웃을 사랑하라

7과 행복을 위하여 나는 죽고 예수님으로 살라

8과 행복을 위하여 죄를 이기라

9과 행복을 위하여 존중하는 삶을 살라(1)

10과 행복을 위하여 존중하는 삶을 살라(2)

11과 행복을 위하여 행복을 나누며 살라

4. 축복의 삶

1일 수련회 / 리더십 트레이닝

개요

1과 축복의 삶을 위하여 하나님의 철학을 알자
2과 축복의 삶을 위하여 하나님의 비전을 누리며 살자
3과 축복의 삶을 위하여 사명을 누리며 살자
4과 축복의 삶을 위하여 행복을 누리며 살자(1)
5과 축복의 삶을 위하여 행복을 누리며 살자(2)
6과 축복의 삶을 위하여 행복을 누리며 살자(3)
7과 축복의 삶을 위하여 행복을 누리며 살자(4)
8과 축복의 삶을 위하여 하나님의 한을 가슴에 품고
9과 각 나라와 각 족속을 행복자로 세울 자원이 있는가?
10과 더 큰 행복을 위하여 축복의 삶을 살자(1)
11과 더 큰 행복을 위하여 축복의 삶을 살자(2)

1일 졸업 여행

행복아카데미 훈련 과정

행복아카데미의 훈련 과정은 4학기로 진행된다. 각 학기당 훈련 기간은 12주(3개월)이며, 12주 동안 훈련받고 한 달간의 방학을 보낸 후 다음 학기로 넘어가서 12주 동안 훈련을 받는다. 행복아카데미 전 과정을 마치기 위해서는 1년 3개월 정도 걸린다. 1학기에는 확신의 삶 12주 과정을 공부하는데, 주입식 강의와 더불어 은혜와 삶을 나눈다. 2학기부터는 회복의 삶 12주와 행복한 삶 12주, 그리고 축복의 삶 12주를 훈련받는다. 이때는 훈련받은 제자들이 매일 큐티하며 일정한 양을 개인적으로 공부하고 스스로 깨닫고 결단한 내용을 일주일에 한 번 소그룹으로 모여 나누게 된다.

사람들은 가르침을 받으면 변할 것이라고 생각한다. 그래서 무조건 가르치려고만 한다. 그러나 현실은 그렇지 않다. 주입식으로 아무리 지식을 쏟아 붓는다 해도 저절로 그 사람의 것이 되지는 않는다. 그래서 훈련에 대한 패러다임 전환이 필요한 것이다. 사람을 변화시키는 가장 탁월한 방법은 모델링이고, 나눔을 통해 감동을 주는 것이며, 구체적으로 삶을 지도해 주는 것이다. 이것이 예수님의 제자 훈련 방법이었다.

그래서 행복아카데미는 1학기에만 주입식 강의가 있고 2학기부터는 스스로 공부한 것을 함께 나누는 방식으로 진행된다. 이 시간에 나누는 여러 이야기들을 통해 놀라운 치유와 회복의 역사가 일어나며, 스스로 깨닫게 된 진리는 삶에 적용하게 된다.

하나님을 알아가는 것은 참으로 신 나고 즐거운 일이다. 그래서 나는 제자 훈련을 받는 훈련생들에게 훈련받는 것이 은혜 중에 은혜이므로 즐기라고 말한다. 천국을 누리고 천국을 나누는 삶을 통해 세계를 복음화 하는 일이 세상에서 가장 가치 있는 일이니 늘 즐겁게 훈련을 누리라고 말한다.

앞에서 "목사가 행복하면 교회도 행복하다"는 말을 한 적이 있다. 이는 모두가 공감하는 이야기다. 목사가 행복하기 위해서는 성도들이 행복을 누리고 나누는 자로 훈련되어야 한다. 주님 안에서 행복과 천국을 누리며 자라나는 성도의 모습은 목사를 행복하게 만드는 피드백이 되기 때문이다.

행복한 목사는 강단에 서 있기만 해도 행복하다. 복음으로 훈련받은 자들을 보면서 행복의 정서적 전이가 이루어지기 때문이다. 행복아카데미 훈련 교재는 훈련하는 목사를 가장 행복하게 해 줄 것이다. 목사가 행복하면 교회가 즐거워진다. 사람들은 행복한 사람을 따르게 되어 있다. 복음 때문에 행복해하는 목사를 싫어하는 사람은 아마도 없을 것이다.

4) 소그룹

교회는 그리스도의 몸이다(고전 12:27). 그렇다면 그리스도의 몸을 유일하게 경험할 수 있는 곳은 어디일까? 바로 소그룹이다. 교회는 하나님의 가족 공동체다(엡 2:19). 하나님의 가족을 유일하게 경험할 수 있는 곳 역시 소그룹이다.

소그룹의 창시자, 예수님

오순절에 임하신 성령님은 교회를 설립하셨다. 예루살렘 교회를 세우신 성령님은 날마다 성전과 집에서 모이게 하셨다. 성전에서는 3천 명에서 5천 명 정도가 모였지만, 집에서는 삼삼오오 소그룹으로 모였을 것이다.

이렇듯 예수님도 열두 제자를 부르시고 소그룹에 집중하셨다. 성령님도 대그룹과 소그룹의 양 날개를 펴셨다. 이것을 보면 소그룹의 창시자는 바로 예수님이요, 성령님이다.

이러한 소그룹이 중요한 이유는 첫째, 하나님의 가족 공동체를 유일하게 경험할 수 있기 때문이다. 둘째, 신생아(거듭난 초신자)의 양육을 가장 효과적으로 할 수 있는 곳이기 때문이다. 셋째, 영혼을 구원하고 돌보며 양육하는 모델링을 할 수 있는 최적의 장소이기 때문이다.

그런데 오늘날 한국 교회는 소그룹 안에서도 하나님의 가족 공동체를 경험하지 못하는 사람이 많다. 가장 큰 원인은 가족 의식의 부재이다. 교회 안에 많은 성도들이 혈통으로 맺어진 가족과 동일한 가족 개념으로 교우들을 대하지 않는다. 사실 교회(하나님의 가족 공동체)는 혈통으로 맺어진 가족보다 더 확실한 가족이다.

언약으로 이루어지는 가족

신부산교회를 담임하고 있는 조정희 목사님이 있다. 조 목사님은 온유와 용우를 낳고, 약간의 장애가 있는 용원이를 셋째 아들로 입양했다. 그런데 온유, 용우와 나이 차이가 나자 용원이가 외로움을 타는 것 같았다. 그래서 고민 끝에 비슷한 또래의 용인이를 넷째 아들로 입양했다.

그런데 어느 날 용원이가 조 목사님에게 물었다.

"아빠, 나도 엄마, 아빠가 낳았으면 얼마나 좋았을까?"

"용원아, 꼭 낳아야만 가족이 되는 것이 아니란다. 엄마와 아빠는 가족이니? 가족이 아니니?"

"가족이지."

"그럼 아빠가 엄마를 낳았게? 엄마가 아빠를 낳았게?"

"하하하."

"용원아, 가족은 핏줄로만 되는 것은 아니란다. 가족은 약속으로 되는 것이란다."

그렇다! 가족은 신랑이 신부를 영접하고 신부가 신랑을 영접하여 서약함으로 이루어진다. 약속으로 되는 것이다. 마찬가지로 예수님을 나의 구원자와 주인으로 영접함으로 우리는 하나님의 가족이 된다.

"그러므로 사람이 부모를 떠나 그의 아내와 합하여 그 둘이 한 육체가 될지니 이 비밀이 크도다 나는 그리스도와 교회에 대하여 말하노라"(엡 5:31-32).

남자가 부모를 떠나 아내와 한 몸이 되는 것과 죄인이 그리스도를 영접함으로 교회(하나님의 가족 공동체)가 되는 것은 같은 원리이다. 성경은 이것을 비밀이라고 말씀한다. 가족은 혈통으로 되는 것이 아니라 언약으로 된다. 언약의 그룹 안에 들어오면 가족이 되는 것이다.

그렇다면 구약에서는 어떻게 한 가족, 한 혈통이 이루어졌는지 살펴보자. 창세기 17장 12절을 보면 "집에서 난 자나" "이방 사람에게서 돈으로 산 자를 막론하고" 난 지 팔 일 만에 할례를 받으므로 아브라함의 후손이 되었다. 또한 출애굽기 12장 48절을 보면, 출애굽을 앞둔 이스라엘 백성에게 "타국인"이라도 "할례를 받은 후에" "그는 본토인과 같이 될 것"이라고 했다. 그래서 출애굽기 12장 38절과 같이 "수많은 잡족"이 언약의 백성으로 들어올 때 아브라함의 후손의 반열에 들어섰다.

이번에는 신약의 경우이다. 에베소서 2장을 보면 알 수 있듯이 신약시대는 예수님의 피의 언약 그룹 안에서 가족이 되었다.

"이제는 전에 멀리 있던 너희가 그리스도 예수 안에서 그리스도의 피로 가까워졌느니라 그는 우리의 화평이신지라 둘로 하나를 만드사 원수된 것 곧 중간에 막힌 담을 자기 육체로 허시고"(엡 2:13-14).

"또 십자가로 이 둘을 한 몸으로 하나님과 화목하게 하려 하심이라 원수된 것을 십자가로 소멸하시고"(엡 2:16).

"이는 그로 말미암아 우리 둘이 한 성령 안에서 아버지께 나아감을 얻게 하려 하심이라 그러므로 이제부터 너희는 외인도 아니요 나그네도 아니요 오직 성도들과 동일한 시민이요 하나님의 권속이라"(엡 2:18-19).

구약에서 예언한 신약 시대의 가족 개념

이사야서를 보면 하나님의 가족이 단순한 혈통이 아닌 복음으로 이루어짐을 알 수 있다.

"잉태하지 못하며 출산하지 못한 너는 노래할지어다 산고를 겪지 못한 너는 외쳐 노래할지어다 이는 홀로 된 여인의 자식이 남편 있는 자의 자식보다 많음이라 여호와께서 말씀하셨느니라"(사 54:1).

"여호와께 연합한 이방인은 말하기를 여호와께서 나를 그의 백성 중에서 반드시 갈라내시리라 하지 말며 고자도 말하기를 나는 마른 나무라 하지 말라"(사 56:3).

또한 그리스도의 피의 언약 안에 복음으로 태어나게 될 후손들에 대해서도 말하고 있다.

"일어나라 빛을 발하라 이는 네 빛이 이르렀고 여호와의 영광이 네 위에 임하였음이니라 보라 어둠이 땅을 덮을 것이며 캄캄함이 만민을 가리려니와 오직 여호와께서 네 위에 임하실 것이며 그의 영광이 네 위에 나타나리니 나라들은 네 빛으로, 왕들은 비치는 네 광명으로 나아오리라 네 눈을 들어 사방을 보라 무리가 다 모여 네게로 오느니라 네 아들들은 먼 곳에서 오겠고 네 딸들은 안기어 올 것이라"(사 60:1-4).

복음시대에 그리스도인들이 복음을 전함으로 태어나게 될 자들을 아들로 딸로 표현하고 있는 것이다. 이러기에 바울도 "내가 복음으로 너희들을 낳았도다"라고 말할 수 있었다.

예수님의 가족 개념

예수님은 공생애 시절, 가족 개념에 대한 중요한 원리를 정리해 주셨다. 당시 바리새인들은 구원의 확신을 너무 지나치게 갖고 있었다. 그들의 구원의 확신의 근거는 혈통적으로 아브라함의 후손이라는 것이었다. 하지만 예수님은 그러한 바리새인들의 생각에 정면으로 공격하셨다.

"나는 아브라함의 하나님이요 이삭의 하나님이요 야곱의 하나님이로라 하신 것을 읽어 보지 못하였느냐 하나님은 죽은 자의 하나님이 아니요 살아 있는 자의 하나님이시니라 하시니"(마 22:32).

아브라함이 낳은 아들이 이삭뿐인가? 이삭이 낳은 아들이 야곱뿐인가? 아니다. 아브라함이 낳은 아들 중에는 이스마엘도 있고, 이삭이 낳은 아들 중에는 에서도 있다. 그런데 여기에 그들의 이름이 왜 없을까?

여기서 우리가 알아야 할 귀한 진리는 이것이다. 아브라함이 혈통적으로 이스마엘을 낳았을지라도 복음 안으로 들어오지 않으면 의미가 없는 존재이다. 이삭이 낳은 에서도 혈통적으로는 가족이지만, 언약의 서클 속으로 들어오지 않았으니 하나님의 가족은 아닌 것이다.

마태복음 12장에 기록된 말씀을 보자. 예수님이 무리에게 말씀을 전하고 계실 때 예수님의 어머니와 동생이 찾아왔다. 이것을 본 어떤 사람이 예수님께 보고했다.

"한 사람이 예수께 여짜오되 보소서 당신의 어머니와 동생들이 당신께 말하려고 밖에 서 있나이다 하니"(마 12:47).

이때 예수님은 하나님 나라의 가족에 대한 놀라운 원리를 설명해 주신다.

"말하던 사람에게 대답하여 이르시되 누가 내 어머니이며 내 동생들이냐 하시고 손을 내밀어 제자들을 가리켜 이르시되 나의 어머니와 나의 동생들을 보라 누구든지 하늘에 계신 내 아버지의 뜻대로 하는 자가 내 형제요 자매요 어머니이니라 하시더라"(마 12:48-50).

하나님 나라의 참 가족은 혈통으로 이루어지는 것이 아니다. 하나님 아버지의 뜻대로 그리스도의 피의 언약 안에 있는 자들이야말로 진정한 하나님의 가족이다.

예루살렘 교회의 혈통 의식

"그때에 제자가 더 많아졌는데 헬라파 유대인들이 자기의 과부들이 매일의 구제에 빠지므로 히브리파 사람을 원망하니"(행 6:1).

오순절 성령 체험을 경험한 예루살렘 교회는 혈통 의식이 강했다. 그래서 혈통적으로 헬라파 유대인과 히브리파 유대인 사이에 갈등이 생겼다. 교회 안에서의 구제에 대해 헬라파 유대인 과부들이 불이익을 당하고 있었던 것이다. 초대 교회의 성도들조차 혈통의 범주를 벗어나지 못한 우를 범했다.

사도행전 11장을 보면 더 어처구니없는 일이 벌어진다. 예루살렘과 온 유대와 사마리아와 땅 끝까지 이르러 복음을 전하라는 예수님의 명령을 받은 그들이 어떤 생각을 가지고 사역을 했는지 살펴보라.

"그때에 스데반의 일로 일어난 환난으로 말미암아 흩어진 자들이 베니게와 구브로와 안디옥까지 이르러 유대인에게만 말씀을 전하는데"(행 11:19).

그들은 흩어져서 혈통적으로 유대인에게만 복음을 전하고 있었다.

혈통의 족쇄에서 벗어나지 못한 것이다. 오늘날도 마찬가지다. 혈통은 마치 1촌처럼 생각하고 교인들은 8촌처럼 생각하는 이들이 많다. 그런 면에서 우리는 예수님의 가족 개념을 마음에 새겨야 한다. 예수님의 가족 개념으로 교회 가족들을 사랑하고 섬겨야 한다.

불신자를 향한 그리스도인의 태도

그리스도의 피로 구속된 하나님의 자녀가 그리스도의 몸이요 하나님의 가족이라면 불신자들은 누구인가?

은혜 언약의 서클 안에 들어와 있는 하나님의 자녀들이 불신자들을 어떻게 바라봐야 할지에 대해서는 누가복음 15장을 통해 살펴보자.

"너희 중에 어떤 사람이 양 백 마리가 있는데 그중의 하나를 잃으면 아흔아홉 마리를 들에 두고 그 잃은 것을 찾아내기까지 찾아다니지 아니하겠느냐"(눅 15:4).

"이에 일어나서 아버지께로 돌아가니라 아직도 거리가 먼데 아버지가 그를 보고 측은히 여겨 달려가 목을 안고 입을 맞추니 아들이 이르되 아버지 내가 하늘과 아버지께 죄를 지었사오니 지금부터는 아버지의 아들이라 일컬음을 감당하지 못하겠나이다 하나 아버지는 종들에게 이르되 제일 좋은 옷을 내어다가 입히고 손에 가락지를 끼우고 발에 신을 신기라 그리고 살진 송아지를 끌어다가 잡으라 우리가 먹고 즐기자 이 내 아들은 죽었다가 다시 살아났으며 내가 잃었다가 다시 얻었노라 하니 그들이 즐거워하더라"(눅 15:20-24).

은혜의 서클 안에 들어와 있는 양 아흔아홉 마리는 하나님의 가족이다. 그런데 서클 밖에 한 마리가 방황하고 있다. 하나님은 이 한 마리를 몸부림치며 찾고 계신다. 그러므로 그리스도인들은 그리스도 안에서 함께 형제 된 자들을 볼 때마다 가족임을 알아야 하고 불신자들을 볼 때는 하나님이 간절히 찾는 영혼으로 보아야 한다.

건강한 소그룹을 일으키는 방법

예배와 설교가 영혼을 낚는 그물이라면 소그룹은 낚은 영혼을 양육하는 기관이다. 소그룹은 하나님의 가족 공동체를 경험하는 유일한 기관임과 동시에 영혼을 돌보고 키우는 중요한 역할을 하는 곳이다. 많은 영혼을 낚는다고 해도 돌보고 키울 양육 센터가 부실하면 낚은 영혼들이 영양실조에 걸리거나 다시 세상으로 돌아가게 될 것이다. 이것이 소그룹이 건강해야 할 이유이다.

교회가 크든 작든 소그룹이 생명이다. 소그룹이 없는 교회나 부실한 교회는 힘이 없다. 언제 무너질지 모른다. 교회의 성장은 소그룹의 건강에 달려 있다.

소그룹을 건강하게 세우는 방법은 소그룹 리더들과 자주 만나 함께 기도하고 비전과 사명을 공유하며 위로와 격려를 하는 것이다. 그렇기 때문에 고 옥한흠 목사님은 제자 훈련과 사역 훈련을 통해 건강한 소그룹 리더들을 세우고, 순장반을 통해서 소그룹을 잘 섬길 수 있도록 매주 한 번씩 만나서 지도하고 격려하셨다.

예수님의 설교를 듣는 그룹은 5,000명이었지만, 부활하신 예수님의 명령에 따라 기도하는 그룹은 120명이었다. 그리고 예수님이 전도하라고 보낸 그룹은 70명이었다. 또한 예수님이 동고동락하며 가르친 제자는 단 열두 사람뿐이었다. 이것은 무엇을 의미하는 것일까? 예수님에게 있어서 하나님 다음으로 중요한 것은 사람이라는 것이다. 사람이 대안이셨고, 사람이 전략이셨다.

5,000명, 120명, 70명, 12명 중에 예수님은 누구와 시간을 가장 많이 보내셨는가? 단연 12명의 제자들이다. 이것이 예수님의 전략이다. 오늘도 이 방법밖에 없다. 사역을 잘하고 싶은가? 리더들을 붙잡고 그들과 시간을 많이 보내라. 스태프들과 시간을 많이 보내면 보낼수록 소그룹이 건강해지고, 대그룹의 역동성이 살아날 것이다. 예수님은 열두 제자들에게 자기 사역의 모든 것을 걸고 그들을 대하셨다.

소그룹을 살리기 위해 중간 리더든 소그룹 리더든 간에 그들에게 정성과 시간을 쏟아 부어야 한다. 그리고 그들로 하여금 소그룹을 위해 헌신하도록 해야 한다. 그래야만 건강한 소그룹을 일으켜 성장할 수 있다. 대부분의 성장하는 교회들은 이런 예수님의 방법을 따르고 있으며, 중간 리더나 소그룹 리더들에게 투자한 만큼 열매를 거두고 있다.

서울역 앞에 이런 광고 문구가 있다.

"철도라고 쓰고 환경이라고 읽고 싶다."

철도는 전기로 가기 때문에 환경오염이 적어서 승용차 대신 철도를 이용하면 환경이 좋아진다는 말이다. 이 말을 이렇게 바꾸어 써 본다.

"자주 만남이라고 쓰고 소그룹 성장이라고 읽고 싶다."

제자들을 다루시는 예수님의 전략

예수님이 제자들을 다루시는 모습을 유의해서 보라. 열두 중에서 셋을 가까이 하신다. 예수님께서 가까이 하시는 세 제자들을 보라. 이들 모두 다루기가 힘든 요소를 다 지니고 있음을 볼 수 있다. 그런데 베드로 야고보 요한 셋 중에서는 베드로를 더 가까이 하신다. 왜 그럴까? 셋 중에 베드로는 다혈질이고 변덕이 심하다. 나 같으면 요한형(形)이 좋은데 왜? 예수님은 베드로를 더 가까이 하셨을까? 그 이유가 분명히 있다. 요한도 장점을 안고 있지만 단점이 많이 드러나는 베드로에게도 놀라운 장점이 있었다. 그리고 베드로는 다루기 힘든 면들이 있지만 통솔력은 셋 중에 제일인 것 같다. 만약 예수님께서 베드로보다 요한을 더 가까이 하셨으면 일이 그르칠 수 있었을지 모른다.

예수님의 지혜는 참으로 놀랍고 놀랍다. 사역을 함께할 리더들 중에 베드로형이 있고, 요한형이 있을 것이다. 그러면 열둘을 움직이는 리더로 신앙이 조금 부족하고, 다혈질이라 다루기 힘들어도 베드로형을 선택하라. 그리고 그와 많은 시간을 함께 보내라. 그래야 전 조직을 잘 이끌어갈 수 있다. 만약 예수님이 요한을 가까이 했으면 베드로가 다른 제자들을 다 흩어 버렸을지도 모른다.

청년부를 맡았든지, 대학부를 맡았든지, 중·고등부를 맡았든지, 장년부를 맡았든지 소그룹을 조직하고 그 그룹 리더들과 많은 시간을 보내되 베드로 야고보 요한을 더 가까이 하되 특히 베드로형을 더 자주 만나라. 그들과 많은 시간을 보낼수록 좋다.

담임목사님의 사역에 소극적인 면을 보이거나 배척하는 교회들은 대부분 담임목사님의 동역하는 중직자들과의 관계에 문제가 있다. 그런 교회 담임목사는 대부분 요한형을 가까이한다. 요한형 장로를 가까이하거나 요한형 안수집사나 권사를 가까이 한다. 베드로형 장로들은 거리를 둔다. 이렇게 되면 거의 100% 베드로형은 소극적이 되거나, 비판세력이 되거나, 아예 배척하는 세력으로 커가게 된다. 당연히 교회는 건강하게 세워질 수 없는 것이다. 예수님 방법을 따르라. 베드로형을 가까이 하라. 그러면 열둘을 이끌 수 있다. 예수님처럼 반드시 베드로형을 가슴에 품으라.

링컨의 정치 철학을 가슴에 새기라. "원수를 섬멸하는 것은 차선책이고 그 원수를 내 친구로 만드는 것이 최선책이다." 힘들게 하는 베드로형을 가까이 하라. 그와 많은 시간을 보내라. 자주 만나면 친구가 된다. 목숨을 건 동역자로 바뀌게 될 것이다.

목사를 힘들게 하는 사람은 교회 밖 세상 사람들이 아니라, 가장 가까이에 있는 중직자일 수가 있다. 그러나 가장 힘들게 하는 사람들을 통해서 우리 스스로가 많이 다듬어진다. 그래서 힘들게 하는 사람이 있다면 교수님이라고 생각하라. 그러면 고마운 마음도 들고 안쓰러운 마음도 든다. 어떤 분들이 가끔 저에게 이런 상담을 한다.

"목사님, 저는 힘들게 하는 아무개 때문에 교회를 떠나고 싶습니다." 그러면 나는 이렇게 대답한다.

"목사님, 아들로 생각하세요. 내 자식이다 생각하면 이해가 되고 용서가 되고 사랑이 돼요"라고 말이다. 그렇다. 교회는 가족이다. 다 내 형제요, 자매요, 모친이다. 가족 개념으로 그들을 보면 된다. 예수님이 베드로를 그렇게 보셨다.

설교도 약하고, 제자 훈련도 안하고, 전통적인 목회 방식으로 목회하는 목사님들을 가끔 만나게 된다. 의외로 교회가 평안하고 분위기가 좋다. 그리고 교인들과 장로님들에게 사랑과 존경을 받으면서 목회하고 있었다. 가만히 살펴보니 그 목사님은 베드로형 장로님과 잘 놀고 있었다. 예수님의 전략을 따라 목회하는 분이셨다. 교회를 평안하게 지켜가기 위해 베드로형들과 잘 놀아야 한다. 소그룹를 건강하게 살리기 위해 소그룹리더들과 잘 놀아야 한다. 사역을 즐기라.

5) 전도

이 땅에 교회가 존재하는 이유는 바로 전도 때문이다. 새가족을 양육할 소그룹이 준비되고, 새가족이 예배에 참석했을 때 그들을 낚을 수 있는 복음이 준비되었다면 이제 남은 것은 복음을 들려주어 그 영혼을 구원하는 일이다. 이 일만 잘 이루어지면 교회는 항상 성장 곡선을 그릴 수 있다.

영혼 구원에 대한 역할 분담

성부 하나님은 구원을 계획하신다. 성자 예수님은 십자가에서 죄와 저주를 속량하신다. 성령 하나님은 거듭나게 하신다. 그렇다면 우리가 할 일은 무엇인가? 다음의 성경 말씀을 살펴보자.

"그가 증언하러 왔으니 곧 빛에 대하여 증언하고 모든 사람이 자기로 말미암아 믿게 하려 함이라"(요 1:7).

우리가 할 일은 증언하는 일이다. 증언하는 자가 없다면 예수를 믿을 자가 생기겠는가? 모든 사람은 증언하는 자로 말미암아 예수를 믿게 된다.

하나님은 정죄하고 심판하시는 일은 우리에게 맡기지 않으신다. 하나님은 좋은 일을 우리와 함께하기 원하신다. 보람되고 좋은 일, 서로 기뻐할 수 있는 일을 함께하고 싶어 하신다. 특히 영혼을 살리는 일은 더욱 그러하다.

하나님은 사람을 구원하는 일에 있어서 역할 분담을 하셨다. 성부 하나님은 구원을 계획하시고, 성자 예수님은 죄를 구속하시는 일을 십자가에서 하시고, 성령님은 우리의 증언을 통해서 거듭나게 하는 일을 하신다. 여기서 우리가 할 일은 증언하는 일이다. 증언이란 내가 만난 예수님을 증거하는 것이다. 복음을 전해 주는 최고의 내용은 내가 만난 예수님을 간증하는 것이다. 간증의 구조는 이렇다. 예수님을 만나기 전 나의 형편을 말하고, 예수님을 만나게 된 계기를 말하고, 예수님을 만나고 난 뒤에 변화된 내용들을 말하는 것이다.

그렇다면 효과적인 증언의 삶을 위해 우리는 어떻게 살아야 할까? 예수님과 함께 천국을 누리며 살아야 한다. 천국을 누리지 못하는 자가 어떻게 천국을 증언할 수 있겠는가? 그러기에 하나님이 붙여 준 영혼들을 하나님의 비전을 이루는 행복자로 세워야 한다. 이것만이 침체된 한국 교회를 일으키고 열방을 향해 기쁘게 복음을 들고 전진할 수 있는 대안이다.

담임목사(목사 선교사)의 역할

영혼을 살리는 사역을 위해 목사가 해야 할 역할이 있고, 평신도가 해야 할 역할이 있다. 아브라함을 부르신 이유, 베드로를 부르신 이유, 바울을 부르신 이유, 빌립을 부르신 이유, 스데반을 부르신 이유는 동일하다. 모두가 증인이요, 복음의 일꾼이요, 왕 같은 제사장이요, 복음의 제사장 직무를 수행할 자로 부르신 것이다. 아브라함에게 복을 주시고, 바울에게 은사와 능력을 주시고, 스데반과 빌립에게 성령을 부어 주시는 이유는 증인되게 하는 데 그 목적이 있었다. 그래서 성령을 받은 모든 성도는 다 증인이요, 예수 안에 있는 모든 그리스도인들은 선교사인 것이다. 여기서 편의상 말씀 사역을 전무하는 자를 목사 선교사라 하고, 목사 선교사와 함께 그리스도의 몸을 세워 가는 자를 평신도 선교사 혹은 전문인 선교사라고 부른다.

그렇다면 많은 영혼을 구원하기 위해 목사 선교사가 꼭 담당해야 할 역할은 무엇일까?

① 하나님의 나라를 누리는 설교자가 되라

복음을 듣고 강단에 서는 설교자의 내면에서 복음을 누리는 행복이 흘러 나와야 한다. 이것은 설교 내용보다 더 중요하다. 어떤 설교자는 내면의 질서가 무너지고 부정적인 정서가 가득한 상황에서 강단에 선다. 이런 상태에서 천사의 말을 전한들 복음이 되겠는가? 성도들은 설교자의 내면의 상태를 얼굴 표정과 음색 등에서 다 느낀다.

천국을 누리는 모습으로 설 수 있으면 말을 좀 더듬는다 해도 괜찮다. 설교자의 얼굴에서 천국이 드러나고, 행복한 마음에서 우러나오는 말과 음색은 회중들의 가슴에 행복으로 스며들 것이다.

대부분의 목회자들은 설교 준비에는 목숨을 걸면서 자신의 내면 질서를 회복하는 데에는 소홀하다. 그러다 보면 내면의 상처가 계속 쌓이게 되고 그것들이 무거운 짐이 되어 목회자의 머리를 짓누르게 될 것이다. 이런 모습으로 강단에 선다면 분위기는 무겁게 침체된다. 그러기에 회복은 목회자의 내면에서부터 시작되어야 한다.

아리스토텔레스의 설득의 요소 중에 에토스, 파토스, 로고스가 있다. 에토스는 인격적인 요소이고, 파토스는 감성적인 요소이며, 로고스는 논리적인 요소이다. 이 세 가지 중에 설득 과정에 미치는 영향력은 현저한 차이를 보인다. 에토스와 파토스가 90% 정도 영향을 미치고, 로고스는 10%밖에 영향을 미치지 못한다. 그런데도 오늘날 설교자들은 로고스에 목숨을 건다. 참으로 안타까운 현실이다.

커뮤니케이션 학자들이 설득에 미치는 영향력에 대해 연구했는데, 내용은 7%, 음조·억양·말투가 38%, 태도·자세·몸짓이 55%의 영향을 미친다고 보고했다. 즉 에토스를 포함한 파토스의 영향력은 93%에 이른 반면 로고스(내용)는 7%밖에 안 되는 것이다.

이제 목회자들은 자신의 인격과 감성을 잘 다스리고 주님 앞에서 올바로 다듬은 다음 행복한 모습으로 강단에 서야 할 것이다. 설교자의 표정이 보이는 천국이요, 행복한 마음에서 나오는 소리가 기쁜 소식이 되어야 하는 것이다. 이것이 영혼을 구원하기 위해 담임목사가 해야 할 첫 번째 역할이다.

② 천국을 누리는 자를 세우라

예수님은 생명을 더 풍성히 얻게 하려고 사역을 하셨다. 이런 예수님의 사역을 이어받은 제자들의 사명은 "하나님의 영광을 위하여 천국을 누리며 행복을 나누는 자"를 이 땅 위에 계속 세우는 것이다. 설교를 통해서, 기도회를 통해서, 소그룹 사역을 통해서, 제자 훈련 사역을 통해서 반드시 구원을 누리고 구원을 나누는 자들을 세워 가야 한다.

대부분의 그리스도인들은 신앙생활에 지쳐 있다. 바쁜 사역을 감당하느라, 여러 곳을 다니며 전도하느라 지쳐 있는 것이다. 그러다 보니 정작 자신은 천국을 제대로 누리지 못한다. 아니, 누릴 줄을 모른다. 율법주의에 사로잡혀 있든지, 죄책감에 사로잡혀 있든지, 마음속에 무거운 짐을 지고 있든지, 무언가 천국을 누리지 못하게 하는 장애들을 안고 있다. 그렇다 보니 구원받아 천국에 있으면서도 살기는 지옥처럼 산다. 그러니 무슨 천국의 증인이 될 수 있겠는가?

지금 지쳐 있는 그리스도인들을 천국을 누리는 자로 세워야 한다. 어느 목사님은 "우리 교인들이 행복해질 수만 있다면 하늘의 별이라도 따오겠습니다. 아니, 제 목이라도 내어 놓겠습니다"라고 고백한다. 바로 이런 마음이 예수님의 마음이다.

③ 영혼 구원에 대한 분위기를 조성하라

똑같은 제품을 만드는 A라는 회사와 B라는 회사가 있었다. A회사는 계속 매출이 신장되고 큰 이익을 낸 반면, B회사는 매출이 계속 감소했다. B회사의 사주는 어려움을 돌파해 보려고 A회사의 탁월한 직원들을 하나 둘씩 빼가기 시작했다. 그렇게 했음에도 A회사는 계속 잘 되는데, B회사는 성장하지 못했다. 이 사실을 알아차린 A회사의 사주가 B회사의 사주에게 전화를 걸었다. "회장님, 아무리 우리 회사에서 유능한 사원들을 다 빼가도 성공하지 못할 것입니다. 직원들을 빼가려고 하지 말고 우리 회사 분위기를 빼가려고 하십시오. 분위기가 뜨지 않으면 회사는 일어나지 않기 때문입니다."

교회도 마찬가지다. 전도에 대한 분위기가 뜨지 않으면 전도의 불길이 붙지 않는다. 복음을 전하고 싶은 마음은 복음으로 자신이 행복할 때 가능하다. 그러므로 전도 분위기 조성을 위해 교회 가족들이 복음으로 천국을 누리는 분위기부터 만들어야 한다. 그렇다면 어떻게 해야 교회를 행복한 분위기로 만들 수 있을까?

첫째, 담임목사가 예수님 때문에 행복을 누리고 행복을 나누는 기쁨에 사로잡혀 있어야 한다. 그리고 예수님 때문에 행복한 자신의 내면을 설교를 통해서, 기도회를 통해서 끊임없이 나누고 행복한 마음의 전이가 이루어지도록 해야 한다.

둘째, 행복아카데미 훈련 프로그램을 가동해야 한다. 제자 훈련 프로그램은 다양할수록 좋다. 제자 훈련 교재마다 제자상이 다르다. 교회 가족들의 영양 상태에 따라 영양분을 공급하듯이 기존 제자 훈련 프로그램을 폐지하지 말고 필요에 따라 행복아카데미를 개설하여 행복의 영양분을 공급해 줄 필요가 있다.

교회가 천국을 누리며 행복해하는 분위기로 물들어야 하나님을 기쁘시게 하고 이웃을 행복하게 하는 교회로 일어설 수 있음을 명심하라.

④ 전도 분위기 조성을 위해 교회 닉네임을 만들라

교회는 비전과 사명, 제자상과 전략이 담긴 닉네임을 만들어야 한다. 왜냐하면 비전과 사명, 제자상과 전략이 버무려진 분위기를 조성하는 데 닉네임만큼 효과가 큰 것이 없기 때문이다.

교회의 닉네임은 짧은 문장이지만 가장 성경적이어야 하고, 목회 철학과 교회 정체성이 들어 있어야 하며, 누가 들어도 친근감이 있어야 한다. 그리고 현대인들이 호감을 갖는 명칭이라야 효과가 있다.

교회는 말하는 대로 변화된다. 강단에서 가장 많이 쓰는 단어대로 변화된다. 교회는 기도하는 대로 변화된다. 목사와 교인들이 가장 많이 사용하는 단어와 기도하는 단어대로 교회가 변화하는 것이다.

그렇다면 닉네임은 어떻게 만들어야 할까?

구원과 하나님의 나라를 누리게 하는 적용 언어로 손에 쥐여지는 단어가 바로 행복이다. 그리고 현대인들이 갈망하는 것 역시 행복이다. 선교학적인 측면에서 행복이라는 단어는 그 의미가 엄청나다. 그러므로 천국을 나누기 위해서는 먼저 천국을 누리는 것이 우선이다. 천국을 누리는 공동체가 되고 싶다면 이런 닉네임이 좋을 것이다.

"행복한 사람들."

"행복이 넘치는 사람들."

"행복이 샘솟는 사람들."

"행복에 젖은 사람들."

교회가 어느 정도 천국을 누리는 공동체로 세워졌다면 이제 천국을 나누는 공동체가 되어야 한다. 이때는 다음과 같은 닉네임이 좋을 것이다.

"행복을 나누는 사람들."

"행복을 주는 사람들."

"행복 향기를 풍기는 사람들."

이제 교회가 행복을 누리고 행복을 나누는 교회로 분위기가 바뀌었으면, 지역 사회를 복음화하고 사회 정의를 실현하는 교회로 빛을 발하기 위해 다음의 닉네임을 붙이면 좋겠다.

"행복한 세상을 만드는 사람들."

"행복한 세상을 꿈꾸는 사람들."

이렇게 만든 닉네임은 교회 이름 앞에 항상 붙여 놓는다. 주보, 전단, 월간지, 신문, 홍보지마다 교회 이름 앞에 닉네임을 붙이는 것이다. 기도할 때마다 교회 이름을 부르기에 앞서 닉네임부터 부르며 기도한다. 이렇게 하면 모든 교인들이 교회 정체성에 합당한 의식을 갖게 되고 닉네임과 같이 교회 분위기가 형성되어 갈 것이다.

비행기는 이륙할 때가 가장 많은 에너지를 필요로 한다. 일단 고도에 진입하면 날아가는 것은 쉽다. 교회도 마찬가지다. 분위기가 뜰 때까지 많은 에너지를 필요로 한다. 그러나 분위기가 뜨면 잘 날아간다. 교회는 닉네임이 없어도 부흥할 수 있다. 그러나 행복한 분위기를 조성하는 데는 이보다 좋은 것이 없다.

⑤ 영혼을 구원하는 생명 사역을 생활화시키라

전도 운동은 100미터, 200미터 단거리 형으로 하면 안 된다. 영혼을 살리는 전도 프로그램을 가동할 때는 마라톤식으로 해야 한다. 오랫동안 꾸준히 뛸 수 있는 방법으로 가야 하는 것이다.

이러기 위해서는 전도하는 생명 사역이 생활화되도록 해야 한다. 교인들이 천국을 누리면서 그 천국을 나누기 위해 증언하고 영혼을 데리고 오는 전도가 생활화되도록 동기 부여를 하는 것이다. 생명 사역을 생활화시키는 방법은 다음과 같다.

첫째, 예배 때마다 영혼을 살리고 영혼을 복 되게 하는 사역을 위해 합심으로 기도한다.

둘째, 어느 주제를 가지고 설교를 하든 거기서 전도에 대한 동기를 부여할 수 있는 길을 찾아 동기 부여를 한다.

셋째, 신문이나 행복 라이프라는 소책자를 제작하여 노방에서 나누어 주는 전도를 실시한다. 전도에 대한 야성을 길러 주기 위해서다.

넷째, 교구별로 전도팀을 만들어 매주 하루씩 전도하게 한다.

다섯째, 매년 1회나 2회 전도 프로그램을 가동한다. 열매가 있든 없든 꾸준히 해야 한다.

여섯째, 전도 프로그램이 끝나면 반드시 전도 시상을 한다.

일곱째, 전도의 생활화를 위해 전도 프로그램이 끝난 뒤에 세례 축제를 연다. 자기가 전도한 사람이 세례를 받게 되는 것보다 더 큰 보람과 기쁨은 없기 때문이다. 보람과 즐거움을 느끼도록 해 줌으로써 전도를 생활화해 가는 것이다.

⑥ 모든 설교에 구원의 메시지를 담으라

매 주일 낮 예배는 어떤 주제를 가지고 설교를 하더라도 예비 신자들에게 행복을 전하는 복음이 들려지도록 해야 한다. 모든 설교에 행복의 복음이 들어 있어야 하는 것이다. 행복 복음의 메시지는 예비 신자들을 위해 필요하지만 기존 신자들의 신앙 회복과 복음에 대한 확신을 주어 전도의 동기 부여가 되는 데도 필요하다.

그렇다면 모든 설교에 행복의 복음을 담는 것이 가능한가? 그렇다. 왜냐하면 하나님의 나라를 행복하게 누리기를 원하시는 하나님의 마음이 창세기부터 요한계시록까지 다 담겨 있기 때문이다. 그렇기 때문에 어떤 본문을 정하더라도 행복의 렌즈를 끼고 보면 하나님이 생명을 풍성히 얻게 하시려는 의도를 발견할 수 있다.

⑦ 설교 후 결단할 시간을 반드시 주라

설교자는 하나님의 말씀을 대언하는 자다. 설교자를 포함해서 말씀을 받는 청중은 반드시 그 말씀 앞에 반응하고 결단해야 한다. 결단송을 통해 들은 말씀을 영혼 깊숙이 스며들게 해야 하며, 하나님의 말씀에 자신을 비추어 보고 결단의 기도를 드려야 한다.

설교가 끝난 뒤에 설교 주제에 맞는 결단송을 함께 부르라. 결단송을 부르는 것은 성령님이 영혼들을 만지는 시간을 드리는 것이다. 이 시간은 설교 시간보다 더 중요한 시간이다. 왜냐하면 성령의 역사하심 속에서 성도들이 결단하고 예수님을 경험하게 되기 때문이다.

나는 결단송과 결단의 기도 시간에 성령의 감성적인 임재가 임하는 것을 매번 경험한다. 대부분의 성도들은 설교를 들을 때보다 결단송과 결단의 기도를 드릴 때 눈물을 많이 흘린다. 눈물을 흘린다는 것은 감동을 받았다는 의미요, 영혼과 마음에 놀라운 치유가 일어났다는 의미이다. 치유에 있어서 웃음보다 눈물 치료 효과가 더 강하다는 것을 아는가? 교회에 처음 나온 사람일수록 성령의 감성적인 임재를 통해 하나님의 사랑을 느낄 필요가 있기 때문에 결단송과 결단의 기도 시간을 반드시 가져야 한다.

설교가 씨 뿌리는 시간이라면 결단송과 결단의 기도는 물 주는 시간이다. 씨는 뿌렸는데 물을 주지 않으면 농사가 될 수 없다. 씨를 뿌렸으면 성도들로 하여금 결단할 수 있는 시간을 주라. 그러면 교회가 옥토로 바뀔 것이다.

결단송이 끝난 후에 예비 신자가 참석했으면 자연스럽게 초청하여 예수님을 구원자와 주인으로 받아들이도록 한다.

평신도 선교사의 역할

이제는 영혼을 살리는 사역을 효과적으로 이루기 위해 평신도 선교사가 해야 할 역할을 살펴보겠다. 사실 많은 그리스도인들이 전도에 대한 부담감과 두려움에서 벗어나지 못하고 있다. 또한 전도를 못하고 있는 현실에 대해 죄책감을 갖고 있으면서도 선불리 전도 사역에 발을 들여 놓지 못한다. 이러한 때에 평신도 선교사는 부담감과 죄책감에서 벗어나 자신감을 갖고 영혼을 인도하고 살리는 일에 앞장서야 한다. 평신도 선교사가 해야 할 일은 다음과 같다.

첫째, 태신자를 정하고 기도한다. 둘째, 초청하여 복음을 들려주기 위해 관계를 맺는다. 셋째, 복음을 들려주기 위해 교회로 초청한다. 영혼을 구원하기 위하여 평신도 선교사가 해야 할 역할은 여기까지다. 그 뒤로 영혼이 거듭나게 하는 일은 성령님의 역할이다.

① 태신자(VIP, BEST, 예비 신자)를 정해 놓고 기도하라

영혼을 살리기 위해 태신자를 정하는 것은 매우 중요하다. 왜냐하면 전도할 대상자를 정해 놓지 않고 전도한다는 것은 불가능하기 때문이다. 태신자를 정해 놓아야만 구원될 때까지 기도할 수 있고, 꾸준한 관계 맺기가 가능하다.

태신자를 정해 놓은 다음에는 열심히 기도해야 한다. 불신자들에게 역사하는 영(엡 2:2)이 있기에, 그 영을 기도로 결박하지 않고는 영혼을 탈환해 내기가 어렵다. 기도 없이 영혼 구원은 불가능하다. 한 영혼이 마귀와 그의 사자들의 올무에서 벗어나기까지 얼마나 많은 기도가 필요한지 모른다.

전혀 무너질 것 같지 않았던 여리고성이 일곱 째날 일곱 바퀴를 돌고 소리칠 때 무너졌다. 이렇듯 무너질 기미가 전혀 보이지 않던 여리고성이 때가 되어 무너지듯이, 꾸준히 기도하면 완악했던 불신자의 입을 통해서 예수의 이름이 영광스럽게 드러날 것이다.

하나님은 평신도 선교사들의 기도 노트에 적힌 태신자의 이름을 가장 기뻐하실 것이다. 그러므로 기도 노트에 주님께로 인도할 영혼들을 빼곡히 적어 넣자. 그리고 끊임없이 기도하고 풍성한 열매를 기대하자. 기도하라고 명령하신 하나님은 우리의 기도를 통해 위대한 일을 이루실 것이다.

② 태신자와 좋은 관계를 맺으라

태신자를 정하고 기도하면서 다음으로 해야 할 일은 태신자와 관계 맺는 일이다. 관계 맺기라는 말은 태신자와 같이 놀고 즐긴다는 것이다. 같이 놀다 보면 친해지고, 어느새 마음이 열린다. 마음이 열리면 그들의 아픔과 문제들을 털어 놓기 시작한다. 그들이 속마음을 털어 놓을 때 함께 기도해 주라. 또한 그들이 아파할 때 늘 함께 있어 주면 관계는 급속도로 좋아질 것이다. 관계가 좋아지면 좋아질수록 교회로 초청하기가 쉬워지고 복음을 듣게 할 기회가 늘어난다.

③ 복음을 들려주기 위해 교회로 초청하라

영혼을 구원하기 위해 사람이 할 수 있는 일은 태신자를 정하고, 태신자와 관계 맺고, 교회로 초청하여 복음을 들려주는 것이다. 우리가 할 수 있는 일은 여기까지다. 마음 문을 열고 그리스도를 구원자와 주인으로 영접하게 하시는 분은 성령님이다. 거듭나게 하실 분은 오직 성령님뿐이다.

성령님은 영혼들로 하여금 그리스도를 영접하도록 하기 위해 감성적으로 터치하고 마음 문을 열게 하신다. 성령의 감성적인 임재는 특수한 경우가 아니면 예배를 통해서 이루어진다. 대부분 예배를 통해 거듭남을 경험하게 되기 때문에 복음을 들려주기 위해 영혼들을 교회로 초청하는 것은 중요하다.

물론 복음을 들려주는 방법은 다양하다. 네비게이토 선교회에서 나온 브릿지나 CCC의 4영리, 전도폭발훈련에서 배운 복음 제시, 혹은 개인 간증을 통해서 직접 복음을 들려줄 수도 있다. 그러나 이것은 훈련받은 평신도 선교사들만 가능하다.

대부분은 교회의 전도 축제 기간에 사람들을 초대해 복음을 전하고 영접하도록 인도한다. 내가 섬기는 교회에서는 이 초청 기간에 방문하는 태신자를 VIP라고 한다. VIP를 초청하여 교회 예배 시간에 방문만 해도 등록과 상관없이 전도 1인으로 쳐 준다. 한 사람이 열 번 방문하면 열 명 전도했다고 계산한다. 이것은 열 명을 데리고 온 것보다 한 사람이 열 번 나오는 것이 거듭날 확률이 더 높기 때문이다.

예배 때마다 늘어나는 VIP 덕분에 예배 시간이 얼마나 가슴 뛰게 기쁘고 즐거운지 모른다. 개척 교회 시절에는 새가족이 없어서 늘 죄책감에 점심을 굶었는데, 이제 행복아카데미 훈련으로 평신도 선교사를 세우고 태신자들을 위해 기도하다 보니 VIP를 초청해 복음을 들려주는 일이 생활화되었다. 이제는 전도 축제 기간뿐만 아니라 주일 예배에도 VIP 초청은 끊이지 않는다.

아마도 세상에서 가장 멋진 교회는 VIP 초청이 생활화되고, 강단에 선 설교자가 천국을 전파하는 교회일 것이다.

교회의 역할

① 행복자로 세우는 양육훈련 시스템을 구축하라

성도들이 교회를 위해서 봉사하고 헌신하는 것보다 우선적으로 훈련해야 할 것이 예수 그리스도와 함께 사는 법이다. 예수님과 함께 사는 것이 천국이다. 복음으로 행복을 누리고 행복을 나누는 삶인 것이다. 그래서 복음으로 구원을 누리고 그 구원을 나누지 않고는 견딜 수 없는 자로 세우는 양육훈련 시스템의 구축이 무엇보다 중요하다.

② 영혼을 돌볼 건강한 소그룹을 구축하라

소그룹은 그리스도의 몸을 경험하는 공동체로서 하나님의 가족 공동체를 경험할 수 있는 곳이다. 구원받은 영적 신생아들을 돌보고 키우는 곳이 바로 소그룹이기 때문에 건강한 소그룹을 구축하지 않고 전도하는 일에만 집중한다면 구원받은 영혼들이 정착하여 성장하지 못하고 다시 빠져 나갈 것이다.

건강한 소그룹을 통해 새가족 양육이 잘 이루어지면 교회는 끊임없이 성숙하게 된다. 재생산의 모델링이 이루어지는 소그룹을 통해 교회는 끊임없이 성장하는 것이다.

③ 방문자를 초청하는 전도 축제를 마련하라

＊전도 축제의 명칭

우리 교회의 경우 전도 축제 기간을 봄에 15주간, 가을에 12주간, 1년에 두 차례 갖는다. 봄 15주간의 전도 축제 명칭은 닉네임을 앞에 넣어 '행복을 나누는 사람들의 봄 축제'라고 하고, 가을 12주간의 전도 축제는 '행복을 나누는 사람들의 가을 축제'라고 한다. 여기서 '새생명 축제', '전도 축제'와 같이 전도가 표면적으로 드러나는 이름을 피하는 나름의 이유가 있다.

첫째, "교회에서 새생명 축제가 있는데 꼭 한 번 방문해 주세요"라고 초청하는 것보다 "저희 교회에서 행복을 나누는 사람들의 봄 축제가 있는데, 형제님을 특별히 초청하고 싶습니다. 가벼운 마음으로 축제에 한 번 와 주시겠습니까?"라고 말하는 것이 쉽기 때문이다.

둘째, 초대를 받은 사람들의 부담감을 덜어 주기 위해서다.

셋째, 초대를 받아 교회에 방문했지만 전도의 목적으로 일부러 잘해 주었다고 생각하여 마음의 문을 닫는 사람들도 있기 때문이다.

축제 중의 축제는 하나님을 기쁘시게 하는 축제다. 하나님은 어떤 축제를 좋아하실까? 찬양 축제일까? 기도 축제일까? 교제 축제일까? 춤추고 뛰노는 축제일까? 아마 하나님이 가장 기뻐하시는 축제는 죽은 영혼이 살아나는 축제일 것이다. 그분에게 있어서 탕자가 돌아오는 것보다 더 기쁜 일은 없기 때문이다. 잃은 양을 찾아 하나님의 품에 안겨 주는 일보다 더 행복하고 더 기쁜 축제는 없다. 그래서 단순하게 '행복을 나누는 사람들의 봄 축제', '행복을 나누는 사람들의 가을 축제'라고 말하는 것이다.

행복을 나누는 사람들의 축제가 시작되면 교인들 모두 이것이 전도 기간인 줄 안다. 그리고 잃은 양 찾아오는 것을 하나님이 가장 기뻐하신다는 것을 안다. 자연스럽게 교인들은 VIP들을 부담 없이 초청해 온다. 예배 시간마다 이렇게 초대받아 온 분들이 수십 명이 된다. 불신자들을 초대해 놓고 복음을 전해 주는 일보다 더 행복한 일은 없다. 이렇게 하다 보면 자연스럽게 거듭남이 이루어지고, 하나님이 기뻐하시는 진정한 축제가 된다. 이것은 영혼을 살리기 위해 교회를 세우신 성령님이 우리를 통해 이루신 영혼 구원의 사역이다.

＊전도에 대한 동기 부여와 홍보

전도에 대한 동기 부여와 홍보를 위해서 대부분의 교회들은 교회 안과 밖에 플래카드를 걸고 포스터를 잔뜩 붙여 놓는다. 전도에 대한 홍보를 플래카드와 포스터에 의존하는 것이다. 물론 이런 것들도 어느 정도의 효과는 있다. 하지만 초대받은 VIP 입장에서 생각하면 그것들이 오히려 역효과를 불러일으킬 수 있다. 정신없이 붙여 놓은 홍보물로 인해 부담감이 느껴져서 교회에 발을 들여 놓으려다가 슬쩍 빼는 사람들이 있는 것이다. 모든 플래카드나 포스터의 수명은 2주 정도 된다고 보면 된다. 굳이 플래카드와 포스터로 홍보하고 싶다면 집중 전도 기간 전에 사용하고, 실제적인 전도 기간이 시작되면 플래카드나 포스터를 제거하는 것이 더 효과적이다. 초청한 VIP들이 예수님을 만나고 거듭나는 데 장애가 될 수 있기 때문이다.

그렇다면 전도에 대한 동기 부여와 홍보는 어떻게 해야 좋을까? 설교와 기도를 통해서 하는 것이 가장 효과적이다. 매주 설교(다양한 주제의 설교일지라도)마다 VIP들을 위해 복음의 메시지를 전하면서 동시에 영혼 구원에 대한 열정을 심어 주는 메시지를 곁들여서 전해 주는 것이다.

대표기도와 통성 기도에도 항상 영혼 구원에 대한 기도가 들어 있어야 한다. 설교와 기도보다 더 확실한 홍보와 동기 부여는 없다. 그런데 너무 지나친 강조는 효과가 떨어질 수 있으니 지혜롭게 마음을 움직이는 표현들을 다양하게 사용함으로써 동기 부여가 효과적으로 이루어질 수 있도록 해야 한다.

*태신자 작정 기간 선포 주일

전도 집중 기간 4주 전에 태신자 작정 선포 주일을 정하고 태신자 작정을 선포한다. 태신자 봉헌 주일까지 2~3주 정도 태신자 작정 기간을 준다.

태신자 봉헌 주일

2~3주의 태신자 작정 기간이 지나면 태신자 봉헌 주일을 갖는다. 태신자의 이름을 먼저 하나님께 봉헌하는 주일이다. 모든 성도들이 태신자 카드를 두 장씩 작성한 후에 한 장은 봉헌하고 또 한 장은 성경 속에 넣어 두고 태신자 구원을 위해 기도하는 기도 카드로 사용한다. 그리고 봉헌한 태신자 카드는 강대상에 있는 태신자 봉헌함에 넣어 두고늘 기도한다.

전도 축제 선포 주일

태신자 봉헌 주일을 지내고 그다음 주일에 전도 축제를 선포한다. "다음 주일부터 15주 동안 영혼을 살리고, 수많은 사람들이 천국을 얻고, 하나님이 가장 기뻐하시는 행복을 나누는 사람들의 봄 축제가 시작됩니다"라고 담임목사가 외치면 온 회중은 "아멘" 하면서 기립 박수를 치며 하나님께 영광을 돌린다.

전도를 주제로 한 교구 대항 지체별 퍼포먼스

교구대항 지체별 퍼포먼스를 말하기 전에 목포사랑의교회 구성부터 이야기하겠다. 우리 교회는 "너희는 그리스도의 몸이요 지체의 각 부분이라"(고전 12:27)는 말씀 중에 "지체의 각 부분이라"는 말씀을 근거로 조직되었다.

지체의 각 부분을 셀이라고 한다. 셀은 교회의 가장 작은 소그룹 교회다. 하나님의 가족 공동체를 경험할 수 있는 가정교회인 것이다. 셀 교회를 섬기는 자들을 셀지기라고 부른다. 여기서 영적 신생아 돌봄과 양육, 재생산하는 모델링이 이루어진다.

10개 셀에서 20개 셀 정도가 모여 지체교회를 이룬다. 지체교회를 섬기는 자를 지체지기라고 하며, 주로 장로 부부가 담당한다. 지체교회에서는 하나님의 가족 공동체의 소형교회를 맛볼 수 있다.

3~4개의 지체교회가 모이면 교구교회를 이룬다. 교구교회를 섬기는 자를 교구지기라고 하는데, 주로 교구담당 목사가 맡는다. 하나님의 가족 공동체의 중형교회를 맛볼 수 있는 곳이다. 교회가 대형화되면서도 중형교회(교구교회), 소형교회(지체교회), 가정교회(셀교회)를 맛볼 수 있고, 삼겹줄 관리와 돌봄이 가능해진다.

교구대항 지체별 퍼포먼스는 한 교구에서 한 지체가 대표로 출전하여 진행된다. 주제는 전도이며, 구호제창, 노래, 연극, 콩트, 뮤지컬 등 장르에 관계없이 퍼포먼스를 하면 된다. 우승 상금은 1등이 50만 원, 2등이 30만 원, 3등이 20만 원이다.

많은 성도들이 지체별 퍼포먼스를 통해서 전도에 대한 도전을 받고, 전도 분위기를 형성하는 데 큰 도움이 된다. 퍼포먼스를 준비하면서 스스로 감동과 은혜를 받기도 하며, 지체교회의 단합이 이루어지는 계기도 된다. 교구대항 지체별 퍼포먼스는 전도 축제 기간 한 주 전 주일 낮 예배를 통해 전도 축제를 선포하고 그날 저녁예배 시간에 갖는다.

환희! 환희! 환희! 축제 주일

전도 축제 기간 마지막 주일이 '환희! 환희! 환희! 축제 주일'이다. '환희!'를 세 번 외치는 이유는 잃은 양을 찾으면 첫째, 하나님이 환희하시고, 둘째, 목자의 품에 안긴 양이 환희하고, 셋째, 하나님과 하나님의 품에 안긴 양이 환희하는 것을 보고 모든 교회 가족들이 환희하기 때문이다. 이때는 전도의 마지막 피크를 올리는 날이다.

④ 방문자가 쉽게 교회에 접근할 수 있는 프로그램을 마련하라

전도 축제 기간에 VIP들이 쉽게 복음을 느끼고 받아들일 수 있도록 프로그램을 마련해야 한다. 하나님이 애타게 찾으시는 잃은 양들을 위한 마음을 가지고 예비 신자들을 위하여 열린음악회, 뮤지컬, 유명인사 초청 간증집회, 자녀 교육 축제 등을 마련하는 것이다.

이런 프로그램에 VIP들을 초청하는 것은 예배에 초청하는 것보다 부담감이 덜하다. 예를 들어, "이번에 저희 교회 문화 센터에서 세계적인 바이올리니스트 초청 열린음악회가 있어요. 선생님을 초대하고 싶습니다"라고 하면서 티켓을 주는 것은 전도지를 주는 것보다 훨씬 더 쉽다. 이런 계기로 VIP가 예수님을 만나게 되면 초청자는 전도의 기쁨을 느끼고 더 많은 사람들을 초청하게 된다.

교회는 VIP들을 초청하기에 편리하도록 예비 신자들을 위한 다양한 프로그램을 마련하는 것을 사명으로 알아야 한다.

⑤ 방문자 카드와 등록자 카드를 비치하라

방문자 카드는 방문자 선물 교환권과 같다. 이 카드는 주로 초청받아 온 VIP가 쓰지 않고 초청해 온 전도자가 미리 작성하는데, 이것을 방문자 선물을 주는 카운터에 제출하고 선물을 받아 방문자에게 주는 것이다.

또한 교회에서는 이 방문자 카드를 등록자 카드와 동일하게 전도 1인으로 쳐 준다. 한 사람이 방문자 카드를 열두 번을 내도 선물을 주며 전도자 수는 열두 명이 된다. 그러니 초청해 온 교인들은 방문자에게 등록을 강요할 이유가 없다. 계속해서 방문자로 출석해도 전도자 수가 늘어나기 때문이다.

이렇게 하면 교인들이 전도에 대한 두려움을 벗어 버리고 자신감을

갖게 된다. 또한 방문자 입장에서는 자신의 의사와 상관없이 초청자가 등록 카드를 억지로 써서 제출하는 것을 불쾌하게 여길 수 있는데, 그런 일들을 방지할 수 있다.

방문자 카드는 초청자가 대신 작성해 줄 수 있지만 등록자 카드는 본인이 직접 작성하도록 한다. 등록자 카드 작성이 그들의 신앙고백의 일부가 되기 때문이다. 이것이 바로 방문자 카드와 등록자 카드를 구별해서 비치해 놓는 이유다.

⑥ 방문자와 등록자에게 줄 선물을 마련하라

초청되어 온 VIP들을 위한 방문자선물과 교회 등록한 자들에게 줄 선물을 마련해야 한다.

방문자들과 등록자들에게 선물을 드리는 첫 번째 이유는 온 교우들이 방문자와 등록자를 반갑게 환영하기 위해서다. 들고 다니는 선물을 보면 방문자인지 혹은 등록자인지 알 수 있게 하기 위해서다. 그래서 방문자나 등록자에게 줄 선물은 핸드백에 들어갈 수 없는 크기로 준비한다.

방문자에게 준 선물을 들고 다니는 사람을 보고 온 교인들은 이렇게 인사한다.

"반갑습니다. 정말 잘 오셨습니다. 식당에서 꼭 식사하고 가세요."

"어머머, 정말 좋은 교회 나오셨네요. 환영합니다. 식당에서 꼭 점심 드시고 가세요."

등록자에게 준 선물을 들고 다니는 사람을 보고 교인들은 이렇게 인사한다.

"등록하셨군요. 탁월한 선택을 하셨습니다. 교회 식당에서 꼭 식사하고 가세요. 다음 주일에 또 뵙겠습니다."

"참 반갑습니다. 등록하셨군요. 정말 잘하셨습니다. 꼭 점심 드시고 가세요."

만나는 사람들마다 이렇게 인사를 건네기 위해서 선물을 드린다. 인사에 대한 거부감을 느끼는 자들도 없지는 않겠으나 밝게 웃는 낯에 침 뱉는 사람은 없다. 대부분의 사람들이 교회에 문턱을 넘어 왔다는 것은 그만한 사연이 있을 수 있다. 수많은 상처 속에 외로움과 괴로움에 고통받는 사람일수록 많은 분들의 반가운 인사를 통해 '아하, 교회는 나 같은 사람도 사람 대접해 주는 곳이구나!' 자신의 존재감을 느낄 수 있다. 자신을 환영하고 기뻐해 주는 곳에 자주 가고 싶어지는 것이 사람의 마음이다.

선물을 준비한 두 번째 이유는 교회가 VIP들을 귀하게 여기고 기다리고 있었다는 것을 인식시켜 주기 위해서다. 마음이 가는 곳에 물질이 간다는 말처럼 사람들은 선물을 통해서 자신을 향한 마음을 보기 때문이다.

세 번째 이유는 초청받아 오신 방문자들에게 선물을 드림으로 초청해 오는 교우들의 낯을 세워 주기 위해서다. '아하, 이 사람 따라왔더니 이런 것도 주네!' 순간의 흐뭇한 마음을 주면서 초청해 온 자들을 격려하기 위해서다. 방문자 선물은 3,000원 선에서 다양하게 준비한다. 매주 선물이 다르다. 왜냐하면 올 때마다 주기 때문에 한 사람이 여러 번 받을 수 있기 때문이다. 와서 선물을 많이 받은 사람일수록 등록할 가능성이 높다.

그러나 등록자 선물은 방문자 선물보다 비싼 2만 원 선에서 준비한다. 한 번 받을 수 있는 선물이기 때문에 조금 더 비싼 것으로 준비한다.

불의한 재물로 친구를 사귀라는 예수님의 말씀을 기억하면서 기쁜 마음으로 선물을 준비한다.

⑦ 방문자가 쉽게 복음을 경험하도록 구원 간증자를 세우라

초청을 받아 교회에 출석한 방문자들과 등록자들에게 복음을 들려주기 위해 구원받은 분들의 간증 시간을 축제 기간 매 주일 낮 설교 전에 갖는다. 신기하게도 구원 간증문 낭독 후에는 설교가 더 잘 된다. 간증문을 통해 청중의 마음이 많이 열려 있기 때문이다. 구원 간증문은 방문자들과 등록한 새신자들에게만 감동을 주는 것이 아니다. 기성 신자들도 간증을 통해 복음의 불이 타오르게 된다. 구원받은 자들이 계속해서 복음 앞에 서야 하는 이유가 바로 여기에 있다. 구원 간증문을 들으면 들을수록 주님을 만난 첫사랑을 느끼며 복음에 대한 확신이 업그레이드 되므로 복음을 전해야겠다는 마음이 불타오른다. 설교 전에 갖는 구원 간증문 낭독 시간은 예배 분위기를 좋게 해 줄 뿐만 아니라 새신자들과 기성 신자들에게도 매우 유익한 시간이 된다.

⑧ 방문자와 등록할 새가족을 위한 주차 공간을 확보하라

방문자와 등록자를 처음으로 대면하는 곳이 주차장이다. 그들을 맞이하는 주차 안내팀원들의 인상과 섬김은 그들을 예수님 품에 안기게 하는 데 중요한 역할을 한다. 즉 주차 안내도 선교의 일부분인 것이다.

대부분 새가족은 지각하는 경우가 많다. 그래서 방문자와 등록자의 주차 공간을 확보해 놓고 그들을 기다리는 주차 안내팀원들은 탕자를 기다리는 하나님의 마음으로 서 있어야 한다. 주차장에 들어오는 방문자와 등록자를 진심으로 환영하고 확보된 주차 공간에 주차할 수 있도

록 섬기는 일은 새가족을 교회에 정착시키는 데 큰 역할을 한다.

⑨ 방문자와 등록한 새가족을 위한 식사를 준비하라

교회 식당에 목사와 장로가 식사하는 장소는 없어도 방문자와 등록자를 위한 VIP 식탁은 반드시 필요하다. 기성 신자들은 예외 없이 자신이 배식하여 식사하지만 방문자와 등록자는 챙겨 줄 사람이 필요하다. 교회에서 가장 귀하게 대접해야 할 귀빈은 돌아온 탕자, 즉 방문자요, 등록자이다. 교회에서 이들보다 더 귀한 손님은 존재하지 않는다. 전도 축제 기간에 방문자와 등록자 대접은 장로님들이 맡는다. 장로님들이 앞치마를 두르고 방문자와 등록자를 정성껏 섬긴다. 이러한 모습은 기성 신자들에게 모범이 되고, 새가족에게 큰 기쁨이 된다. 장로님들이 대접하고, 많은 성도들이 환영하면 방문자와 등록자는 세상과 다른 문화를 보게 되므로 감동을 받게 된다.

만약 교회가 관료주의적인 서열 문화를 보여 준다면 교회와 세상이 다른 것이 무엇이겠는가? 교회는 이 땅에 섬기러 오신 예수님의 모습을 닮아가야 한다. 그래야 많은 영혼을 추수하게 될 것이다.

⑩ 전도 축제가 끝난 뒤 세례 축제를 가지라

전도 축제 기간이 끝난 후에 문답을 통해 예수님을 자신의 구원자와 주인으로 영접하기 원하는 자들은 세례 축제를 통해 세례를 받는다. 이렇게 세례를 베푸는 이유는 다음과 같다.

첫째, 전도 축제 기간에 구원한 영혼들을 가족 공동체로 받아들여 바로 성찬에 참여하게 하기 위함이다. 둘째, 구원한 그들을 양육해 가는 데 도움이 되기 때문이다. 셋째, 세례받은 영혼들을 전도해 온 자들에게 영혼 추수의 보람과 즐거움을 바로 선물해 주기 위함이다.

한 걸음 더 나아가 세례 축제를 성대하게 여는 이유가 또 있다. 사람은 세례를 두 번 받지 않는다. 결혼식은 이혼하면 또 할 수 있지만 세례는 유일하게 한 번 받는다. 생일은 생로병사의 시작점이지만 세례는 천국의 시작점이기 때문에 생일보다 더 귀한 날이 세례받는 날이다.

고 손양원 목사님의 묘비에 있는 글이다.

> "나의 생일은 거듭나는 날이요, 나의 주소는 예수님의 품이며, 나의 양식은 성경이요, 나의 호흡은 기도요, 나의 일은 전도다."

그렇다. 그리스도인의 진정한 생일은 거듭나는 날이다. 세례받는 날은 땅에서도 기쁨의 날이요, 하늘에서도 기쁨의 날이다. 그러기에 세례식을 가볍게 여겨서는 안 된다. 세례 축제를 열어 거창하게 해야 한다. 축하객들을 초청하고, 셀에서는 축하 선물을 마련하고, 교회에서는 축하 꽃을 준비한다. 축포를 터뜨리며 꽃가루를 날리고 축하송을 불러준다. 그리고 세례받은 이들을 위해 성찬식을 거행한다.

세례 축제는 구원받은 이들을 위해서도, 기성 신자들의 전도의 기쁨과 보람을 안겨 주기 위해서도 필요하다.

⑪ 셀 분가 축제를 가지라

세례 축제를 마치고 2주 후에 셀 분가 축제를 갖는다. 세례 축제 후 분가 신청을 받아 면접한 후 셀 분가가 허락되면 축제를 통해 분가를 한다. 셀 분가 축제를 갖는 이유는 전도를 통해 분가 번식이 이루어지는 모습을 온 성도들에게 보여 주고 이 일을 독려하기 위함이다.

분가하지 않는 셀은 죽은 셀이거나 기능이 상실된 셀일 가능성이 많다. 셀 분가 축제를 통해 건강을 잃은 셀을 해체하거나 보강해 주기도 하고, 셀지기 교체가 이루어지기도 한다. 셀 분가와 더불어 지체 분가를 함께하기도 한다.

⑫ 전도 시상식을 준비하라

전도 축제 기간에 전도한 사람들과 셀을 격려하기 위해 방문자 수와 세례자 수를 1, 2, 3등까지 선정하여 개인별로 시상하고, 셀별로도 시상한다. 그리고 지체별, 교구별은 1, 2, 3등을 선정하여 우승기로 시상한다. 시상식은 다음 전도 축제 기간을 바로 앞두고 실시한다. 축제를 앞두고 전도의 열정을 불어넣어 주기 위해서다.

6) 교회 행정

전도사 시절 어머니가 가르쳐 준 목회 원리다.

"동조야, 목회는 행정을 잘 해야겠더라."

"왜요?"

"우리 교회 시무하는 교역자들을 보니까 어떤 분들은 설교는 잘하는데 행정을 못해서 교회가 갈등 속으로 빠지는 경우가 많더라."

"그래요?"

"그리고 어떤 분들은 설교도 못하고 찬송도 잘 못하는데 행정을 지혜롭게 잘해서 교회를 잘 이끌어 가는 분들이 있더라."

"구체적으로 예를 들어서 설명해 주시겠어요?"

"어떤 분들은 설교를 잘해서 은혜롭게 예배를 드렸는데 제직회하면서 제직들 사이에 갈등의 요인을 지혜롭게 대처하지 못해서 싸움이 붙는 경우가 있는데, 그렇게 되면 결국 교회 분위기가 험악해지면서 교역자가 오래 시무하지 못하고 교회에서 떠나더라."

"그렇군요."

"그래서 나는 목회에서 가장 중요한 것은 행정이라는 생각이 들더라."

목회자들 사이에 떠도는 말 중에 가슴에 새겨진 말이 있다면 "행정을 잘하면 교회가 평화로워진다"는 말이다. 앞으로의 목회 환경은 지금까지와는 사뭇 다를 것이다. 그러므로 목회 방법도 시대에 맞춰 달라져야 한다. 달라져야 할 목회 행정에 대한 나의 경험을 몇 가지 나누어 보겠다.

정관에 따라 이루어지는 교회 행정

이제 교회는 주먹구구식으로 운영하면 안 된다. 교단 헌법의 테두리 안에서 교회 정관을 공동의회에서 제정하여 그 정관에 따라 교회 조직이 이루어져야 하고, 정관에 따라 교회가 치리되어야 하며, 정관에 따라 목회 계획이 수립되고 진행되어야 하며, 정관에 따라 재정이 집행되지 않으면 교회는 갈등의 소용돌이를 막을 길이 없다. 큰 교회든 작은 교회든 마찬가지다. 반드시 정관을 제정하고 그 정관에 따라 교회 행정이 이루어져야 한다.

정관에 따른 교회 행정이 불편할 것 같지만, 전혀 그렇지 않다. 오히려 교회의 화평을 지키는 최선이 된다. 정관을 제정하고 제정된 정관에 따라 교회 행정이 이루어지면 목사 혼자 독재한다는 오해도 받지 않는다. 교회 행정의 투명성이 드러나고 많은 교인들에게 신뢰를 얻을 수 있는 방법이다.

정관에 따라 교회 조직이 이루어지고, 정관이나 회의록에 따라 합법적으로 집행된 재정 장부들이 검찰과 대법원에까지 제출되었을 때 흠과 티가 없는 행정이 이루어지지 않으면 파도처럼 밀려오는 사탄의 대적 앞에 교회는 갈등의 소용돌이에 휘말리게 된다.

정관에 따른 교회 행정이 이루어져야 할 또 다른 이유는 정관이 교회 재산을 지켜 주는 역할을 하기 때문이다. 교회 분열을 책동하는 자들 때문에 교회가 어지러울 때 재산을 지켜 주는 것이 정관이다. 다음의 정관 내용들은 교회 재산을 지키기 위한 규정들이다.

제84조 (분쟁시 재산권) 분쟁시 교회 재산권에 대하여 다음과 같은 원칙을 둔다.

1. 지교회의 분립은 노회의 고유 권한이다(총회 헌법 정치 제10장6조5항).
2. 어떤 경우라도 교회 분립, 분열로 인한 재산 분할은 불가하다.
3. 세례, 입교식 및 임직선서의 위반으로 치리회(당회, 노회, 총회)로부터 치리(권징)를 받은 자는 교인으로서 지위를 상실하며 재산권(처분, 사용, 수익권, 기타)이 상실된다.
4. 교회 직분자가 성일(聖日)을 범하거나 미신(迷信) 행위나 음주 흡연, 구타하는 등의 행동이나 고의(故意)로 교회의 의무금을 드리지 않는 자는 직임(職任)을 면(免)함이 당연하고 교인의 의무를 이행하지 않는 자로 간주하여 교회 재산에 대하여 어떤 권리도 주장할 수 없다.

이뿐 아니라 6개월 이상 무단결석한 자는 교인 명부에서 제하게 된다는 조항도 있고, 교회 재산은 분할권이 없는 총유 재산이며, 교회 분쟁 시에 재산을 나누고자 할 때는 공동의회 재적의 3분 2가 찬성해야 한다는 조항이 있는데, 이것은 대법원의 판례이기도 하다.

정관에 따라 교회 행정이 이루어지면 상호간의 갈등이 줄어들고, 교회는 평화롭고 든든하게 사명을 감당할 수 있으며, 교회 재산을 지켜 나갈 수 있다.

정관 제정시 필요한 삼권 분립

대부분의 교회는 입법, 사법, 행정 삼권을 당회가 가지고 교회를 치리한다. 이런 치리 형태를 평신도들이 언제까지 용인할 것 같은가? 하루 빨리 교회는 삼권분립의 교회 행정을 취하지 않으면 안 된다. 입법

권은 공동의회에 주고, 재정집행권은 제직회에 주고, 행정과 사법 그리고 감사권은 당회가 맡아야 한다. 당회가 삼권을 다 가지고 교회를 이끌다 보면 목사와 장로들만 교회에 남게 될 가능성이 많다.

하향식 행정에서 상향식 행정으로

포스트모던 시대에는 교회 지도자들이 존경받는 리더십을 갖고 교회를 치리하려면 중직자들이 섬기는 자리로 내려와야 한다. 전에는 당회의 지시로 각 부서가 움직였다. 그러나 지금은 각 부서에서 자신들이 직접 세운 사업 계획이라야 목숨을 건다. 전에는 하향식이 통했지만 지금은 상향식이어야 하는 것이다.

그러므로 당회를 이루는 목사와 장로는 아버지의 마음으로 각 부서에서 올라온 안건들을 다루어야 한다. 효율적인 사업 계획 추진을 위해 어떻게 멍석을 깔아주고 울타리가 되어 줄 것인가를 아비의 마음으로 생각해야 하는 것이다. 각 부서에서 원하는 것 이상으로 당회가 더 잘 후원해 주고 이끌어 줄 때 각 부서의 왕성한 사역이 이루어질 것이다.

당회 직무 수행의 지혜로운 역할 분담

나는 교회를 개척한 후 창립 7주년 되는 해에 장로 임직을 통해 당회를 조직함으로써 조직 교회로 탈바꿈했다. 그런데 기쁨은 잠시, 당회장 혼자 처리하던 일들을 당회원들과 상의하며 하다 보니 의견 마찰로 종종 힘들 때가 생기게 되었다. 서로 자신을 믿어 주기만 바라고, 상대방을 먼저 믿어 주는 마음이 없었기에 섭섭함만 생기고 갈등의 골이 깊어지는 것을 느꼈다.

나뿐만 아니라 많은 목회자들이 당회를 많이 어려워한다. 수많은 교회들을 방문하면서 보고 느낀 것은 목사와 장로 사이에 미묘한 갈등이 있다는 것이었다. 한국 교회는 이 부분만 해결되어도 행복한 공동체가 될 것이다.

'어떻게 하면 목사와 장로 사이가 행복한 관계 속에서 교회를 섬길 수 있을까?'라는 고민 끝에 도달한 결론은 당회의 직무를 수행할 때 당회장에게 일임하여 처리할 사안과 당회 결의를 통해 처리할 사안을 정관을 통해 구분하는 것이었다. 나는 당장 우리 교회에 이 방법을 적용했다. 당회 직무 중에서 당회장에게 일임하여 처리할 것과 당회를 거쳐서 처리해야 할 것을 분명하게 구분해 놓은 것이다. 그 뒤로 당회장과 당회원 사이에 갈등도 없어지고 교회가 더 행복해졌다.

당회장에게 일임할 것과 당회를 통해 처리할 것을 구분해 놓은 부분을 소개하면 다음과 같다.

> 제43조 (직무 및 권한) 당회의 직무는 헌법(정치, 제9장 제5조) 10항이다.
>
> '특별헌금 즉 부동산 구입이나 교회 개척을 위한 헌금 수집하는 일은 당회 결의로 한다. 이 외에 일반적인 각 항 헌금 수집하는 일과 각 항 헌금 수집하는 날짜와 방침을 정하는 일과 예배와 목회 계획 및 행정은 회장에게 일임하여 수행하도록 한다.'

예배와 목회 계획은 당회장에게 일임하여 처리한다. 행정은 당회장과 당회원이 함께해 나가는데 교회 전체 행정 총괄은 당회장이 하고,

각 부서, 즉 교회학교, 세계선교회, 기독교사회봉사단, 재정부, 재단관리부, 팀 사역 등은 당회원이 나누어서 맡는다.

감사는 장로님들에게 맡기고, 감사 후에는 당회장에게 감사 보고서를 제출한다. 대부분의 장로님들은 감사를 하기도 하지만 자기가 섬기는 부서에서는 오히려 감사를 받는다. 이것이 얼마나 아름답고 보기에 좋은 일인지 모른다. 감사를 해 보고, 또 감사를 받아보아야 어떻게 감사를 하고 감사를 받아야 하는지를 알기 때문이다.

목회 계획과 행정은 대부분 담임목사에게 맡긴 반면, 교회 모든 분야의 사업계획과 재정집행이 효율적으로 되고 있는지에 대한 감사는 당회원들이 한다. 장로님들이 1년에 두 번씩 정기 감사를 하는데, 행정 감사를 통해 격려하고 잘못된 부분은 잘할 수 있도록 지도해 준다. 그리고 재정 감사를 통해 헌금이 제대로 사용되어 열매를 맺고 있는지를 살핀다. 이것이 치리회의 중요한 역할이기 때문이다. 이처럼 치리회의 역할 분담을 통해 행복한 목회가 이루어질 수 있었다.

인사권에 대해서도 당회를 거쳐야 할 것과 당회장에게 일임할 것에 대해 구분했다. 제64조를 보면 이렇게 되어 있다.

> '본회는 담임목사청빙청원과 부목사와 강도사 청빙청원, 장로, 안수집사, 권사 임직은 헌법의 규정에 따르며 이 외에 본회의 인사권은 본회 회장에게 있다.'

부목사 청빙과 장로, 권사, 안수집사 임직은 당회 결의로 하고 그 외에 교회의 모든 인사권은 당회장에게 일임하여 처리한다. 이렇게 하는 이유는 교인이 많으면 담임목사라 하더라도 서리집사들을 다 모를 수 있기 때문이다. 교구 목사들과 함께 행정 수석 목사가 연말 당회 자료로 제출하면 그대로 인준함으로써 인사 처리가 이루어진다.

이렇게 하다 보면 장로님들은 허수아비인 것 같은 생각을 갖게 된다. 하지만 당회가 모여 일일이 면접하여 세울 수 있는 형편도 아니므로 중직자를 세우는 문제와 부목사, 강도사를 청빙하는 일은 당회 결의로 하고, 그 외에 모든 인사권은 당회장에게 일임해서 처리하도록 하는 것이 가장 지혜로운 방법이다.

당회장에게 인사권을 주어야 하는 이유가 또 있다. 당회장에게 준 인사권을 당회장이 함께 사역하는 동역자들에게 주기 위해서이다. 가령 당회장은 서리집사 임명 대상자 추천권을 셀 사역자(셀지기, 지체지기, 교구지기)들에게 준다. 면접을 거쳐 대부분 그들이 추천하는 대로 임명된다. 재정부장에게 재정부에서 함께 일할 자들의 추천권을 주고, 재단관리부장에게 함께 일할 직원들을 추천할 수 있는 권한을 주며, 교회학교 교감에게 교사 임명을 위한 추천권을 주고, 교감은 각 부서 부장과 교역자들에게 임명 대상자 추천권을 준다. 사실은 추천권이 아니라 임명권이나 다름없는 권한을 그들에게 주는 것이다. 전에는 수직적으로 임명하면 순종했지만, 지금은 시대가 달라졌다. 자신의 의사와 상관없이 당회에서 임명한다고 순종하지 않는다.

당회의 결의는 만장일치를 취하지 않는다. 현대 사회의 경쟁력은 창의력과 속도가 결정한다. 이것은 당회가 조직될 때부터 함께 정한 결의다. 다수결 원칙에 따라 결정하고 내 생각과 맞지 않은 결정이라도 일단 결의되면 함께 마음을 모아 힘껏 추진해야 한다는 것이다.

장로님들과 함께 교회를 섬기면서 깊이 깨달은 것이 있다. 그것은 은사에 따라 장로님들이 설 자리를 마련해 주는 일이었다. 은사에 따라 행정을 수행할 자리에 세우기도 하고, 지체지기로서 셀을 섬기는 목양자의 자리에 세우기도 한다. 지체명은 실명제로 하는데, 예를 들면 '명성동 장로님 부부가 섬기는 지체'라고 말한다. 이 지체에서는 "우리 장로님, 우리 장로님" 하며 교인들이 따른다. 얼마나 살맛 나는 존재감인가? 장로님들은 조의금, 축의금에 대해 지체 가족들에 한하여 의무감을 가지고 섬긴다. 이렇듯 장로님들을 존재감을 느낄 수 있는 자리에 세우고, 서로 부족한 것은 채우고 허물은 덮어 주면서 지내다 보니 관계가 좋아졌다.

중국의 지도자 등소평이 모택동을 평가할 때 공칠과삼(功七過三)으로 보았다고 한다. 우리 역시 주변 사람들을 볼 때 공(功)은 칠(七)로, 과(過)는 삼(三)으로 보아야 한다. 이렇게 동역자들을 대하면 우리의 마음부터 행복해질 것이다.

모든 사람에게는 조금씩이라도 문제가 있다. 그런데 그 문제만 부각시켜 바라본다면 나중에 꼭 그 사람만이 할 수 있는 일을 하지 못하게 된다. 주변 사람들을 늘 공칠과삼으로 감싸주고, 믿어 주고, 인정해 준다면 화목한 관계로 발전하게 될 것이다.

함께 교회를 섬기는 장로님들 중에 요나단과 같은 위로의 동역자도 있고, 사울과 같이 힘들게 하는 동역자도 있을 수 있다. 엘가나 같은 위로의 동역자가 있는가 하면, 한나를 괴롭히는 브닌나 같은 동역자도 있다. 그런데 깊이 생각해 보라. 다윗은 사울로 인해 인격과 신앙이 다듬어졌고, 한나는 브닌나로 인해 사무엘을 낳았다. 이런 눈으로 동역자를 보면 모두가 사랑스럽게 보일 것이다.

시행 규칙에 따른 교회 행정

큰 액수의 돈을 집행하는 제직회나 세계선교회, 사회봉사단 같은 경우는 반드시 시행 규칙(당회에서 만들고 공동의회를 거쳐야 합법적인 규칙이 된다)을 만들어야 한다. 그리고 그 시행 규칙에 따라 사업 계획과 재정이 집행되어야 한다.

뒤탈 없는 재정 집행

교회의 모든 재정 집행은 정관과 시행 규칙에 따라 공동의회에서 결의된 예산 안에서 집행되어야 하고, 각 부서에서의 재정 집행은 사업계획서에 의해 집행이 이루어져야 한다. 또한 사업 계획서에 없는 사업계획이나 재정 집행은 회의를 거친 후에 회의록에 따라 집행되어야 하고, 반드시 영수증 처리가 되어야 한다. 영수증 없는 재정 집행은 공금횡령으로 몰릴 수 있다. 심지어는 강사에게 주는 사례비까지도 영수증 처리를 해야 한다. 선교지에 방문해서 선교사님들에게 주는 격려금이나 구제금도 영수증을 반드시 받아야 한다. 교회 행정은 엉성하게 하면 안 된다. 나중에 큰 어려움을 겪을 수 있기 때문이다.

매뉴얼에 따른 교회 행정

교회에서 생기는 갈등은 대부분 행정 부분에서 생긴다. 특히 사역자들 간의 가장 큰 갈등 원인은 월권에서 오는 경우가 많다. 지나치게 열심 있는 분들의 행동에 의해서 공동체에 균열이 생기게 되는 것이다.

그러므로 사역의 역할과 한계를 매뉴얼화해서 알려 주어야 한다. 행복목회를 위해서는 반드시 사역자 매뉴얼을 만들 필요가 있다.

대형교회이든 소형교회이든 사역자 매뉴얼은 꼭 필요한 요소이다. 이 매뉴얼이 있으면 부교역자들이 바뀌어도 사역하고 사역을 시키는데 어려움이 없다. 아주 사소한 제품에도 매뉴얼이 있는데, 정밀한 사역이 필요한 교회에 매뉴얼이 없다는 것이 말이 되는가?

교회의 갈등은 큰 사건이 아닌 사소한 것에서 시작된다. 이때 갈등을 줄여 나가는 가장 효과적인 방법은 정관을 만들고 시행 규칙과 사역자 매뉴얼을 만드는 것이다. 그 정관과 규칙에 따라 행정이 이루어지면 갈등과 스트레스를 많이 줄일 수 있다.

어떤 이들은 규칙이나 법을 만들어 놓으면 그것이 오히려 족쇄가 되어 옴짝달싹 못하게 된다고 말한다. 물론 너무 세세한 것까지 규칙을 만들어 놓으면 그럴 수 있지만, 역할 분담 차원에서 굵직하게 규정해 놓으면 사역의 효율성을 높일 수 있다.

행복목회를 위한 부교역자 관리

많은 교회를 방문하면서 느낀 것 중에 하나는 담임목사와 부교역자 사이에 불신의 벽이 두껍다는 것이었다. 담임목사는 역대 부교역자들에게 상처받고, 부교역자들은 역대 담임목사들에게 상처받은 경험들이 의외로 많았다.

나는 예전에 장년 출석 100명쯤 모이는 교회의 담임목사님이 자리를 마련해 주어 교육전도사로 섬긴 적이 있었다. 나는 죽도록 충성하겠다는 마음가짐으로 교회 일을 도맡아 했다. 심방, 장례식 집례, 유치부부터 고등부까지의 설교, 음향 관리, 교회당 청소 등 닥치는 대로 했다. 그리고 아침마다 담임목사님에게 문안 인사를 드렸다. 그 모든 것이 나에게는 행복이었다. 비록 작은 교회였지만 내가 개척교회를 할 수 있게끔 밑거름이 된 여러 경험들을 그곳에서 배우고 얻을 수 있었다.

그 후 나는 목포에 제자 훈련을 통한 복음적인 교회를 세워 낙후된 도시민에게 예배와 신앙의 양질의 서비스를 제공해야겠다는 꿈을 꾸었다. 그런데 교회를 개척하고 나서 깨달았다. 개척교회 목사는 어느 누구도 알아 주지 않는다는 사실을 말이다. 누구에게 잘 보이기 위해서 목회를 하는 것은 아니지만 교인들도 개척교회 목사는 알아 주지 않았다. 상황이 이렇다 보니 함께 사역하는 부교역자들까지 큰맘 먹고 나를 도와주고 있다고 생각하는 듯 보였다.

교회 규모가 작을 때 부교역자를 두고 목회하는 것은 참 어려운 일이다. 여러 부교역자를 겪어 봤지만, 나에게 상처를 준 이들이 대부분이었다. 그들 중에는 장로 피택 공동 의회에서 한 표차로 떨어진 안수집사와 결합하여 교회를 뒤흔들다가 따로 나가 교회를 개척한 이도 있었고, 어떤 전도사는 엉뚱한 소문을 퍼뜨려 목사와 교우 사이를 이간질시켜 놓고 떠나기도 했다. 나는 그렇게 배신과 억울함을 당하면서 사람을 이해하게 되고 하루 빨리 성장하는 교회를 세우겠다는 열의를 다질 수 있었다. 이 모든 것이 하나님의 훈련이었다.

담임목사님들 중에 “부목사가 힘 있는 장로님들과 하나 되어 담임목사를 힘들게 할 때는 어떻게 해야 합니까?”라고 묻는 분들이 더러 있다. 당회장이 당회원들보다 교회를 이끌어 가는 힘이 더 강한 것 같으면 모든 부교역자들이 당회장을 일사분란하게 따르고 순종한다. 하지만 당회장보다 당회원들의 세력이 강하면 소인배 부교역자들은 힘 있는 장로님들에게 붙어서 담임목사를 힘들게 하는 경우가 종종 있다. 참으로 안타까운 일이 아닐 수 없다. 부교역자는 모세의 시종 노릇을 하던 여호수아처럼 어떤 경우에도 담임목사 편에 서서 흔들림 없이 섬겨야 한다. 그들도 언젠가는 담임목사의 자리에 설 것이기 때문이다.

담임목사 역시 부교역자를 사랑으로 바라보고 좋은 목회자의 길을 갈 수 있도록 인도하기 위해 애써야 한다. 혹여 당회원들과 하나가 되어 담임목사를 힘들게 해도 그 부교역자에게 불이익을 주어서는 안 된다. 악으로 오더라도 항상 선으로 응수하는 것이 하나님이 바라시는 당회장의 모습일 것이다.

행복목회는 내가 십자가를 기쁘게 짊어짐으로써 다른 사람을 행복하게 하는 목회다. 내가 십자가를 지고 감으로써 부교역자들이 행복해진다면 이미 당회장으로 성공한 것이 아닐까? 반대로 부교역자로 희생하여 담임목사의 목회에 디딤돌이 될 수 있다면 그것도 성공이 될 것이다.

용인에 있는 어느 교회의 집회를 인도한 적이 있었다. 기억에 남는 건강하고 행복한 교회였다. 하루는 그 교회 담임목사님이 이런 이야기를 했다.

"목사님, 저는 머리에 시멘트와 망치밖에 든 것이 없습니다. 저 좀 많이 가르쳐 주세요."

"네, 그게 무슨 말씀이세요?"

"저는 대학 4년, 대학원 3년 동안 개척 교회를 섬겼습니다. 날이면 날마다 담임목사님과 둘이서 지하 1층, 지상 4층 예배당을 7년 걸려 지었습니다. 그래서 머리에 든 것이 시멘트와 망치밖에 없습니다. 신대원을 졸업하고 강도사 고시에 합격한 것이 기적일 따름이지요."

"왜 7년이나 그 교회에 계셨습니까?"

"저밖에 그 일을 감당할 사람이 없다는 생각에서였습니다."

이런 대화를 나누면서 나는 그 목사님이 한없이 존경스러워졌다. 온 마음을 다해 담임목사님을 섬기고 교회에 충성한 결과 자신의 교회가 부흥하는 축복을 누리는 것은 당연했다.

내가 섬기는 교회에서 고등부 교역자를 청빙하려고 할 때였다. 어느 강도사님의 이력서를 받아보았는데, 총신대학교에서 대학과 대학원을 나왔고, 시무 교회가 한 교회뿐이었다.

"강도사님, 왜 한 교회에서만 계셨습니까?"

"네, 제가 떠나면 다른 교역자를 구하기가 어려울 것 같아서요."

나는 더 이상 묻지 않고 함께 사역하자고 했다. 그 강도사님이 목사 안수를 받던 날, 이전 교회의 담임목사님이 참석하여 축하해 주었다. 나는 그분께 진심으로 감사 인사를 드렸다.

"목사님, 강도사님을 잘 가르쳐 주셨더군요. 목사님께서 잘 지도해 주신 덕분에 제가 강도사님께 큰 도움을 받고 있습니다."

이 말을 들으신 목사님의 눈에는 기쁨의 눈물이 가득 차올랐다. 이런 담임목사와 부교역자 사이는 쉽게 이루어지는 것이 아니다. 자신을 희생하여 양보하고 배려하는 것에서 이룰 수 있는 관계이다. 이런 관계를 위해 애쓴다면 서로에게 디딤돌이 되고 진짜 값진 사람을 얻는 행운을 갖게 될 것이다.

담임목사는 예수님이 실수투성이인 베드로를 바라보는 마음으로 부교역자들을 이끌어 주고, 부교역자는 모세를 섬긴 시종 여호수아처럼 충성을 다해 존경하고 섬기다 보면 행복목회는 저절로 이루어질 것이다.